E. W. Heine

Toppler

*Ein Mordfall
im
Mittelalter*

W0176470

Diogenes

Der Autor dankt den städtischen
und staatlichen Archiven von Rothenburg,
Würzburg, Nürnberg und Prag für ihre
hilfreiche Unterstützung
Der Abdruck der Pläne von Rothenburg
ob der Tauber auf den Seiten 272 und 273
erfolgt mit freundlicher Genehmigung
der Kommission für geschichtliche
Landeskunde Stuttgart
Die Erstausgabe erschien 1990
im Diogenes Verlag
Umschlagillustration:
Albrecht Dürer, ›Der Reiter‹, 1498
Vignetten von E.W. Heine

Für Beate

Veröffentlicht als Diogenes Taschenbuch, 1992
Alle Rechte vorbehalten
Copyright © 1990
Diogenes Verlag AG Zürich
40/96/43/5
ISBN 3 257 22486 9

INHALT

befaßt sich mit Topplers Ende. Sein Tod versöhnt die Stadt mit dem Burggrafen. Der Rat läßt alle Akten und Aufzeichnungen im Zusammenhang mit dem Fall Toppler vernichten. Rothenburg versinkt wieder in provinzielle Bedeutungslosigkeit. 261

In der Kirche Sankt Jakob zu Rothenburg erinnert eine Grabplatte an einen Würfelspieler, der viel riskierte, hoch gewann und am Ende alles verlor, sogar sein Leben. *Heinrich Toppler* steht auf dem Stein. *Toppeln* heißt im Altfränkischen *würfeln*. Ein Wappenschild zeigt zwei Würfel mit insgesamt elf Augen. Warum nicht zwölf, den höchstmöglichen Wurf?

Fürchtete der Toppler den Neid der Götter?

Wer war dieser sagenhafte Würfelspieler?

Es besteht kein Zweifel, daß er wirklich gelebt hat. Aber was besagt das schon. Auch der Bürgermeister Nusch hat hier in Rothenburg gelebt, und dennoch ist das meiste, was über ihn berichtet wird, frei fabulierte Sage. Es heißt, Bürgermeister Nusch habe im Dreißigjährigen Krieg die von Tilly belagerte Stadt vor der Zerstörung bewahrt, weil er es wunderbarer- oder widerlicherweise schaffte, einen eimergroßen Humpen Wein in einem Zug zu leeren. Bis in die Gegenwart wird jedes Jahr zu Pfingsten der große Trunk des Bürgermeisters mit farbigem Spektakel gefeiert. Rilke hat sogar ein Gedicht über das »historische Ereignis« verfaßt, was nichts daran ändert, daß der große Trunk in Wirklichkeit nie stattgefunden hat. Es handelt sich vielmehr um eine jener Legenden, wie wir sie in vielen alten Städten antreffen, vom Bremer Roland bis zum Rattenfänger von Hameln. Und ähnlich wie mit Bürgermeister Nusch, dessen angebliche Trinkfestigkeit die Phantasie der Nachwelt mehr angeregt hat als die historische Belagerung und Eroberung der Stadt durch Tilly, verhält es sich auch mit Heinrich Toppler, dessen Enthauptung – obwohl nirgendswo urkundlich bezeugt – die Phantasie der Nachwelt immer mehr angeregt hat als sein Leben.

In einer Abhandlung über Toppler aus dem Jahre 1924 kommt der Verfasser zu dem Resultat, daß »Heinrich Toppler aufgrund eines Urteilsspruches der Reichsstadt Rothenburg zwischen dem 12. und 13. Juni 1408 in oder vor seinem Gefängnis zu Rothenburg ob der Tauber hingerichtet wurde«.

Gerade aus jenen Jahren sind der Nachwelt eine stattliche Anzahl von allen möglichen Urkunden, Rechnungen und Verwaltungsbelegen erhalten geblieben. Kein noch so banales öffentliches Ereignis, das von den Stadtschreibern nicht festgehalten worden wäre. Eine Urkunde über Topplers Verurteilung oder Enthauptung gibt es aber nicht. Der Bürgermeister einer deutschen Reichsstadt war eine viel zu bedeutende Persönlichkeit, als daß man ihn, aus welchen Gründen auch immer, einfach erschlagen und verscharren hätte können. Es müßte Gerichtsprotokolle, Henkersrechnungen und andere schriftliche Indizien geben. Vor allem stellt sich aber die Frage: Warum sollte die Stadt ihren erfolgreichsten und hochverehrten Bürgermeister hinrichten?

Heinrich Toppler war kein Despot, der die Macht mit Gewalt an sich gerissen hatte. Er war frei gewählter Ratsherr und Bürgermeister mit zeitlich begrenztem Regierungsauftrag. Es gibt eine ganze Reihe von aktenkundigen Beweisen dafür, daß er sich streng an die Gesetze der Stadt gehalten hatte. Um ihn auszuschalten, brauchte man ihn nicht gleich hinrichten. Es hätte gereicht, ihn nicht wiederzuwählen.

Hatte er ein todeswürdiges Verbrechen begangen? Dann müßte es eine Anklage geben, Gerichtsprotokolle, Zeugenaussagen, wie wir das aus einer Unzahl von anderen Prozessen jener Tage kennen, als selbst Pfennigstrafen ins Rechnungsbuch eingetragen wurden. Leibesstrafen wurden grundsätzlich schriftlich verewigt, zur Anprangerung des Verbrechens und weil die Henkershonorare so hoch waren, daß sie die Stadtkasse überdurchschnittlich belasteten. Hinrichtungen waren derart kostspielig, daß sich die meisten kleineren Städte gar keinen eigenen Scharfrichter leisten konnten und ihre Todeskandidaten an größere Städte verkauften, die dann die Hinrichtung finanzierten und dafür das Recht erhielten, das Spektakel in ihren Mauern stattfinden zu lassen.

Hatte überhaupt eine Hinrichtung aufgrund einer gerichtlichen Verurteilung stattgefunden? Oder war es Mord aus Habgier? Toppler war einer der reichsten Männer seiner Zeit, und die unverhüllte Habgier, mit der sein Vermögen von den Machthabern der Stadt aufgeteilt wurde, scheint den letzteren Verdacht zu bestätigen.

Oder war es Mord aus Rache? Auch dafür gibt es Anzeichen. Toppler hatte gegen Ende seines Lebens viele Feinde. Sein gefährlichster war der Burggraf von Nürnberg, der sich durch sein Verhalten vor und nach dem Tod Topplers mehr als verdächtig gemacht hat.

Oder war es ein Akt von gewaltsamer Entmündigung? Auch das läßt sich nicht von vornherein ausschließen, denn Toppler wurde von seinen engsten Vertrauten, Freunden und Verwandten verraten.

Ich beschloß, dem rätselhaften Fall nachzugehen. An der alten inneren Mauer der Stadt, gleich neben dem Markusturm, steht das alte Büttelhaus von Rothenburg. Hier, im ehemaligen Gefängnis, in dem heute das Städtische Archiv untergebracht ist, begegnete ich jener Welt und jenen Menschen, über die ich hier berichten will.

Mir lag daran, die Wahrheit zu ergründen. Ich wollte der verschütteten Vergangenheit nachspüren, Fakten sammeln, Indizien entdecken, zeitgenössische Zeugen und Zeugnisse befragen. Ich wollte erkunden, vergleichen und beweisen. Mit anderen Worten: Ich benahm mich schon bald wie ein Kriminalist bei der Aufklärung eines ungelösten Mordfalles. Zwei Jahre lang studierte ich vergilbte Akten und Urkunden in den Archiven von Rothenburg, Nürnberg, Würzburg und München. Bis nach Prag führten die Spuren. Und je mehr ich mich mit dem Fall Toppler befaßte, um so mehr erlag ich seiner Faszination. So entstand im Laufe der Zeit ein buntes Mosaik aus Hunderten von Fakten. Und auch wenn das eine oder andere Steinchen verlorengegangen ist, so vermögen sie doch in ihrer Gesamtheit ein wirklichkeitsgetreues Bild zu vermitteln.

Alles, was wir über jene längst vergangene Zeit wissen, verdanken wir einer Flut von Akten und Urkunden, vor allem Abrechnungen, Stadtkassenbelegen und Steuerlisten, Gültbüchern und Gerichtsbeschlüssen, Fehdebriefen, Landhegeakten, Klosterinventuren, rentamtlichen Eintragungen, Erbschaftsverträgen und Henkershonoraren.

Es bedarf einiger Selbstüberwindung und noch mehr Anstrengung, sich mit sechshundert Jahre alten Verwaltungsakten zu befassen. Sie wurden nicht nur in verschnörkelter Handschrift mit Gänsekiel und Gallwespentinte niedergekritzelt, sondern auch noch in einer Sprache verfaßt, die ebenso verschieden ist vom heutigen Deutsch wie das Holländische. Damit aber nicht genug der Hindernisse. Weil nur wenige Menschen lesen und schreiben konnten, war die Schreibweise eines Wortes noch nicht allgemeingültig festgelegt. Jeder schrieb so, wie er es für richtig hielt. Der Klang war wichtiger als die Orthographie. So finden wir selbst den Namen *Toppler* mal mit einfachem, mal mit doppeltem *p* und sogar als *Tobler* geschrieben. Es gab keine Großschreibung der Substantive und keine arabischen Zahlen, dafür aber ganze Buchstaben-Armeen von Abkürzungen, die man kennen muß, um den Sinn einer Niederschrift erfassen zu können. So steht *EER* für *ein ehrbarer Rat der Stadt*, *gn* für *gnädig* und *fl* für *Gulden*. Aus Gründen der leichteren Lesbarkeit haben wir überall dort, wo Originalurkunden zitiert werden, die heutige Schreibweise verwendet.

Die Kalenderangaben erfordern ein Studium für sich. Alle Daten wurden auf Ortsheilige bezogen. Wann war zwei Tage vor Gertrudis, zu Chilligani oder an Scholastica? Längst ausgestorbene Wörter erwachen zu neuem Leben. Was ist zum Beispiel eine Pavese oder eine Urfehde? Ebenso wie die Sprache sind uns auch alle Maßangaben fremd. Wieviel ist ein Pfund Heller wert? Wieviel wiegt ein Scheffel Dinkel?

Wir können das Geschehen einer 600 Jahre zurückliegenden Epoche nur einigermaßen gerecht beurteilen, wenn wir soviel Einblick wie möglich in diese Zeit gewinnen. Aus diesem Grund muß im vorliegenden Falle dem Tatort und der Tatzeit mehr Platz eingeräumt werden, als das bei einer kriminalistischen Untersuchung im allgemeinen üblich ist.

Bei der Untersuchung eines Kriminalfalles wird normalerweise die Tat aus den Begleitumständen rekonstruiert, aus dem Tatort, der Tatzeit und der Tatwaffe. Im Fall Toppler jedoch muß genau umgekehrt vorgegangen werden: Anhand der Tat werden Tatort, Tatzeit und Todesart aufgedeckt. Es handelt sich gewissermaßen um einen auf den Kopf gestellten Kriminalreport. Das Überraschungsmoment liegt nicht in der Auffindung des unbekannten Täters, sondern in der Entdeckung einer unbekannten Zeit und eines weitgehend unbekannten Milieus, in dem sich die Tat ereignete.

Wie bei der Wahrheitsfindung in einem Gerichtsverfahren werden wir uns an dem vorhandenen Beweismaterial orientieren. Es handelt sich – wie kann es nach so langer Zeit anders sein – um einen Indizienprozeß. Aber nicht zu Unrecht werden vor jedem Gericht der Welt die Fingerabdrücke an der Tatwaffe höher bewertet als alle subjektiven Aussagen der Zeugen.

Vor uns liegt die Gerichtsakte Heinrich Toppler.

Tatzeit: 14. Jahrhundert. Tatort: Rothenburg.

Lassen wir die Fakten sprechen!

In einer Chronik der Stadt Rothenburg steht der Satz: »Über die Jugend Heinrich Topplers ist nichts bekannt.«

Ist das wirklich so?

Es stimmt zwar, daß wir nicht wissen, wann Toppler das Licht der Welt erblickt hat. Aber das wissen wir von vielen seiner Zeitgenossen nicht. Man hielt den Geburtstag eines Menschen für unwesentlich und keiner Aufzeichnung wert.

Befaßt man sich mit Topplers Lebenslauf, so stellt man fest, daß er um 1340 geboren worden sein muß. Das deckt sich auch mit der mündlichen Überlieferung, die man in einer so wohl konservierten Stadt wie Rothenburg nicht unterschätzen sollte.

Wir kennen das Geburtshaus Heinrich Topplers, das »Haus zum goldenen Greifen«, in der Oberen Schmiedgasse, nur einen Steinwurf vom Rathaus entfernt. Die zentrale und damit beste Wohnlage des Elternhauses widerlegt die immer wieder angeführte Behauptung, Toppler stamme aus kleinen Verhältnissen. Vater Konrad hatte 1352, 1354 und 1358 dem Inneren Rat Rothenburgs angehört. Wie wir noch sehen werden, waren gerade diese Jahre von schicksalsschwerer Bedeutung für die Stadt. Nur die Fähigsten und Entschlußkräftigsten wird man in so schweren Zeiten in den Rat gewählt haben.

Welchen Beruf übte Topplers Vater aus?

Die Überlieferung berichtet von einem gewagten Geschäftsunternehmen, bei dem er siebzig Schweine rheinabwärts expedierte und an französische Söldner verlor. Er forderte vom Pfalzgrafen, der als Geleitherr für diese Truppen verantwortlich war, Schadensersatz und setzte seine gerichtlichen Forderungen durch.

Auch aus anderen Stadturkunden erfahren wir von Konrad Topplers kaufmännischen Aktionen. Am 5. Februar 1358 erwarb er von dem Rothenburger Bürger Konrad Dürr für 515 Pfund Heller größere Mengen Öl und Getreide, Hühner und Lämmerbäuche und die Nutzungsrechte für landwirtschaftliche Anwesen in Rimbach und Schmerbach. Die Geschäfte müssen gut gelaufen sein, denn Vater Toppler machte erhebliche Stiftungen für den Bau der Kirche St. Johannis, die nur wenige Schritte vom »Haus zum goldenen Greifen« errichtet wurde. Hier ließ er 1357 auch ein Stifterbild aufhängen, das ihn demütig kniend neben seinem Weib und den Kindern, drei Söhnen und drei Töchtern, zeigte.

Heinrich Toppler wuchs also mit fünf Geschwistern auf, von denen vermutlich drei schon im Kindesalter starben. Namentlich bekannt sind uns nur seine Brüder Hans und Niklas. Wie Topplers erste Lebenstage ausgesehen haben mögen, können wir uns anhand einer Anleitung für die Pflege von Neugeborenen ausmalen, die der Franziskanermönch Bartholomäus Anglicus um den Anfang jenes Jahrhunderts herum verfaßt hatte. Hier heißt es: »Der Neugeborene soll nach Verlassen des Mutterleibes in gesalzten und zerriebenen Rosenblättern gewälzt werden, damit die Glieder von schleimiger Feuchtigkeit befreit werden. Gaumen und Zunge soll man mit einem in Honig getauchten Finger bestreichen.« Häufiges Baden und Salben mit Myrten und Rosenöl wird empfohlen; dabei sollten die Glieder der Knaben besonders sorgfältig massiert werden, um sie hart und kräftig zu machen. Nach der Lage des »Hauses zum goldenen Greifen« und den kostspieligen Kirchenstiftungen zu urteilen, konnte die Familie es sich wohl leisten, den kleinen Heinrich der Obhut einer Amme anzuvertrauen, wie es in begüterten Bürgerfamilien seiner Zeit üblich war. In der Anleitung heißt es weiter, daß es von großer Wichtigkeit sei, eine Amme zu finden, die das gleiche Temperament wie der Säugling habe. Im übrigen sei es dieser nicht gestattet, Wein zu trinken, da es häufig vorkäme, daß die Betrunkene den Säugling mit ihrem Leib erdrücke oder ihre Aufsichtspflicht so vernachlässige, daß das Kind ins Feuer oder ins Wasser falle oder gar von einem Haustier verschlungen würde.

»Alle Lebewesen sind Produkte ihrer Umwelt.« Dieser Satz Darwins gilt vor allem für das Kind und seine unverbildete Aufnahmebereitschaft. Werfen wir einen Blick auf die Bühne, die der junge Toppler soeben betreten hat.

Die Menschen des 14. Jahrhunderts hielten die Erde für eine flache Scheibe, die unbeweglich in der Mitte des Weltalls hing. Ihr Mittelpunkt war, so glaubte man, Jerusalem. Hier stießen die drei Erdteile, Europa, Afrika und Asien zusammen. Die anderen Kontinente waren noch nicht bekannt. Bis ins 14. Jahrhundert hinein waren die meisten Landkarten von geringem praktischem Wert.

Nicht die exakt vermessene Oberfläche interessierte die damaligen Menschen, sondern die Angaben zur biblischen Heilsgeschichte. Eine Erdkarte sollte Auskunft darüber geben, wo das Paradies lag, wo einst die Arche Noah strandete, wo der Herr gekreuzigt wurde.

Alle Längenmaße waren auf den Menschen, das Ebenbild Gottes, bezogen. Eine Strecke wurde in Elle, Fuß und Schritt gemessen, die Entfernung in Tagesreisen und die Ackerflächen in Pflügeleistung. Das war dann das Tagwerk oder der Morgen. Zwar brachte das mit sich, daß jedes Kloster, jede Stadt und jede Gegend eigene, andere Maße hatte, aber das störte keinen Menschen.

Wie war das Verhältnis zur Zeit?

Auch hier war der göttliche Zeitplan das wichtigste. Wann war die Welt erschaffen worden? Wann würde sie untergehen? In Anlehnung an die Worte des Apostels Petrus, daß »vor dem Herrn tausend Jahre wie ein Tag sind«, setzte man jedem Schöpfungstag ein Jahrtausend gleich. Mit der Geburt Christi hatte das letzte Jahrtausend begonnen. Man rechnete also ständig mit dem Jüngsten Gericht. Kein Wunder, daß das Geschichtsbild wenig zukunftsträchtig war. Die Uhr war abgelaufen. Die besten und glücklichsten Zeiten der Menschheit waren längst vorbei.

Die Zeit wurde vom Rhythmus der Natur bestimmt. Der Kalender war auf das bäuerliche Leben ausgerichtet. Die Monate trugen Namen, die auf die Feldarbeit hinwiesen, die zu dieser Jahreszeit erledigt werden mußten. So hieß der April *Grasmonat* und der Juni *Brachmonat*, weil dann die brachliegenden Felder umgebrochen wurden. Es gab einen Weinmonat und einen Sämonat. Die noch heute geltenden lateinischen Monatsnamen setzten sich nur durch, weil in dem weiten Gebiet, das von der Kirche verwaltet wurde, die gleiche Feldarbeit in verschiedenen Monaten verrichtet wurde. Der irische Sämonat deckte sich nicht mit dem römischen.

Überhaupt war der Kalender eine Domäne der Kirche. Er wurde gegliedert durch Feiertage, die sich ausschließlich auf Heilige und das Leben Christi bezogen. Wenn wir lesen »zwei Tage nach Kunigundis« oder »am Abend vor Mariae Reinigung«, so müssen wir wissen, daß Kunigundis am 3. März und Mariae Reinigung am 2. Februar gefeiert wurde. Die Festtage der Heiligen bestimmten, wann welche Geschäfte verrichtet werden durften. So konnten Gerichtstage in Rothenburg nur zu Jacobi (25.7.), Martini (11.11.), Georgi (23.4.) und an wenigen anderen festgelegten Tagen abgehalten werden. Bei größeren Schuldgeschäften mußte die Rückzahlung zwischen Trinitatis und Kirchweih erfolgen. Es gab feste Tage für Vertragsabschlüsse und Hinrichtungen. Die Salzsteuer durfte nur zu Lamberti eingetrieben und Stuten nur zu Epiphanias gedeckt werden.

Die Tage waren nicht wie heute in gleich lange Stunden eingeteilt, sondern in Tages- und Nachtstunden. Dabei teilte man die Zeit zwischen Sonnenaufgang und Sonnenuntergang in zwölf gleich große Intervalle. Eine Sommerstunde war wesentlich länger als eine Winterstunde und eine winterliche Tagesstunde war erheblich kürzer als eine winterliche Nachtstunde. Bis ins 14. Jahrhundert hinein waren mechanische Uhren eine Seltenheit. Man orientierte sich am Stand der Sonne, in den Städten vor allem am Geläut der Kirchenglocken und am Blasen der Türmer. Der Ablauf der Zeit wurde deshalb nicht nur mit den Augen, sondern auch mit den Ohren wahrgenommen. Es gab kein bedeutendes Ereignis, das nicht vom Glockenschlag begleitet wurde, vom Taufgeläut bis zum Sterbeläuten. Die Glocken verkündeten Feuersbrunst und feindliche Gefahr. Zum Klang des Armesünderglöckchens wurde der Verurteilte zum Galgen gekarrt. Beim Abendgeläut wurde das Vieh von den Weiden in die Stadt getrieben. Niemand interessierte sich damals für die genaue Uhrzeit. Der Begriff der Minute war unbekannt. Die kürzeste Zeiteinheit war der Augenblick, der Lidschlag des Auges. Eigentlich richtete man seinen Tagesrhythmus nicht einmal nach Stunden, sondern nur nach Abschnitten des Tages. Man traf sich kurz nach Sonnenaufgang oder im ersten Drittel zwischen Mittags- und Abendgeläut. Der Kalender war die eigentliche Uhr des Mittelalters.

Das 14. Jahrhundert war wie das unsrige eine Epoche gewaltiger Veränderungen und Umbrüche. Der Niedergang des Lehenswesens erschütterte die abendländische Ordnung. Die vertraute Gesellschaftsordnung ruhte auf drei Säulen, dem Klerus, der Ritterschaft und den Bauern. Jeder Stand lebte nach seinen eigenen Regeln und kulturellen Idealen. Und dennoch benötigten sie einander wie Tiere und Pflanzen, die miteinander in Symbiose leben.

Der Adel, dessen Aufgabe die Verteidigung der beiden anderen Stände war, hatte als erster seine Einheit verloren. Die Fürsten regierten selbstherrlich wie Könige. Auf der untersten Stufe der Adelshierarchie kämpfte die verarmte Ritterschaft. Sie kämpfte vor allem ums Überleben. Die alte Kaiserherrschaft, die mit Karl dem Großen einen so kraftvollen Anfang genommen hatte, war nur noch ein schwacher Abglanz ihrer selbst. Die Erbmonarchie hatte sich im Reich nicht durchgesetzt. Die Königswahl der Kurfürsten verflachte im Laufe der Zeit immer mehr zu einem unwürdigen Kuhhandel um die Macht.

Die größte Abwertung aber hatte der Ritterstand erfahren. Einst mit den Staufern zu höchster Blüte emporgestiegen, waren die Ritter die eigentlichen Träger höfischer Kultur gewesen. Im Übergang vom 12. zum 13. Jahrhundert befand sich diese Kultur auf ihrem Höhepunkt. Bis in die Gegenwart hat sie nicht an Glanz eingebüßt. Kaum eine andere Zeit hat so kraftvolle Gestalten hervorgebracht. Vermutlich waren auch die Helden des kleinen Toppler allesamt Ritter, denn das Rittertum war nicht nur ein Stand, sondern verkörperte vor allem ein Ideal.

Von einem deutschen Ritter wurde erwartet, daß er für die Schwachen, Witwen und Waisen eintrat und daß er für den rechten Glauben und für seinen Lehensherren kämpfte. Von einem ritterlichen Manne wurden folgende Fähigkeiten verlangt: Er mußte reiten können wie ein Zirkusartist. Er sollte schwimmen und tauchen und natürlich mit Bogen und Armbrust umgehen können. Er mußte ein guter Jäger und Falkner sein. Ein Ritter zeichnete sich dadurch aus, daß er ein Meister im Turnierkampf war, zu Pferd und zu Fuß. Das Fechten mußte er sowohl mit der linken als auch mit der rechten Hand beherrschen. Laufen, Ringen, Springen, Klettern und Speerwerfen wurden täglich trainiert. Weiter erwartete man von einem ritterlichen Mann gute Tischmanieren, die Beherrschung der Tänze, des Brettspiels und des Lauteschlagens. Die geistige Ausbildung dagegen wurde weitgehend vernachlässigt. Hartmann von Aue beginnt seinen »Armen Heinrich« mit den Worten: »Ein Ritter so gelehret war, daß er in einem Buche las.« Ein Ritter, der las, muß den Zeitgenossen Hartmanns von Aue offensichtlich komisch vorgekommen sein.

Außer der Jagd, dem Kriegshandwerk und dem Kampfspiel geziemte es dem Ritter nicht, einer Arbeit nachzugehen. Bei der Aufzählung der gesellschaftlichen Rangfolge kam selbst der reichste Kaufmann hinter dem ärmsten Ritter. Dabei stammten viele Ritter aus ursprünglich nicht adligen Familien. Ihre Vorfahren waren bäuerliche Hörige und Dienstmannen von Königen und Fürsten gewesen und im Laufe der Zeit zu Ritterwürden emporgestiegen. Sie konnten noch von ihren Herren mitsamt dem Grund, auf dem sie saßen, verkauft oder verschenkt werden und durften nur mit deren Erlaubnis Geschäfte abwickeln oder heiraten. Gegen einen Freigeborenen durften sie grundsätzlich nicht vor Gericht klagen. Später, im 14. Jahrhundert, waren diejenigen Ritter, die einen Herren hatten, noch gut dran, denn viele zogen bettelarm durch die Lande, auf der Suche nach einem Herren, dem sie für Unterkunft und Verköstigung dienen durften.

Zu der Zeit waren die ehemaligen Tugendvorbilder zur Landplage verkommen. Stolz und mißgünstig blickten sie auf die reichen Bürger und Bauern hinab. Überheblichkeit und Dünkel prägten ihr Denken. Keine Fehde und kein Krieg wurde ohne sie ausgefochten. Ihr Handwerk war der Kampf. Auch waren sie im allgemeinen gebildeter als die Bauern und Handwerker. Sie wollten deshalb mit »Herr« und »Ihr« angeredet werden, um sich damit vom einfachen Volk abzusetzen, das sich mit der Anrede »Du« zufrieden geben mußte.

Das Turnier zu Pferde war der glanzvolle Höhepunkt im Alltag eines Ritters. Beliebter als der Zweikampf war der Mannschaftskampf im abgesteckten Feld. Hierbei gab es feste Spielregeln wie beim Fußball und Rugby. Es galt, die Front des Gegners zu durchreiten und einzelne Mannschaftsmitglieder zu entwaffnen.

Im Kampf kam es dem Ritter nicht so sehr darauf an, den Gegner zu töten, als vielmehr ihn vom Pferd zu werfen und gefangenzunehmen. Ein Toter brachte kein Lösegeld. Überhaupt war die ganze Lebensführung des spätmittelalterlichen Ritterstandes sowohl im Turnier als auch im Krieg auf Geiselnahme und Erpressung aufgebaut. Als der englische König Richard Löwenherz 1192 von einem erfolgreichen Kreuzzug zurückkehrte, wurde er vom Herzog Leopold von Österreich gefangengesetzt, obwohl er als Kreuzritter unter freiem Geleit stand. Gemeinsam mit dem deutschen Kaiser Heinrich VI. betrieb Herzog Leopold eine unbarmherzige Erpressung. Einhunderttausend Mark Silber forderten sie für die Freilassung ihrer Geisel. Daraufhin war die englische Krone für Jahrzehnte so verschuldet und geschwächt, daß sie den englischen Baronen ein Vorrecht nach dem anderen einräumen mußte und schließlich sogar gezwungen war, die Magna Charta zu unterschreiben, die das Gesetz über den König stellte. (Das ist einer der wenigen Fälle, in denen sich ein Verbrechen im wahrsten Sinne des Wortes als *Recht-schaffend* erweisen sollte.)

»Wer gefangen ward, schlich traurig zu den Juden, denn Roß und Rüstung waren dem Sieger verfallen«, so heißt es in einem zeitgenössischen Bericht. Glaubt man den höfischen Dichtern jener Zeit, so ging es bei diesen Turnieren vornehmlich um Mannesehre und Minnedienst. In Wirklichkeit jedoch lockte vor allem Ruhm und Geld. Auf den Sieger warteten hohe Prämien. Die Überlieferung berichtet von einem Magdeburger Turnier, bei dem ein Mädchen namens Fee als Preis für den Sieger ausgesetzt worden war. Ein draufgängerischer Habenichts konnte hier, wie heute beim Poker oder Roulette, alles gewinnen und alles verlieren, einschließlich seiner Freiheit.

Obwohl diese Turniere so kostspielig waren, daß sie ganze Familien ruinierten, wurden ständig neue und prächtigere veranstaltet. Für den Preis eines guten Turnierpferdes konnte man drei bis fünf Bauernhöfe mit dem dazugehörigen Land kaufen. Im Jahr 1360 – Toppler war jetzt an die zwanzig Jahre alt – sollen auf einem Limburger Turnier 1000 Ritter gegeneinander angetreten sein. In Würzburg waren es gar 2000. Alles, was Beine hatte, lief herbei. Die Zuschauer stauten sich wie in unseren Fußballstadien. Hunderte von Trommlern und Pfeifern spornten die kämpfenden Mannschaften an. Wie sehr die Turniere das kulturelle Leben ihrer Zeit durchdrungen haben, erkennt man daran, daß sich in unserer Sprache bis heute darauf zurückgehende Redewendungen erhalten haben wie: *Sich keine Blöße geben, gut gerüstet oder rüstig sein, für jemanden eine Lanze brechen, jemanden aus dem Sattel heben, jemanden in Harnisch bringen, aus dem Stegreif heraus, jemanden in die Schranken verweisen oder ausstechen, etwas im Schilde führen.*

Die Minnesänger, die Romantik und der Patriotismus des 19. Jahrhunderts haben den ritterlichen Kampfsport zu einem Heldenkampf auf Leben und Tod stilisiert, was er in Wirklichkeit nicht war. Aus dem Bericht über ein Turnier zu Topplers Zeiten erfahren wir, daß während der vierwöchigen Kämpfe bei 300 Anritten nur sechs Gegner vom Pferd geworfen wurden. Dabei soll es lediglich leichte Verwundungen, Blutergüsse und zerschundene Knie gegeben haben.

Die Ritterschaft verlor immer mehr von ihrem ursprünglichen Ansehen. Bei jeder Heerfahrt erhöhten Könige und Fürsten ihr ritterliches Gefolge, denn frisch geschlagene Ritter waren billige Söldner. Später erteilten selbst Bischöfe den Ritterschlag. Gegen Bezahlung konnte man sich sogar per Schreiben in den Ritterstand erheben lassen. Und König Rudolf von Habsburg ließ aus reinem Jux selbst einen schwachsinnigen Hofzwerg und ein zahmes Pinseläffchen zum Ritter schlagen.

Am meisten Schaden aber erlitt das Ansehen der Ritter durch den Verlust ihrer Kampftüchtigkeit. Aufgrund der einseitigen Turnierausbildung hatte sie ihre kriegerische Schlagkraft verloren. In vielen bedeutenden Schlachten mußten sie eine Niederlage nach der anderen hinnehmen. Sie wurden überrannt von der leichten Reiterei der Mongolen und Ungarn und verloren selbst gegen die Spieße und Dreschflegel der aufständischen Bauern. Die schweren Rüstungen konnten erst unmittelbar vor der Schlacht angelegt werden, was viel Zeit in Anspruch nahm. Die Pferde mußten bis zur Kampfhandlung geschont werden. Ein Ritter mit Rüstung wog über drei Zentner. In ihrer Sicht behindert und unbeweglich wie Krebse an Land, hatten sie nur eine Chance gegen Feinde, die sich an die turniermäßigen Spielregeln hielten. Im Zweikampf wahre Artisten, waren sie in der Schlacht so hilflos wie Stierkämpfer gegen eine anstürmende Büffelherde. Es stimmt nicht, wie immer wieder behauptet wird, daß erst die Erfindung des Schießpulvers die ritterliche Glanzzeit beendet hätte. Ihr Untergang war die Folge einer völlig überholten Kampfweise.

Mit dem Verlust ihrer praktischen Aufgaben ging ein moralischer Verfall ohnegleichen einher. Verarmt, aber kämpferisch den Bauern und Bürgern überlegen, griffen sie zur Selbsthilfe. Nie zuvor und niemals mehr danach gab es so viele Raubüberfälle wie gegen Ende der Ritterzeit. »Der kriegerische Mut unserer Vorfahren«, klagt ein Zeitgenosse, »artet je länger, je mehr in Raubsucht aus.« Derselbe Ritter, der von Turnier zu Turnier zog, um im Namen aller christlichen Tugenden sein Leben aufs Spiel zu setzen, lag in der Dämmerung auf der Lauer, um Kauffahrer aus Köln oder Nürnberg zu berauben. Dieselben Ehrenmänner, die am Hofe tanzten und artig speisten, verdienten ihren Lebensunterhalt mit Mord und Erpressung. Moralisch glaubten sie sich dazu berechtigt, denn sie hielten die Städte für eine Art von Unkraut im Garten der Schöpfung.

Gab es nicht eine gottgewollte, ewige Ordnung der Stände? In dieser Ordnung waren die Städte Fremdkörper, wuchernde Krebsherde. Unangreifbar hinter mächtigen Mauern, wurden sie immer größer und reicher. Die Ritter aber verarmten. Und während sie auf ihre Rechte pochend an ihren alten Idealen festhielten, vollzog sich in den Städten der Wandel zur Neuzeit. Das Handwerk entfaltete sich. Aus der Naturalien-Tauschwirtschaft entwickelte sich das moderne Geldwesen mit Verbindungen von Lübeck bis nach Florenz. Ein neues Lebensgefühl erwachte. Stadtluft macht frei!

Die an der alten Ordnung festhaltenden Kräfte, allen voran die Ritterschaft, standen der neuen Entwicklung hilflos und vor allem feindlich gegenüber. Sie vertraten den Grundsatz, jeder Christenmensch habe auf dem Platz zu verharren, auf den er durch Gottes Allmacht gestellt worden war. Sie meinten natürlich, Herren wie sie hätten für alle Zeit das Recht, Herren zu bleiben.

Während der Jugendzeit Heinrich Topplers waren von Rittern verübte Raubüberfälle recht häufig. 1357 wurde das bäuerliche Umland der Stadt von einer bewaffneten Ritterbande geplündert. Sie trieb das Vieh weg und steckte die Höfe in Brand. Die Rothenburger Bürgerwehr zog aus. Sechs von sieben Räubern wurden gefangen. Die Festgenommenen wurden in den Turm gesperrt. Entlassen wurden sie erst, nachdem sie vor Zeugen mit der Hand auf der Bibel den feierlichen Eid geschworen hatten, für den angerichteten Schaden aufzukommen. Besonders abschreckend kann diese Strafe nicht gewesen sein, denn bald darauf berichten die Stadturkunden schon wieder, eine Räuberbande von zehn Rittern habe sich an Rothenburgs Bauern schadlos gehalten. Aber nicht nur die ritterlichen Herren klauten wie die Raben, sondern auch ihr Gesinde. 1357, am Abend vor Jacobi (25. Juli), wurden zwei Knechte des Conrad Truchseß von Warberg und ein Knappe des Ulrich von Mur gefangengenommen. Sie blieben solange im Kerker eingesperrt, bis sie von ihren Herren ausgelöst wurden.

Getreu dem Sprichwort: »Schlechte Beispiele verderben die guten Sitten« hören wir auch von bürgerlichen Räuberbanden. Wir erfahren von Schrobenhauser Bürgern, die sich ebenso räuberisch aufgeführt hatten wie die Ritter und im Faulturm der Stadt darauf warten mußten, daß der Rat von Schrobenhausen sie freikaufte. Nur selten wird berichtet, daß Räuber hingerichtet wurden. Meistens begnügte man sich mit der Zahlung eines angemessenen Schadensersatzes und der eidesstattlichen Versicherung, sich künftig nicht mehr am Eigentum der Geschädigten zu vergreifen. Diese sogenannten Fehdebriefe waren im Mittelalter der wichtigste Friedensschutz für Personen und Sachen. Sie wurden sorgfältig aufbewahrt.

Was aber geschah mit einem armen Raubritter, der kein Lösegeld aufbringen konnte? Auch dafür gab es eine elegante, unblutige Lösung. Ein Urfehdebrief aus dem Jahr 1358 berichtet darüber. Ein gewisser Ritter Herolt, Sohn des Schrot von Neuenstein, der offenbar nicht in der Lage gewesen war, das Lösegeld zu zahlen, mußte sich verpflichten, der Stadt als Söldner zu dienen. Die noch zahlreich vorhandenen Urkunden belegen, daß dieses Verfahren häufig angewandt wurde. So heißt es in einem Urfehdebrief aus dem Jahre 1378: »Ich, Peter von Klingenstein, bekenne mich schuldig, den Bürgern der Stadt Rothenburg durch Bruch und Stoß Schaden zugefügt zu haben. Und deshalb schwöre ich mit uffgereckten Fingern, daß ich nimmermehr meine Hand gegen die Stadt erheben werde. Und daß ich ihr vier Jahre lang Dienst tun werde mit vier Spießgesellen, wenn ich dazu aufgefordert werde. Die Stadt wird dann für meine Lebenskosten aufkommen, nicht aber für den erlittenen Schaden«, gemeint war der Verlust von Waffen und Pferd oder Lösegeldforderungen, falls er in Gefangenschaft geraten sollte.

Das Mittelalter war bei weitem nicht so blutrünstig, wie man es noch immer darzustellen versucht. Die Zeitdokumente beweisen es. Die aufstrebenden Städte dachten vor allem wirtschaftlich. Welchen Vorteil brachte es einer Stadt, einem räuberischen Ritter den Kopf abzuschlagen? Rache zu nehmen hieß, sich um die wirtschaftliche Entschädigung zu bringen. Zudem zog man sich den Haß der adeligen Sippen zu und mußte obendrein noch den Henker entlöhnen. War es nicht vernünftiger und vorteilhafter, die Missetäter zur Kasse zu bitten? Damit traf man das habgierige Gesindel an seiner empfindlichsten Stelle und besudelte sich nicht die Hände mit Blut. Wer nicht zahlen wollte oder konnte, mußte seine Geldstrafe als Söldner abarbeiten. Das erlaubte den Städtern, die den Waffendienst verabscheuten, in Ruhe ihren lukrativen Geschäften nachzugehen. Die Ritter aber, die kein anderes Handwerk als den Kampf beherrschten, erhielten eine Chance, ihr Brot ehrlich und standesgemäß zu verdienen. So konnte es geschehen, daß Ritter im Dienste der Stadt gegen angreifende Standesgenossen kämpften. Die Wölfe waren zu Wachhunden geworden. Die adeligen Räuber, die den Städten nicht dienen wollten, mußten zahlen, daß ihnen Hören und Sehen verging. 1000 Mark Silber mußte Conrad von Hohenlohe für die widerrechtliche Gefangennahme eines Bürgers zahlen. Eine so hohe Summe konnte ein Ritter normalerweise nicht aus eigener Kraft aufbringen und war deshalb gezwungen, weiterzurauben. Wurde er wieder gefaßt, dann lud er sich bei einer anderen Stadt neue Schulden auf. Am Ende war er gezwungen, sein Land zu verkaufen. Und die Städte zahlten ihm bereitwillig einen angemessenen Preis dafür.

Was aber geschah mit dem Raubritter, der Lösegeld oder Dienst verweigerte? Diese Frage kann nur jemand stellen, der die mittelalterlichen Kerker nicht kennt. Diese stockdunklen, feuchten Kellerverliese, in denen ein Gefangener bis zur urkundlichen Bekräftigung der Urfehdebriefe schmachtete, duldeten kein Zaudern. Er mußte sich rasch entscheiden.

Und was war, wenn der Räuber einen Meineid leistete? Obwohl es kein Verbrechen gibt, zu dem Menschen nicht fähig sind, kam es nur selten vor, daß ein Meineid geschworen wurde, denn nach mittelalterlicher Auffassung beging man damit das schlimmste aller Verbrechen. Mord und Totschlag galten dagegen als läßliche Sünden, die man mit einer Geldbuße oder einer Pilgerfahrt ins Heilige Land abtragen konnte. Hatte nicht auch Kain seinen Bruder Abel erschlagen? Mußte man nicht in jedem Krieg andere Christenmenschen niedermachen? Meineid jedoch war etwas anderes. Meineid war nicht in erster Linie ein juristisches Delikt, sondern Gotteslästerung, weil man im Namen des dreieinigen Gottes geschworen hatte. Wer einen heiligen Eid brach, verriet den Herrn wie Judas Ischariot, der dazu verdammt war, für alle Ewigkeit in der finstersten aller Höllen zu schmachten. Meineid wurde mit der Todesstrafe geahndet, wobei dem Verurteilten vor der Hinrichtung die Schwurfinger abgehackt wurden.

Behütet von wohlhabenden Eltern wuchs Heinrich Toppler heran. Im Frankenland aber ging es in jenen Tagen schrecklich zu. Wann immer die gute alte Zeit stattgefunden haben mag, von der romantische Rothenburgbesucher heute träumen, zu Topplers Zeiten kann es nicht gewesen sein.

1399 verwüsteten die Heuschrecken das Taubertal. Seit 1335 waren sie jedes Jahr in Franken eingefallen. So viele wie in dem Jahr aber hatte es noch nie gegeben. Die Stadtchronik berichtet, sie seien so zahlreich gewesen, daß sie »wie Hagel vom Himmel fielen«. Die Schwärme verfinsterten die Sonne. Wo sie sich niederließen, wurden die Felder wie vom Flurbrand verheert. Der Zerstörung folgten große Not und schreckliche Teuerung. Die Ställe waren ebenso leer wie die Scheunen, denn das Vieh mußte notgeschlachtet werden, wenn man es nicht elendiglich verhungern lassen wollte. Denn selbst das Heu war den »Sendboten der Hölle« zum Opfer gefallen. Für die Zeitgenossen Topplers trugen die *Heuschrecken* ihren Namen noch zu Recht. Man hielt sie für Teufelswerk, das man mit Weihwasser und Kruzifix bekämpfte, nicht zuletzt wohl deswegen, weil man noch kein anderes Mittel dagegen kannte. Diese Plage des Alten Testaments scheint damals in ganz Europa geherrscht zu haben. 1388 wurden in Südtirol die Heuschrecken von allen Kanzeln herab verflucht und des Landes verwiesen. Der Bischof von Lausanne, Benedict von Montferrand, strengte sogar einen Prozeß gegen alle Heuschrecken und Maikäfer des Berner Landes an. Und als der gerichtliche Vertreter des angeklagten Ungeziefers zum angesetzten Prozeßtermin nicht erschien, wurden die Schädlinge im Namen des dreieinigen Gottes mit dem Kirchenbann belegt und aus der Schöpfung ausgestoßen.

Ähnlich tragisch-komische Verzweiflungstaten werden sich auch in Rothenburg abgespielt haben. Hilfloser Humbug, über den wir heute vielleicht überheblich lächeln. Aber vielleicht werden spätere Generationen einmal über uns lächeln, weil wir allen Ernstes glauben, eine so elementare Störung der Lebenskräfte wie der Krebs ließe sich mit dem Skalpell beseitigen.

Die schrecklichste Bedrohung in jenen Jahren aber war die Pest. Sechsmal innerhalb von vierzig Jahren zog der *Schwarze Tod* durch die Lande und mähte die Menschen dahin »wie das Gras auf der Wiese«. In Mitteleuropa starben nach neueren Schätzungen etwa 25 Millionen Menschen. Wenn auch Rothenburg im Vergleich mit anderen Städten relativ glimpflich davon kam, so wurden die Bürger doch von einer panischen Todesangst ergriffen. Es war, als habe die Hölle ihre Pforten geöffnet, um die apokalyptischen Reiter des Jüngsten Gerichtes auszuspeien.

»Nie war Gottes Zorn so groß«, heißt es in einer Stadtchronik, und die Überlebenden fragten sich: »Welchen Frevel haben wir auf unsere Häupter geladen? Wie läßt Gott sich versöhnen? Wer trägt die Schuld?« Die Antwort der Fanatiker lautete: »Die, die Gottes Sohn verraten und gekreuzigt haben: Judas, der ewige Jude, die Hostienschänder.«

Bereits 1298 und 1336 hatte man im Frankenland »die Juden erschlagen«. Jetzt aber brach das Unheil mit noch schrecklicherer Wut über die Rothenburger Judengemeinde herein. Zu allem Unglück war die Stadt mit dem Judenviertel 1349 vom Kaiser an den Bischof von Würzburg verpfändet worden. Damit besaß die Stadt keine Rechte mehr über ihre Juden. Die fanatisierten Judenjäger, die in Rudeln durchs Land zogen, nutzten die Gelegenheit, »um Gott zu versöhnen«. Das alte Judenviertel versank in Blut und Asche. Später wollte Kaiser Karl IV. die Stadt für das Massaker verantwortlich machen, hauptsächlich aus Verärgerung über die entgangenen Einnahmen an Judensteuer. Die Räte der Stadt aber, darunter auch Konrad Toppler, wehrten die Anklage ab und beriefen sich dabei auf die Schutzpflicht des Würzburger Bischofs, Albrecht von Hohenlohe.

Heinrich Toppler war zu diesem Zeitpunkt etwa zehn Jahre alt. Sechs Jahre später erschütterte ein »höllisches« Erdbeben die Stadt. Am schwersten betroffen war die der Tauber zugewandte Talseite. Die alte Stauferburg stürzte endgültig ein. Die Stadtmauer wurde in ihrer ganzen westlichen Länge zerstört. Vom *Kobolzeller Tor* bis zum *Klingentor* war die steinerne Wehr verwüstet, »wie kein Stadtfeind es je vermocht hatte«.

Natürlich waren Heinrich Topplers Kinderjahre nicht nur von Not und Katastrophen ausgefüllt, aber schon früh muß er begriffen haben, daß auf Gott und Kaiser kein

Verlaß war. Um zu überleben, brauchte man vor allem Geld. Nur das Geld garantierte Freiheit und Sicherheit. Alles war offenbar käuflich: Stadtmauern, Burgen und Verbündete, Bauern, Bischöfe und Könige. Und selbst Schicksalsschläge, wie die Heuschrecken oder das Erdbeben, die sich mit Geld nicht verhindern ließen, konnte man, wenn genügend Geld da war, leichter verkraften. Ließ nicht selbst Gott mit sich handeln? Aus welch anderem Grund hatte Topplers Vater der Kirche ein Vermögen gestiftet? Hatten sie sich nicht ihr Anrecht auf das ewige Leben mit harter Münze erkauft?

Heinrich Toppler war neun Jahre alt, als der Kaiser die Stadt an ihren Erzfeind, den Bischof von Würzburg, verpfändete. Nach geltendem Recht durfte er das tun. Kaiser und Könige pflegten ihre Schulden dadurch zu begleichen, daß sie ihre Reichsstädte mit allen Bewohnern, Vieh und Gütern, vor allem jedoch mit allen Einkünften an Steuern, Zöllen und sonstigen Abgaben an zahlungskräftige Fürsten oder Bischöfe meistbietend versteigerten. Die Zeche zahlten die Städte. Rothenburg hatte sich dann aus eigener Kraft mit eigenem, mühsam zusammengespartem Geld aus der Verpfändung freigekauft, ja, freigekauft, denn auch die Freiheit war eine Ware, die ihren Preis hatte.

Als das Rothenburger Judenviertel an den Bischof verpfändet wurde, war Heinrich Toppler an die neun Jahre alt. Damit war er nach mittelalterlicher Vorstellung erwachsen, denn mit sieben Jahren endete die Kindheit. Waisen wurden bis zu diesem Alter unentgeltlich versorgt. Danach mußten sie mit Arbeit ihr Brot verdienen. Mit fünf Jahren begann der Schulunterricht. Auch Heinrich Toppler dürfte nicht älter gewesen sein, als er zu Georgi von der Mutter zur Klosterschule gebracht wurde.

Die Stadt belieferte die Lehrer mit Naturalien. Man war allgemein der Auffassung, geistige Arbeit ließe sich nicht mit Geld entlöhnen. Nichtkirchliche Schulen oder Universitäten lagen außerhalb jeder Vorstellung. Damit besaß die Kirche eine sehr viel höhere geistige Autorität als unsere seelsorgerisch ausgerichteten Kirchen der Gegenwart. Die Kirche selber maß ihrem Lehrmonopol mehr Bedeutung bei als ihrem seelsorgerischen Amt. Das äußerte sich nicht zuletzt in der Tatsache, daß sie sich selbst als *Lehrstand* begriff, den Gott über die beiden anderen Stände, die Ritter und die Bauern, gestellt hatte. Unter Lehren wurde allerdings weniger die Vermittlung von praktischem Wissen verstanden, als vielmehr das Heranführen an die Heilslehre. Auf die drängende Frage der

Menschen, wovon eine heilbringende Lebensführung abhängig sei, gab es nur eine einzige Antwort: »Von der völligen Übereinstimmung mit Rom.« Rom, Kirche und Papst aber waren eine untrennbare Einheit wie die Dreieinigkeit Gottes.

Ähnlich wie der Adel war auch die Kirche des 14. Jahrhunderts mehr und mehr im materiellen Machtkampf verkommen. Der Fürstbischof von Würzburg unterschied sich von den bayerischen Herzögen nur dadurch, daß er noch prächtiger residierte und noch brutaler Krieg führte.

Was die Ritter für den Adel, das waren die Mönche für die Kirche. Jahrhundertelang waren sie die eigentlichen Kulturträger des Abendlandes gewesen. Ja, es gab sogar fließende Übergänge zwischen den beiden nur scheinbar so entgegengesetzten Männergesellschaften. Dafür zeugen die Mönchsritter des Templerordens. Keine andere Gruppe innerhalb der Kirche hat sich um den Titel *Lehrstand* so verdient gemacht wie die Mönche.

Wer heute die Wörter Kloster und Mönche hört, denkt an fromme Weltabgeschiedenheit, an besinnliche Einsiedeleien. Das war im späten Mittelalter ganz anders. Hinter den festungsmäßig ausgebauten Klostermauern vernahm man nicht nur Glockengeläut und fromme Gesänge. Lautes Hämmern drang aus der Schmiede, begleitet vom Sägen der Zimmerleute. Eisenbeschlagene Räder rumpelten über Kopfsteinpflaster. Das Fluchen der Roßknechte wurde übertönt vom Geschrei der Gänse und der Schweine vor der morgendlichen Fütterung. Die Luft war erfüllt vom Gestank der Misthaufen und Kloaken, vom beißenden Rauch der Küchenkamine und der Räucherkammern. Stechend war der Gestank über der Gerberei, wo die Maden zu Tausenden in den Faulgruben schmarotzten. Überall wimmelte es von Fliegen, Ratten und Flöhen.

Auf uns hätten die Mönche wie viele ihrer Zeitgenossen einen abschreckenden Eindruck gemacht. Nach unseren Vorstellungen von Hygiene und Sauberkeit waren die frommen Männer völlig verwahrlost, denn Körperpflege, Waschungen oder gar Vollbäder standen nach wie vor im Ruch fleischlicher Sünde. Schon der Kirchenvater Hieronymus hatte im 4. Jahrhundert gelehrt: »Eine reine Haut offenbart eine schmutzige Seele. Unsere Leiber sind die verachtenswerten Kerker unserer Seelen, die uns daran hindern, zu unserem Schöpfer zurückzukehren.« Schwarze faulige Zähne, juckende Krätze, eiternde Geschwüre, Ungezieferbisse gehörten zu den alltäglichen Übeln. Niemand wäre der wahnwitzigen Idee erlegen, Luft oder gar Sonne an den Leib zu lassen. Die Kreuzgänge waren erfüllt vom Husten der Mönche. Die Schwindsucht forderte die meisten Opfer. In den Klöstern lag die Lebenserwartung im 14. Jahrhundet unter dem fünfunddreißigsten Lebensjahr.

Die Klosterregel für Schüler nahm keine Rücksicht auf kindliche Belange. Ohne Aufforderung durften sich die Klosterzöglinge nicht erheben und nicht sprechen. Sie standen ständig unter Aufsicht. Den Abort durften sie nur in Begleitung eines Lehrmönches aufsuchen. Bei den geringsten Übertretungen drohten Prügel und Essensentzug. Schlimmer als die körperliche Züchtigung muß jedoch die seelische Folter gewesen sein. Klassische Erziehungsfibel war das Werk von Papst Innozenz III. »Über das Elend des Menschseins«. Noch gegen Ende des 15. Jahrhunderts war es neben der Bibel das weitverbreitetste Buch. Von keinem anderen Werk besitzen wir so viele handschriftliche Kopien. In diesem Machwerk der Hoffnungslosigkeit heißt es: »Das Leben ist beklagenswert. Geschaffen ist der Mensch aus Staub, und was nichtswürdiger ist, aus ekelerregendem Samen, empfangen in der Geilheit des Fleisches.« Selbst das Lachen galt als Sünde. »Christus hat dreimal geweint, aber er hat nicht ein einziges Mal gelacht. Wer auf Erden lacht, der wird im Himmel weinen.«

Die großen frühmittelalterlichen Klöster waren Keimzellen der jungen abendländischen Kultur gewesen. Hier wurden neue Ideen und Stile entwickelt. Hier lagerte das gesamte überlieferte Wissen. Ein Kloster ohne Bibliothek ist wie eine Stadt ohne Mauer, wie ein Garten ohne Blumen, so lehrte Abt Ludwig von Sankt Gallen. Die Mönche verbrachten oft nicht nur viele Jahre ihres Lebens mit der Abschrift eines Buches, sie verfertigten auch die Tinten und die Farben und vor allem das Pergament aus Tierhäuten. Ganze Herden wurden zu diesem Zweck aufgezogen, geweidet, geschlachtet und gehäutet.

In den Klöstern war nicht nur die Schreibkultur zu Hause. Auch neue Stile und Techniken in der Malerei, Bildhauerei und Baukunst wurden hier entwickelt. Zudem hatten die Klöster bedeutenden Einfluß auf das gesamte gesellschaftliche Leben. Äbte als Finanziers und Diplomaten bestimmten den Lauf der Geschichte. Die Klöster waren auch wirtschaftliche Machtzentren. Riesig waren die Ländereien von Lorsch, Fulda, Reichenau und Sankt Gallen. Die Klöster prägten nicht nur entscheidend das mittelalterliche Weltbild, sondern trugen auch wesentlich zur Veränderung der Landschaft, die sie umgab, bei. Bis zu Beginn des 10. Jahrhunderts war Deutschland noch mit dichten Wäldern bedeckt. Sie fielen den Rodungen der Mönche zum Opfer. Das bayerische Alpenvorland, das zur Zeit Karls des Großen noch von dichten Urwäldern bedeckt war, ist von den Klöstern Benediktbeuren, Kochel, Schlehdorf und Schliersee fast gänzlich abgeholzt worden. Die Eingriffe waren so tiefgreifend, daß bereits im 13. Jahrhundert die ersten kaiserlichen Rodungsverbote ausgesprochen wurden. Die Zerstörung geschah wie in der Neuzeit aus wirtschaftlichem Interesse, denn landwirtschaftlich kultivierte Felder brachten reichere Erträge.

Die Einführung der Dreifelderwirtschaft ging im ganzen Karolinger Reich auf die Klöster zurück. Warum gerade auf die Klöster? So könnte man fragen. Warum hat eine religiöse Gemeinschaft einen so hervorragenden Anteil an der Entwicklung der Landwirtschaft, von den Heilkräutergärten über die Fischzucht und den Weinbau bis zur Feldbestellung? Warum waren die Mönche hier führend und nicht die Bauern?

Die Mönche lasen und übersetzten die antiken Schriften. Sie eigneten sich damit den über Jahrhunderte hinweg gewonnenen Erfahrungsschatz des römischen Ackerbaus an, der dem germanischen weit überlegen war. Aber das war nicht der einzige Grund. Die weitläufigen Klostergrundherrschaften, zu denen bisweilen Hunderte von Hörigenfamilien gehörten, ermöglichten den gewinnträchtigen Einsatz billigster Arbeitskräfte. Ein weiteres entscheidendes Moment, dem die Klöster ihre Überlegenheit verdankten, lag in der positiven Wertung der Arbeit. Als gegen Ende des 5. Jahrhunderts Benedikt von Nursia das abendländische Mönchtum begründete, verkündete er: »Ora et labora! Bete und arbeite! Müßiggang ist der wahre Feind der Seele.« Das war für die damalige Zeit eine ungeheure Maxime. Selbst in der Bibel bedeutet Arbeit nur Bestrafung. »Im Schweiße deines Angesichts sollst du dein Brot verdienen«, heißt es bei der Vertreibung aus dem Garten Eden. Benedikt von Nursia erklärte die Arbeit zur paradiesischen Verheißung und stellte sie in ihrer heilsamen Wirkung neben das Gebet.

Mit dem Heranwachsen der Städte boten sich den Mönchsorden neue Aufgaben. Im Schutz der Mauern übernahmen sie den Schulunterricht, die Armenfürsorge, kümmerten sich um das Seelenheil der Bürger, gaben Kredite und boten Reisenden Unterkunft. Auch die Rothenburger Klöster erfüllten diese Aufgaben. Sie waren autarke Gemeinwesen in der Stadt, mit eigenen Privilegien, eigener Verwaltung und großen Besitzungen innerhalb und außerhalb der Stadtmauern. Ihre politischen Interessen deckten sich nur selten mit denen der Stadt. Es war Heinrich Toppler, der diese »Stachel im eigenen Fleisch« ausriß, indem er die Klöster gegen ihren Willen der Stadt einverleibte.

Als Heinrich Toppler ungefähr 13 Sommer alt war, wurde er in den Kreis der wehrfähigen Männer aufgenommen. Im Festgewand ging er neben seinem Vater durch die nächtliche Stadt zum Rathaus. Man schrieb den 1. Mai, und hätte Rothenburg schon eine Turmuhr gehabt, so hätten ihre Zeiger auf Viertel vor zwei in der Nacht gezeigt.

»Moment mal«, so könnten Sie als Leser jetzt einwenden, »das Geschehen, von dem hier die Rede ist, liegt mehr als ein halbes Jahrtausend zurück, und wir besitzen keine einzige Aufzeichnung über die Vereidigung des jungen Toppler. Woher will jemand wissen, an welchem Tag und um wieviel Uhr Toppler sich ins Rathaus begab?« Diese Frage zu beantworten, fällt nicht schwer, wenn wir die feststehenden alten Bräuche jener Jahre kennen. Der Bürgereid erfolgte in Rothenburg immer zu Walpurgi – das ist der 1. Mai – und zwar, wie ausdrücklich in der Stadtsatzung festgehalten, drei Stunden vor Sonnenaufgang. Da am 1. Mai die Sonne im Frankenland kurz vor fünf Uhr aufgeht, muß die Vereidigung gegen zwei Uhr nachts begonnen haben.

In Kenntnis des mittelalterlichen Kalenderjahres läßt sich nicht nur der Zeitpunkt der feierlichen Vereidigung rekonstruieren, sondern sogar der ganz simpler Alltagsbeschäftigungen. Heinrichs Mutter wird an jenem 1. Mai im Garten Linsen gesät haben, denn in Rothenburg galt: »Linsen säe zu Walpurgi (1. Mai), Erbsen zu Georgi (23. April). Leg den Hanf in den Acker zu Urbani (5. Mai), den Leinen zu Viti (15. Juni)!« Und so fort. Diese Termine wurden wie die Steuer- und Gerichtstage sehr genau eingehalten, denn die jeweilige Handlung stand unter dem Schutz des Heiligen, nach dem der Tag benannt war. Das galt sogar für so alltägliche Dinge wie die Aufstellung des Speiseplans. An jenem 1. Mai dürften Lämmerbäuche aufgetischt worden sein. Zu St. Blasi (3. Februar) aßen die Rothenburger normalerweise Schweinsbraten, zu Martini (11. November) fette Bratwürste. Am 25. August zog der Duft von Gänsebraten durch das »Haus zum Goldenen Greifen«. »Brat junge Gänse zu Oswaldi!« so hieß es im Speisekalender, und die Lieferlisten der Topplerschen Bauern bestätigen, daß man sich an diese Regel gehalten hatte.

Im großen Saal des Rathauses hatten sich bei flackerndem Kerzenlicht der Rat und die wehrfähigen Männer der Stadt versammelt. Alle erhoben sie ihre Hand zum Schwur, um vor Gott und den Heiligen den feierlichen Eid abzulegen, Tradition und Gewohnheit zu bewahren, das Recht nicht zu brechen, dem Rat gehorsam zu sein und die Stadt mit allem Gut zu schützen und wenn es sein mußte, mit dem Leben zu verteidigen. Nachdem Vater Toppler ein Pfund Heller als Wehrbeitrag für seinen Sohn in die Stadtkasse eingezahlt hatte, war der Junge in den Kreis der wehrfähigen Männer aufgenommen. Von nun an würde er jedes Jahr zu Walpurgi den Bürgereid sprechen und den heiligen Schwur erneuern.

Nach der Vereidigung konnte die Ausbildung im Kriegshandwerk beginnen. Lehrer der jungen Bürger waren kampferfahrene Ritter, die als Söldner im Dienste der Stadt standen und in Friedenszeiten die militärische Ausbildung zu überwachen hatten. Wie die Ritterknappen übten die Rothenburger Knaben sich im Laufen, Springen und Speerwerfen, im Ringkampf und Bogenschießen, im Reiten, Hauen und Stechen mit Schwert und Lanze. Da die Armbrust die bevorzugte Verteidigungswaffe der Städte war, wird die Unterweisung im Armbrustschießen einen großen Teil der Ausbildung ausgemacht haben. Lebenswichtig war die Verteidigung der Stadtmauer, vom Schießschartenschießen bis zum gezielten Pechgießen auf die angreifenden Belagerer. Noch heute sagen wir von einem, der unverrichteter Dinge davonzieht: »Er hat Pech gehabt.«

Den Großvater väterlicherseits hatte Heinrich nicht mehr kennengelernt. Der alte Konrad Toppler war bereits 1309 gestorben. Er hatte noch die gute alte Zeit des Hohenstauferkaisers Friedrichs II. erlebt. Der Großvater Topplers war Ratsherr in Rothenburg gewesen. Das heißt, er muß dem Patriziat angehört haben, denn nach dem Recht seiner Zeit war das die Voraussetzung, um in den Rat gewählt werden zu können. Außerdem muß er begütert gewesen sein. Im Rat durfte nur sitzen, wer vom Ertrag seiner Ländereien leben konnte. Ratsherren wurden für ihre Tätigkeit nicht bezahlt. Im Gegenteil, es wurde von ihnen erwartet, daß sie ihr Vermögen in den Dienst der Stadt stellten, um Rothenburg »würdig und großzügig« zu repräsentieren.

Großvater Toppler hatte mehrere Söhne, von denen wir nur zwei mit Namen kennen. Der eine, Heinrich Topplers Vater, hieß wie sein Vater, Konrad. Der andere trug den Namen Hermann. Dessen Sohn Heinrich mit dem Beinamen »der Goldschmied« wird im Fall Toppler noch eine Rolle spielen. Auch von Heinrich Topplers Vater kennen wir den Geburtstag nicht. Aber er läßt sich ziemlich genau bestimmen, weil wir sein Todesjahr und das seines Vaters kennen. Laut Überlieferung starb er 1402. Da der Großvater Topplers schon 1309 das Zeitliche gesegnet hatte, kann der Sohn nicht nach 1309 gezeugt worden sein. Zwischen 1309 und 1402 liegen 93 Jahre, eine ungewöhnlich lange Lebensspanne. Konrad Toppler der Jüngere kann nur kurz vor dem Ableben des Vaters gezeugt worden sein, sonst hätte er bei seinem Tod im Jahre 1402 mehr als 93 Lenze gezählt. Und das ist bei der damals niedrigen Lebenserwartung wohl kaum denkbar. Wenn Vater Toppler kurz vor dem Tod des Großvaters das Licht der Welt erblickt hat, muß er bei Heinrich Topplers Geburt etwa dreißig Jahre alt gewesen sein, ein für die damalige Zeit durchaus übliches Alter, Vater zu werden, da die Patriziersöhne der süddeutschen Reichsstädte im allgemeinen nicht vor dem 25. Lebensjahr heirateten.

Im Gegensatz zu uns war für Topplers Zeitgenossen »das ewig Gestrige« ein leuchtendes Ideal. Sie alle empfanden so wie Bernhard von Chartres, der gepredigt hatte: »Wir Lebenden sind Zwerge, die auf den Schultern von Riesen stehen, so daß wir weiter zu sehen vermögen als sie. Doch nicht der Schärfe unserer Augen verdanken wir diese Weitsicht, noch der Größe unseres Wuchses, sondern weil wir hinaufgehoben und getragen werden, hoch oben auf dieser riesigen Masse derer, die vor uns gelebt haben.«

An langen Herbst- und Winterabenden saß man am Feuer, und die Alten, die am meisten erlebt hatten, erzählten von früher. Natürlich werden sie von der Glanzzeit Rothenburgs berichtet haben, als der Stauferkönig Konrad III. im Jahre 1142 die Rote Burg hoch über der Tauber erbaut hatte. Sein Sohn Friedrich, der den Beinamen »das Kind von Rothenburg« trug, hielt dort nach dem Tod des Vaters glanzvoll Hof. Ganz gewiß wird der junge Toppler diesen Prinzen geliebt haben, der, kaum fünfzehnjährig, mit Kaiser Barbarossa nach Italien zog und vor Mailand seinem Kaiser das Leben rettete. In jenen ruhmreichen Tagen war Rothenburg der strahlende Mittelpunkt der ritterlichen Welt gewesen. Friedrich vermählte sich mit der Lieblingstochter Heinrichs des Löwen und zog – das Brautbett war noch warm – zum zweitenmal mit seinem Kaiser über die Alpen. Dieses Mal ging es gegen Rom. Die Ewige Stadt fiel im Sturm. Am Ende aber strafte Gott Sieger und Besiegte. Das Sumpffieber wütete ärger als Feuer und Schwert. Innerhalb einer Woche starben 25 000 Männer. Auch Friedrich sollte Rothenburg nicht wiedersehen. Er starb erst vierundzwanzigjährig.

Bisweilen mochten die Alten die traurige Geschichte vom Rabbi Meir ben Baruch erzählt haben, der Rothenburg zum Jerusalem des Nordens gemacht hatte. Seine Talmudschule an der Tauber wurde mit der Universität von Paris verglichen. Des Rabbis salomonische Weisheit wurde weit über Rothenburgs Grenzen hinaus gerühmt.

Seine scharfsinnigen Gutachten und Auslegungen in Fragen des Rechtes und der Religion galten allen Juden als Richtschnur. Vierzig Jahre wirkte dieser Nathan der Weise in Rothenburg. Als gegen Ende des Jahrhunderts die Lebensbedingungen für die Juden immer unerträglicher wurden, machte sich der Rabbi auf, um wie Moses zu seiner Zeit sein Volk aus der Gefangenschaft zu führen. Das Unternehmen mißglückte. Der Rabbi wurde trotz seiner Verkleidung in Tirol erkannt und ergriffen. Sechs Jahre lang bis zu seinem Tod wurde der Siebzigjährige auf der Burg Ensisheim im Elsaß gefangengehalten, weil er es gewagt hatte, König Rudolf um die Judensteuer zu prellen. Seine Leiche wurde für eine astronomische Summe an einen Wormser Juden verkauft, der dafür sorgte, daß der Rabbi auf dem jüdischen Friedhof in seiner Heimatstadt die wohlverdiente ewige Ruhe fand.

Die Männer werden vielleicht auch von dem Schweinekrieg in Weißenburg erzählt haben. Hatte man ähnliches schon einmal gehört? Am Tag nach Walpurgi hatte sich dort eine ganze Herde von Hausschweinen, die im Stadtwald gehütet wurde, ohne erkennbaren Grund in zwei feindliche Lager gespalten. Wie Kriegsknechte gingen die Säue aufeinander los. Über vierzig wurden dabei getötet. Seit wann führten Schweine Krieg? Es stand arg um die Welt. Was hatte das zu bedeuten? Sollte das eine Warnung Gottes sein?

Rothenburg wurde von einem Äußeren Rat regiert, der aus seinen Reihen einen Inneren Rat wählte. Der Innere Rat stellte den Ersten Bürgermeister, der Äußere Rat den Zweiten Bürgermeister.

1373 wurde Heinrich Toppler zum erstenmal in den Inneren Rat gewählt und gleichzeitig als Erster Bürgermeister ausgerufen. In dieser erzkonservativen mittelalterlichen Gesellschaftsordnung war das eine Sensation, denn normalerweise mußte ein frisch gewählter Ratsherr erst einige Jahre dem Inneren Rat angehört haben, bevor ihm das höchste Amt der Stadt anvertraut wurde. Heinrich Toppler muß also über Gaben verfügt haben, die ihn zu einer herausragenden Gestalt machten. Er hat es wohl verstanden, die Menschen in Kriegszeiten zu führen, denn die Stadtrechnungsbücher aus jenen Tagen, in die alle Kriegsausgaben sorgfältig eingetragen wurden, führen immer wieder seinen Namen auf.

Leider erfahren wir aus diesen Büchern nur die Kosten, nicht aber die Gründe für den Auszug der Rothenburger Bürgerwehr. Die relativ niedrigen Ausgaben verraten uns aber, daß es sich nicht um Kriegszüge gehandelt haben kann, sondern um die Verfolgung organisierter Räuberbanden. In jenen Tagen herrschte das Faustrecht. Die Macht gehörte dem Stärkeren. Der räuberische Adel plünderte die Bauern und die Kauffahrer. Da die Städte von ihrem bäuerlichen Umland und vom Handel lebten, ging es für sie um Sein oder Nichtsein. Sie schlossen sich zu Schutzbündnissen zusammen. In ihrem Bemühen um den Landfrieden wurden sie von Kaiser Karl unterstützt, der mit Rothenburg ein Bündnis auf Lebenszeit abschloß. Darin heißt es: »Rothenburgs Feinde sind auch Unsere Feinde.«

Das hielt aber keinen Ritter davon ab, weiterzurauben, obwohl auch die süddeutsche Ritterschaft mit dem Kaiser einen Vertrag zur Erhaltung des Landfriedens abgeschlossen hatte. Für viele Angehörige des niederen Adels stellte der Raub die einzige Lebensgrundlage dar, weshalb sie gar nicht mehr in der Lage waren, auf die kaiserlichen Friedensforderungen einzugehen. Die Lebensgrundlagen der Städte und der Ritter waren so entgegengesetzt wie die der Schafe und der Wölfe. In diesem Überlebenskampf brauchte Rothenburg einen kampferfahrenen Führer. Heinrich Toppler verbrachte einen großen Teil seines politischen Lebens mit der Leitung militärischer Aktionen und mit Reisen in diplomatischer Mission. Toppler war ein Mann, dem es offensichtlich leicht fiel, das Vertrauen seiner Mitmenschen zu gewinnen.

Als sich 1374 in Mainz zwei Anwärter um Erzbischofsstuhl und Kurfürstenwürde in den Haaren lagen, befürchteten die Bürger schlimmste Auseinandersetzungen. Bevor es zu Zerstörung und Plünderung kommen konnte, rafften sie ihre Wertsachen zusammen und retteten sie nach Rothenburg in die Obhut von Heinrich Toppler, der damit zum Treuhänder des Mainzer Vermögens wurde. Es handelte sich um einen Betrag von 11 500 Gulden Leibrente. Als im Jahr darauf in Mainz immer noch bedrohliche Verhältnisse herrschten, aber die Zinsen für die Leibrente fällig wurden, übernahm Toppler in eigener Person den Geldtransport. Mit 575 Gulden in den Satteltaschen ritt er nach Mainz. Die Stadt zahlte ihm dafür eine Prämie von 4 Gulden und 5 Pfund Heller als Wegzehrung.

1384 wurde Heinrich Toppler zum zweitenmal zum Bürgermeister gewählt. Warum erst nach elfjähriger Pause? Hatte er die Hoffnungen, die man in ihn gesetzt hatte, nicht erfüllt? Vermutlich war es vielmehr so, daß die Stadt jetzt einen erfahrenen Hauptmann und gewandten Diplomaten dringender brauchte als einen Bürgermeister, von dem laut städtischer Verfassung erwartet wurde: »Er soll beständig und fleißig auf dem Rathaus sitzen und täglich den Leuten Gehör schenken.« Die Außenpolitik war wichtiger als innerstädtische Belange.

Alle Hoffnungen der Bürger richteten sich auf den Städtebund, weil, wie man annahm, nur dieser in der Lage war, den Landfrieden zu sichern. »Vereint sind wir stark«, so glaubten die Städte, die weit verstreut wie Inseln im Meer der Feinde um ihr Leben kämpften. Aber leider waren sie sich nur selten einig. Um kleiner Vorteile willen verbanden sie sich mit der Ritterschaft gegen eine Nachbarstadt. Die Koordination der Kräfte im Städtebund erforderte großes diplomatisches Geschick. Toppler muß davon in reichem Maße besessen haben. Sein Ruf als geschickter Politiker verschaffte ihm Respekt bei Freund und Feind. Wie unentbehrlich er sich in jenen Jahren gemacht haben muß, bezeugt auch die Tatsache, daß Toppler zweimal hintereinander, 1384/85 und 1386/87, zum Bürgermeister gewählt wurde.

Dies war ungewöhnlich, denn zwei Amtsperioden hintereinander durfte ein Bürgermeister in Rothenburg eigentlich nicht amtieren. Von da an wurde Toppler fast regelmäßig alle zwei Jahre in das höchste Amt der Stadt berufen. Aus dem zeitlich begrenzten Amt hatte sich ganz allmählich eine Art von Regierungsauftrag auf Lebenszeit entwickelt.

Aber bleiben wir bei den Jahren 1373/74, in denen Toppler zum erstenmal das Bürgermeisteramt ausübte. Es war eine wilde Zeit. Wenn auch keine Kriegsberichte existieren, so sprechen doch die Rechnungen ihre eigene Sprache: Der Rothenburger Hauptmann Seitz Häuptlin ist in Gefangenschaft geraten. Die Stadt muß ihn freikaufen. Der Söldnerführer Hans Lesch hat sein Pferd an den Feind verloren. Er erhält eine Entschädigung. Kundschafter werden entlohnt. Hinweise über verdächtige Feindansammlungen werden von reitenden Boten überbracht und honoriert. Immer wieder lesen wir, daß Heinrich Toppler mit bewaffneten Bürgern ausrücken mußte. Sie verfolgten die Stadtfeinde bis zum Neckar. Zu größeren Kampfhandlungen kam es nicht. Die Stadt war gerüstet und schreckte damit mögliche Angreifer ab.

Rothenburgs stärkste Waffe war seine Bürgerwehr. Im 14. Jahrhundert wurden Kriege fast ausschließlich mit Söldnern geführt. Selbst die Ritter wollten von ihrem Lehensherren bezahlt werden, wenn sie für ihn in den Kampf ritten. Eine größere geschlossene Gemeinschaft, die zum Zwecke der Selbstverteidigung zu den Waffen griff, gab es bis dahin nicht. Die Bürgerwehren waren verständlicherweise besser motiviert als die bezahlten Söldner, die mit möglichst wenig Einsatz möglichst viel Beute herausschlagen wollten. In welchem Maße die Bildung einer Bürgerwehr auf Topplers persönliche Initiative zurückgeht, läßt sich nicht zuletzt daran erkennen, daß die Schützengilde Rothenburgs noch heute das Jahr 1373 als ihr Gründungsjahr feiert. Der frischgebackene Bürgermeister verstand es nicht nur, die Rechte seiner Stadt mit der blanken Waffe zu verteidigen, er bewies auch Meisterschaft im erfolgreichen Prozessieren.

Die älteste uns bekannte Urkunde des Bürgermeisters trägt das Datum am »Donnerstag vor dem Christtag 1373«. Der Rothenburger Bürgermeister Heinrich Toppler fordert von Conrad von Hohenlohe 1000 Mark Silber als Wiedergutmachung für die widerrechtliche Gefangensetzung des Rothenburger Bürgers Hans Angermann. Noch vierhundert Jahre nach Toppler war es eine Sensation, als der Müller von Sanssouci seinen Landesherren vor Gericht forderte. Das war zur Zeit der Aufklärung. Im mittelalterlichen Ständestaat aber kam Topplers Forderung fast schon einem Sakrileg gleich. Der Bürgermeister einer Kleinstadt erdreistete sich, einen Angehörigen des Hochadels, einen Hohenloher, vor Gericht zu zitieren, weil dieser es gewagt hatte, einem Bürger seiner Stadt die Freiheit zu beschneiden.

Noch heute heißt eine ganze Landschaft in Deutschland »Das Hohenloher Land«. Nur wenige Geschlechter haben ihre Zeit und ihr Land so geprägt wie die Grafen von Hohenlohe. Waren die Herren von Hohenlohe nicht mehrfach die Herren von Rothenburg gewesen? König Konrad IV., der Vater Konradins, des letzten Staufers, hatte die Burg und die Stadt Rothenburg an den Grafen Gottfried von Hohenlohe für einen Betrag von 3000 Mark Silber abgetreten. Und nun – hundert Jahre später – sollte ein Enkel des Mannes, der die ganze Stadt einmal für 3000 Mark gekauft hat, 1000 Mark Schadensersatz an einen Bürger dieser Stadt zahlen? Heinrich Toppler gewann den Prozeß.

Seit seiner ersten Ernennung zum Bürgermeister steht Heinrich Toppler im Mittelpunkt des politischen Geschehens. Von nun an läuft in Rothenburg nichts mehr ohne ihn.

Wie ist das möglich?

Schon aufgrund ihrer natürlichen Gegnerschaft zum Adel hüteten die Städte ihre »demokratischen« Rechte besonders sorgfältig. Im Gegensatz zur Erblichkeit des Adels wurden die Inhaber städtischer Ämter nur auf Zeit gewählt. Wie konnte in einer solchen Bürgergemeinschaft ein junger Mann zum »König von Rothenburg« aufsteigen, wie die Rothenburger Toppler noch heute nennen?

Worauf basierte seine Macht?

Die Steuerlisten verraten es uns. 1374 lebten in Rothenburg knapp 5000 Menschen, von denen ein Fünftel (genau 1035) Steuern entrichteten. Nürnberg und Straßburg hatten zur gleichen Zeit 20 000 Einwohner. Die größte Stadt der Erde war damals das maurische Córdoba mit 200 000 Menschen. Die Rothenburger Steuerlisten des Jahres 1374 weisen Conrad Wernitzer mit weitem Abstand als den reichsten Mann der Stadt aus. Er zahlte über 233 Pfund an den Fiskus. Um welch ungeheuren Betrag es sich dabei gehandelt hat, wird erst offensichtlich im Vergleich mit den anderen Steuerzahlern der insgesamt vier Steuerklassen. Die Bürger der untersten Steuergruppe zahlten weniger als 1 Pfund Heller pro Jahr. Diese knapp 400 Bürger brachten zusammen 216 Pfund in die Kasse. Die darüber liegende Steuergruppe zahlte zwischen 1–10 Pfund Heller pro Jahr. Sie umfaßte die Hälfte aller Steuerzahler der Stadt. Die dritte Steuergruppe der Begüterten entrichtete pro Kopf und Jahr zwischen 10–20 Pfund Heller an Steuern. Sie machten 10 Prozent aller Steuerzahler aus. In der obersten Gruppe, die 55 Männer umfaßte, lag die Jahressteuer zwischen 20 bis 50 Pfund Heller pro Kopf. Sie brachte die Hälfte der gesamten Stadtsteuer auf. Erst vor diesem Hintergrund wird deutlich, wie reich Conrad Wernitzer als weitaus größter Steuerzahler der Stadt gewesen sein muß.

In der mittelalterlichen Ständegesellschaft konnte normalerweise ein solches Vermögen nur durch Erbschaften oder Einheirat über viele Generationen angehäuft werden. Der Reichtum des Conrad Wernitzer war über zweihundert Jahre hinweg hamsterartig zusammengetragen worden. Als Kaiser Barbarossa 1172 Rothenburg das Stadtrecht erteilte, wurde ein Conrad Wernitzer der erste Bürgermeister. Die höchsten Ämter der Stadt wurden zwar nicht wie heute mit honorigen Beamtengehältern entlohnt, sie waren vielmehr unbezahlte Ehrenämter, die jedoch wie keine andere Tätigkeit zu Ansehen und Reichtum führten. Auch Toppler hat die Vorteile seines Amtes zu nutzen verstanden. Seltsamerweise schien das in der mittelalterlichen Gesellschaft niemanden zu stören. Bereicherten sich nicht selbst die Stellvertreter Christi an ihren armen Herden?

Zu einer reichen Stadt gehörte auch ein reicher Bürgermeister. Wie sollte er sonst die Stadt würdig repräsentieren? So selbstverständlich wie die Regierenden in ihre eigenen Taschen wirtschafteten, so selbstverständlich wurde auch von ihnen erwartet, daß sie in Notzeiten Waffen und Getreide aus eigener Tasche bezahlten und in Glanzzeiten Kirchengerät und Kunstwerke stifteten.

Als Conrad Wernitzer 1376 starb, hinterließ er seiner Witwe ein Vermögen von mehr als 10 000 Pfund Heller in Form von Haus- und Landbesitz. Inventar, Schmuck und Bargeld waren nicht mitgerechnet, stellten aber gewiß auch noch einen beträchtlichen Wert dar. Nach heutigem Maßstab handelte es sich um ein riesiges Vermögen, von dem die Witwe Wernitzer aber nicht mehr viel hatte, denn sie überlebte ihren Gatten nur um vier Jahre.

Und nun geschieht etwas Rätselhaftes. Der Name Wernitzer verschwindet auf einmal aus den Steuerlisten. Dafür gibt es 1383 zwei neue Spitzenreiter unter den Steuerzahlern: Hans Wern und Heinrich Toppler. Die beiden Männer übernehmen die verwaiste Führungsposition, so als wären sie Conrad Wernitzers Erben.

Wie ist das möglich?

Hierfür gibt es nur eine überzeugende Erklärung: Sie waren seine Erben. Wie kam der alte Wernitzer dazu, sein Vermögen zwei Männern zu überlassen, die nicht seinen

Namen trugen? Auch hierfür gibt es nur eine einleuchtende Erklärung: Hans Wern und Heinrich Toppler hatten seine Töchter geheiratet. Sie waren seine Schwiegersöhne. Eigene Söhne hatte der alte Wernitzer nicht. Die Steuerlisten bestätigen die mündliche Rothenburger Überlieferung, wonach Heinrich Topplers erste Frau Barbara eine Tochter des reichen Wernitzer gewesen sei. Obwohl es keine Urkunden für diese Eheschließung gibt, lassen sich dennoch Angaben über ihren ungefähren Zeitpunkt machen. Sie muß vor Topplers Bürgermeisterwahl 1373 stattgefunden haben, weil nur ein verheirateter Ratsherr Bürgermeister werden konnte.

Toppler war also bereits 1373 der Schwiegersohn des reichsten Mannes der Stadt. Vor diesem goldenen Hintergrund erscheint es schon nicht mehr ganz so erstaunlich, daß der junge Toppler bereits zu Beginn seines dritten Lebensjahrzehnts in den Inneren Rat und gleichzeitig zum Bürgermeister gewählt wurde. Heinrich Toppler war also nicht nur irgendein begabter junger Mann. Wer, außer Wernitzer und seinen Schwiegersöhnen, war in der Lage unvorhersehbare Kriegsausgaben mit eigenen Mitteln zu finanzieren? Heinrich Topplers politisches Fundament war das Kapital.

Im 14. Jahrhundert verhieß Geld in viel stärkerem Maße als heute Freiheit und Macht. Kein Privileg und Vorrecht, das die Stadt sich nicht für viel Geld vom Adel erkauft hätte. Keine Gunst des Kaisers oder der Kirche, die sich nicht mit barer Münze erkaufen ließe. Selbst die Kaiserkrone hatte in der Runde der Kurfürsten ihren Preis. Der alte Wernitzer hatte für Heinrich Toppler die gleiche Bedeutung wie Crassus für Gaius Julius Caesar. Erst das Geld ermöglichte dem politischen Genie den Aufstieg zur Macht. Für beide gilt der Satz: Geld war zwar nicht alles, aber ohne Geld wäre alles nicht gewesen.

Da im Fall Toppler das Geld eine elementare Rolle spielt und da für das Mittelalter Geld nicht dieselbe Bedeutung hatte wie für uns, müssen wir uns mit diesem wichtigen Thema etwas näher befassen.

 Als Marco Polo gegen Ende des 13. Jahrhunderts aus China zurückkehrte, wo er zwanzig Jahre seines Lebens verbracht hatte, machte sein erstaunlicher Reisebericht vom anderen Ende der Erde seine Runde durch ganz Europa. Besonders kurios erschien den Menschen die Behauptung, die Chinesen würden Papier als Geld benutzen.

Für Topplers Zeitgenossen war Geld identisch mit Edelmetall. Die Münze war nur ein geformtes Stück Silber oder Gold. Die Prägung war die Garantie für die Reinheit. Das wichtigste Requisit eines mittelalterlichen Kaufmannes war eine Waage, mit der jede Münze sorgfältig gewogen wurde. Denn die Münzen einer Prägung waren nicht nur verschieden dick, sondern auch verschieden groß, weil sie von vielen, durch deren Hände sie gingen, beschnitten und befeilt wurden. Das geschah nicht nur aus Habgier, sondern auch aus medizinischen Erwägungen heraus. Goldspäne, von einem Marientaler abgeschabt, galten als Wunderheilmittel. Wasser, in das man Dukaten gelegt hatte, galt als probate Arznei gegen Gelbsucht. Kupfermünzen halfen gegen Rotlauf, Zahnschmerzen und Krätze. Gold und Silber waren mehr als nur Zahlungsmittel. Man glaubte, sie seien materialisierte himmlische Kräfte. Sonnenstrahlen, so glaubte man, würden unter besonderen Bedingungen in der Erde zu Gold, Mondstrahlen zu Silber.

Dem Geld wurden übernatürliche Eigenschaften zugeschrieben. Amulette aus Münzen verliehen Schutz gegen den bösen Blick und anderes Unheil. Wer sich 17 Kreuzer »um Gottes Erbarmen« erbettelte und sich daraus während der Passionszeit einen Ring schmieden ließ, der glaubte sich im Besitz eines todsicheren Mittels gegen die Gicht. Die Kirche unterstützte diesen Aberglauben. Sie weihte und verkaufte Pesttaler, Kindbettpfennige und Agnus-Dei-Medaillen, die gegen dreimal zwölf Leiden helfen sollten. Die wundertätige Kraft wurde nicht zuletzt darauf zurückgeführt, daß auf den meisten Münzen Heilige abgebildet waren. So der heilige Johannes auf dem rheinischen Goldgulden oder St. Ladislaus auf dem ungarischen Gulden, beides Münzen, die noch zu Topplers Zeiten in Rothenburg im Umlauf waren. Man war allen Ernstes davon überzeugt: »Geld ist das absolut Gute.« An überirdischer Kraft wurde es nur vom Weihwasser und vom Kruzifix übertroffen.

So mancher Münzschatz, der heute gefunden wird, wurde nicht aus Angst vor Dieben vergraben, sondern aus keinem anderen Grund als dem, seiner heilbringenden Kraft ständig teilhaftig zu sein. Seine materielle Existenz war wichtiger erachtet als seine Kaufkraft. Kein Gebäude, in dessen Fundamente nicht Münzen eingemauert wurden. Die Gebärenden hielten einen Marientaler in der Hand. Die Dachdecker trugen zum Schutz gegen Unfälle einen silbernen Doppelschilling im Brustlatz.

Überreste dieses Glaubens haben sich bis in unsere Tage erhalten. Noch heute werfen wir Münzen in Brunnen oder kaufen Brautschuhe mit Pfennigstücken. In unserer Alltagssprache wimmelt es von Begriffen, die sich auf die alten Münzen und ihre Prägung beziehen. »Das ist auf uns gemünzt«, sagen wir, bevor wir »etwas auf die Goldwaage legen«. Wir »prägen uns etwas ein« und umschreiben etwas Solides mit »von echtem Schrot und Korn«, weil in Schrot das Bruttogewicht und in Korn der Feingehalt einer Münze angegeben wurde. Papiergeld, Schecks und Kreditkarten sind dagegen nur Zahlungsmittel, Gebrauchsgegenstände, zu denen wir kein ideelles Verhältnis entwickelt haben. Geld ist für uns das Fundament des krassesten Materialismus. Ein Zeitgenosse Topplers hätte das nicht verstanden. Für ihn war das Geld noch ein Element des Überirdischen, das Wunder vollbrachte und die Guten belohnte wie im Märchen vom Sterntaler oder von der Goldmarie.

Die meisten Alltagszahlungen wurden auch noch zu Topplers Zeiten im Naturaltausch erledigt, wobei Rohstoffe, Vieh, landwirtschaftliche und handwerkliche Produkte zur Zahlung benutzt wurden. Begriffe unseres Finanzwesens wie *pekuniär* und *Salär* haben ihren Ursprung in dieser Tauschwirtschaft. Ersterer stammt vom lateinischen *pecus*, das Vieh, und letzterer von *sal*, das Salz. Salz war das häufigste Tauschzahlungsmittel. Üblicherweise aber wurde bei einem Kauf angeschrieben. Das war in einer kleinen Stadt, in der jeder jeden kannte, kein Problem. Bezahlt wurde nach der Ernte oder nach dem Schlachtfest mit Getreide, Wein und Speckseiten. Natürlich wurde nicht wirklich angeschrieben, denn Papier war teuer. Im Rothenburger Museum werden noch Holzstöcke gezeigt, in die die Schulden mit einem Messer eingekerbt worden waren. Daher stammt die Redewendung: »Jemand hat etwas auf dem Kerbholz!« Fremde mußten in Rothenburg bar bezahlen. Gemeinhin trug man seine Münzen im Geldbeutel. Da in die Kleidung noch keine Taschen eingearbeitet waren, wurde der Beutel offen und damit für alle sichtbar getragen. Meist hing er am Gürtel. Kein Wunder, daß man die Taschendiebe *Beutelschneider* nannte. Größere Geldsummen wurden in Schatztruhen verwahrt. Das waren schwere Kisten aus massivem Hartholz mit Metallbeschlägen und komplizierten Schlössern. Bei Topplers hohen Einnahmen werden gewiß mehrere von diesen Geldtruhen im »Haus zum Goldenen Greifen« gestanden haben.

Für den Transport einer großen Geldsumme wurden mehrere Pferdefuhrwerke benötigt, besonders wenn es sich nicht um Gold-, sondern um Kupfermünzen handelte. Aus diesem Grund führten 1661 die Schweden als erste in Europa das Papiergeld ein. Schweden hatte keine eigenen Edelmetallminen. Gezahlt wurde dort bis 1661 mit gestempelten Kupferbarren. 1 silberner Reichstaler entsprach einem 2 kg schweren Kupferbarren. Schon für kleinere Finanzgeschäfte wurden hölzerne, rucksackartige Traggestelle und Schubkarren benötigt. Bei einer Zahlung von 100 000 Talern kostete allein der Transport des Geldes 6000 Taler. Der Vorteil dabei war allerdings, daß die schwedischen Geldtransporte fast ohne Bewachung auskamen, denn unter diesen *erschwerenden* Umständen hatten es auch die Räuber nicht leicht. In Rothenburg dagegen wurde mit Gold- und Silbermünzen bezahlt. Wir erfahren aus dem Stadtbuch, daß Toppler höchstpersönlich Geldtransporte zu begleiten pflegte.

Im 14. Jahrhundert reichte das Münzsystem noch zurück bis in die Zeit Karls des Großen. Noch immer waren karolingische Talente im Umlauf. Man muß sich das einmal klar machen. Das ist so, als ob wir noch heute mit den Münzen aus Topplers Tagen einkaufen würden. Denn der Abstand des 14. Jahrhunderts zu unserer Zeit ist ebenso groß wie der zur Karolingerzeit. Daneben rechnete man in Süddeutschland mit dem Goldpfund: 1 Pfund entsprach 20 Schillingen oder 240 Pfennigen. Seit Beginn des 14. Jahrhunderts kamen aus Florenz goldene Florentiner nach Deutschland, die man hier Gulden nannte. Florenz stellte zu der Zeit den Mittelpunkt des Bankwesens dar. In den oberitalienischen Städten war es gewissermaßen aus der Taufe gehoben worden. Noch heute sind die meisten Fachausdrücke des Bankenwesens italienischen Ursprungs wie *Agio, Giro, Konto, Kasse* und *Bankrott*, entstanden aus *banca rotta*, die zerbrochene Bank, weil man einem zahlungsunfähigen Geldwechsler den bankartigen Zahltisch zerschlug, bevor man ihn in den Schuldturm warf.

Die mittelalterlichen Währungen orientierten sich am Gulden wie die heutigen am Dollar. Die Umrechnung zwischen dem Gulden und dem Pfund mußte durch kaiserliche Verordnung ständig korrigiert werden. Dabei gab es Schwankungen von mehreren hundert Prozent. 1367 war ein Gulden ein dreiviertel Pfund wert. 1380 kostete ein Gulden drei Pfund. Viele Städte und Fürsten prägten ihre eigenen Münzen, von denen die Regensburger Pfennige als die wertbeständigsten galten. Die Florentiner Gulden wurden nördlich der Alpen häufig mit minderem Goldgehalt nachgeprägt. Das Pfund, das ursprünglich für 1 Pfund Gold gestanden hatte, nahm deshalb mit der Zeit immer mehr an Wert ab. Unabhängig von den Wertschwankungen untereinander war allen diesen Währungen eines gemeinsam, nämlich eine permanente Inflation.

In diesem Zusammenhang stellt sich die Frage: Wieviel konnte man sich zu Topplers Zeiten für einen Gulden kaufen? Wie lange mußte man dafür arbeiten? Der Tageslohn der Steinmetzmeister, die 1380 beim Bau der Kirche St. Jakob beschäftigt waren, betrug 12 Regensburger Pfennige im Sommer und 9 im Winter. Außerdem hatten alle Bauhandwerker ein Anrecht auf ein Frühstück und ein wöchentliches Bad im städtischen Badhaus, wofür sie jeden Samstag einen Pfennig ausbezahlt bekamen. Was verdienten Angehörige anderer Berufe? In der Rothenburger Stadtrechnung von 1377/78 wurden folgende Jahreslöhne eingetragen, die die Stadt für geleistete Dienste ausgezahlt hatte: Den höchsten Lohn mit 100 Pfund Heller bezog der Waagemeister für Salz und Eisen. Er hatte alles in die Stadt eingeführte Salz und Eisen zu wiegen und mit Zoll zu belegen. Es handelte sich um kostbare Güter, und wenn er sich verrechnete, konnte das die Stadt teuer zu stehen kommen. Er wurde also für seine verantwortungsvolle Stellung bezahlt. Um so erstaunlicher ist es, daß der Arzt nur 76 Pfund bekam, nur wenig mehr als der Henker mit 53 Pfund. Die beiden Stadtschreiber bekamen je 10 Pfund

Heller. Die Wächter, die die Stadttore kontrollierten, empfingen Beträge zwischen 31 und 40 Pfund Heller. Die Türmer, die darüber wachten, daß weder Feuer noch Feind der Stadt Schaden zufügen konnten, erhielten 50 Pfund. Die Stadtpfeifer wurden mit 6 Pfund entlohnt und die Trommler mit 5.

In dieser Aufstellung wird das Tagegeld für Heinrich Toppler mit 3 Pfund angegeben. Das entspricht dem halben Jahreslohn des Stadtpfeifers. Diesen Betrag empfing Toppler nicht als Lohn, sondern als Unkostenvergütung für Reisen im Dienst der Stadt. Dieser enorm hohe Spesensatz ist um so auffälliger, wenn man ihn mit den Beträgen vergleicht, die der Rothenburger Rat den gewöhnlichen Stadtboten für ihre Reisen zahlte. Diese Boten, die im Umgang mit den benachbarten Städten die Post ersetzten, erhielten 1375 für einen Botengang von 30 Kilometern, was hin und zurück etwa einen Tag beanspruchte, 8 Schillinge. Dieser Zahlenvergleich verdeutlicht, wie hoch die Stadt die diplomatischen Missionen Heinrich Topplers bewertete.

Nahrungsmittel waren billig. Ein Zimmermannsmeister konnte sich für seinen Tageslohn zwei fette Gänse kaufen. Für ein Paar Lederschuhe oder einen Tuchmantel mußte er hingegen mehrere Monate arbeiten. Kleidung war so teuer, daß ärmere Leute sie sich gar nicht leisten konnten. Sie bekamen sie von ihren Dienstherren zugeteilt. Ein Müllerbursche erhielt 1335 einen Tageslohn von 2 Pfennigen und zwei leinene Kleider im Jahr.

Ein Haus in der Stadt kostete 50 Gulden. 1387 kostete ein Tagwerk Land vor den Toren der Stadt 22 Gulden und ein Bauerngut in Herrnwinden 52 Gulden. Wenn man bedenkt, daß Heinrich Toppler um diese Zeit ein Tagegeld von 3 Pfund, was 1 Gulden entsprach, bezog, so war das, zumindest für ihn, leicht erschwinglich.

Wenn nicht gerade Krieg, Trockenheit oder die Heuschrecken alles verwüstet hatten, mußte in jenen Tagen niemand hungern. Bedrohlich für ganze Bevölkerungsgruppen war jedoch die unaufhaltsame Geldentwertung. Von 1342 bis 1371 vervierfachte sich der Getreidepreis. Zwar stiegen auch die Löhne, aber nicht der Lehenszins oder die Pacht, wie wir heute sagen würden.

Welche Folgen das hatte, veranschaulicht ein Vergleich. Ein 69 Tagwerk großer Bauernhof in Herrnwinden bei Rothenburg mußte jährlich 36 Malter Getreide als Pacht an seinen Lehensherren, den Rothenburger Patrizier Morder, entrichten. Im 13. Jahrhundert wurde dieser Hof in zwei gleich große landwirtschaftliche Anwesen aufgeteilt. Dabei wurde auch die Pacht halbiert. Nennen wir der Unterscheidung wegen den östlicher gelegenen Teil den Osthof und den anderen den Westhof. Der Osthof hatte seine Getreideabgabe in eine Geldzahlung umwandeln lassen. Vermutlich wollte der Pächter nicht nach jeder Ernte schwere Kornsäcke aufladen und nach Rothenburg karren müssen. Das wurde häufig gemacht, und die Lehensherren freuten sich darüber, denn bares Geld war während der Stauferzeit knapp. Die Geldpacht für den Osthof betrug 24 Pfund Heller. Das entsprach dem Preis von 18 Malter Getreide. Der Westhof zahlte seine Pacht weiterhin in Naturalien, also 18 Malter Korn. 100 Jahre später, gegen Ende des 14. Jahrhunderts, zahlte der Osthof immer noch den gleichen Betrag von 24 Pfund Heller. Für diesen Betrag konnte man aber nur noch 3⅓ Malter Korn kaufen. Der Westhof zahlte weiterhin mit 18 Malter Getreide, die jetzt allerdings 43 Pfund wert waren (1 Malter Korn kostete 2 Pfund und 8 Schillinge). Während der Lehenszins des Westhofs nicht an Wert verlor, brachte der Osthof seinem Lehensherr nur noch ein Fünftel seiner ursprünglichen Pacht ein. Aber im Gegensatz zu den Handwerkern und Kaufleuten, die ihre Löhne den steigenden Kosten anpaßten, durften die Grundherren ihre Lehenspacht nicht erhöhen. Zur Zeit der Stauferherrschaft, in der das Lehenssystem Gestalt gewonnen hatte, waren Entwicklungen wie Inflation oder Progression unvorstellbar gewesen. Die Lehen galten als für alle Zeiten festgelegt, weshalb man sie *Ewige Gült* nannte. Für Wandel und Anpassung war in diesem System kein Raum. Gerade auf dieser Ordnung, die man als gottgegeben und unveränderbar ansah, hatte bis dahin die Herrschaft des Adels beruht.

Es ist uns ein Fall überliefert, in dem eine Tochter des Grafen von Brauneck 1390 den vergeblichen Versuch unternahm, eine *Ewige Gült* anzuheben, um sie der inflationistischen Geldentwertung anzupassen. Sie scheiterte am Einspruch der Kirche und wurde zeitweilig sogar enteignet. Am Ende erhielt sie ihr Land zwar zurück, allerdings mit der Belehrung, daß an dem bestehenden Lehensrecht nichts geändert werden dürfe. Da der niedere Adel jedoch von seinen Lehen lebte, verarmte er immer mehr. Hinzu kam noch, daß das abendländische Rittertum auf den Kreuzzügen Luxus und Prachtentfaltung des Orients kennengelernt hatte. Während die Mehrzahl der Ritter bis dahin mit selbstgeschneiderten Kleidern aus heimatlichen Woll- und Leinenstoffen vorlieb genommen hatten, verlangten sie nun nach importierten Seidenstoffen aus Byzanz, nach Damast aus Damaskus, nach Musselin, Mohair, Taft, Satin und Chiffon, alles Gewebe, die sich bis auf den heutigen Tag ihre arabischen Bezeichnungen bewahrt haben. Vor den Verlockungen des Orientes benahm sich der Adel wie die alten Häuptlinge Afrikas und Amerikas, die für Tand und Glasperlen der weißen Eroberer ihr Land verhökerten. Von der Kleidung bis zum Turnier hatte der Ritterstand einen Lebensstil entwickelt, der mit seinen immer karger werdenden Einkünften nicht zu finanzieren war. Die Zukunft gehörte den Städten. Nur sie waren gewinnorientiert und produktiv tätig. Dennoch vermochten sie sich nicht aus dem alten feudalistischen System zu befreien, da sie nach wie vor einem Fürsten oder direkt dem König unterstanden.

Topplers Zeitgenossen hatten ein anderes Verhältnis zum Reichtum als wir. Es gab keine klare Trennung zwischen ideellen und materiellen Werten. Nicht zufällig sind Begriffe wie *Reichtum* und *Reich*, im Sinne von Kaiserreich und Himmelreich, so eng miteinander verwandt. Waren nicht auch *siegreich, hilfreich, erfolgreich* und *gnadenreich* erstrebenswerte Varianten von *reich-sein*? Die mittelalterliche Gesellschaft wurde vom Grundbesitz, der dem Adel und der Kirche gehörte, getragen. Ein reicher Herr war zugleich immer auch ein mächtiger Herr. Nach Thomas von Aquin sollte der Reichtum jedoch nicht das endgültige Ziel, sondern nur Mittel und Zweck zur Erreichung anderer, höherer Ziele sein, um Gott und den

Nächsten zu dienen. Das heißt aber nicht, daß die Menschen des Mittelalters gütiger waren als wir. Ihre Wohltätigkeit hatte nur wenig mit wirklicher Nächstenliebe gemein. Sie entsprang vor allem der eigennützigen Sorge um das eigene Seelenheil. Almosen wurden nicht gegeben, um die Armen aus ihrer Not zu befreien. Man beköstigte sie, beließ sie aber in ihrem Elend, das man für gottgewollt hielt. Die Kirche verkündete: »Die Reichen sind für die Erlösung der Armen da, die Armen für die Erlösung der Reichen. Irdische Reichtümer an Arme verteilt, verwandeln sich in himmlische Reichtümer.« Niemand dachte daran, die Armut zu beseitigen. Selbst die Bettler hielten sich für Auserwählte, die allein durch ihre Existenz zur Erlösung der Reichen beitrugen.

Im weltlichen Umgang mit dem Geld wurde von einem reichen Mann Freigiebigkeit erwartet. »Denn Reichtum an sich bringt keine Ehre mit sich.« In den Augen seiner Zeitgenossen war ein Kaufmann, der riesige Vermögenswerte besaß, aber keine Geschenke verteilte oder Gastmähler gab, eine Beleidigung der Schöpfung. In den Liedern der Troubadours wird der reiche, aber sparsame Händler als ein Unmensch dargestellt, der gegen den Willen Gottes handelt. Habsucht und Geiz galten als die verdammenswertesten aller Laster. Geld wurde nicht vorrangig als Besitztum betrachtet, sondern als Voraussetzung für eine bestimmte Lebensform. »Reichtum«, ruft ein Ritter in einem burgundischen Heldenlied, »Reichtum, das sind keine Burgen, keine Rösser und kein Geld. Reichtum, das sind Gefolgschaft und Freunde, Gastmähler und Geschenke!« In dieser prahlerischen Einstellung zum Geld liegt der Schlüssel zum Verständnis der rücksichtslosen Ausbeutung, mit der der Grundherr den Bauern auspreßte, der König seine Städte verpfändete und der Ritter den Reisenden plünderte. Man wollte ja nicht seinen irdischen Besitz vergrößern, sondern standesgemäß leben. Es scheint so, als hätte alle Achtung vor dem Eigentum anderer gefehlt. Kriege wurden ganz unverhohlen als reine Beutezüge geführt. Ritter überfielen wehrlose Reisende, ohne Schuld oder gar Scham zu empfinden. Man brüstete sich seiner Beute und verpraßte das Geld, um seinen Gefolgsleuten eine Freude zu bereiten, um den Ruhm der Sippe zu mehren. Dabei vergaß man nie, ein paar Altarkerzen zu stiften, zu Ehren Gottes und als Anzahlung auf das Ewige Leben im Himmel der Gerechten.

Auch die Handwerker hatten eine andere Einstellung zum Geld. Die Preise wurden nicht durch Angebot und Nachfrage diktiert. Sie wurden entweder direkt zwischen dem Meister und dem Käufer ausgehandelt oder durch die Zünfte festgelegt. Mehr als den tatsächlichen Wert zu fordern, hätte man als Betrug empfunden.

Um so befremdlicher erschien Topplers Zeitgenossen die schleichende Geldentwertung, die sich durch kein kaiserliches Gesetz beseitigen ließ. »Der Teufel steckt im Geld«, klagte Kaiser Karl IV., und wir müssen ihm recht geben. Daran hat sich bis heute nichts geändert.

 Im 14. Jahrhundert bedeuteten Juden Geld. Kein geringerer als König Wenzel, stellte gar den Grundsatz auf: »Wer Wolle will, muß Schafe scheren, wer Geld will, muß sich Juden halten.« Gegen eine Vorauszahlung von 600 Gulden erlaubte er den Rothenburgern, sich Juden »zu halten und zu genießen«. Es gab eine ganze Reihe von Parallelen zwischen den Juden und den Reichsstädten. Beide unterstanden dem besonderen Schutz der Krone, und beide wurden sie als erste zur Ader gelassen, wenn der König Geld brauchte. Beide waren Außenseiter in der mittelalterlichen Ständegesellschaft. Aber während sich die Städte hinter ihren Mauern verschanzen konnten, waren die Juden oftmals schutzlos ihren Feinden ausgeliefert. Es war ihnen bei Leibesstrafe verboten, Waffen zu tragen.

Die mittelalterliche Gesellschaft war in erster Linie eine Glaubensgemeinschaft. Für Nichtchristen war darin kein Platz. Aus diesem Grund nahmen die Juden eine eigenartige Sonderstellung ein. Obwohl sie einerseits vieles nicht durften, besaßen sie andererseits auch Privilegien wie das Recht des Zinsnehmens, das kein Christ ausüben durfte, und das ihnen Macht verschaffte. In einer Gesellschaft, in der Schauspieler, Artisten, Musikanten, Schäfer, Huren, Henker und Zigeuner als »fahrende und ehrlose Leut«

kaum Rechte besaßen, obwohl sie Christenmenschen waren, erlangten viele Juden als zuverlässige Finanziers eine einflußreiche Stellung.

Ihre größten Feinde waren christlicher Fanatismus und unchristliche Habgier. Fürsten, wohlhabende Handwerker und Kaufleute nahmen oft Partei für die Juden, weil ihr Geldbedarf immer größer wurde. In vielen Städten herrschten ähnliche Verhältnisse wie in Erfurt, wo sich der Rat und die Kaufherren vor die Juden stellten, um sie vor den bei ihnen hochverschuldeten Kleinhandwerkern und dem Landadel zu beschützen. Daß dennoch oft der Mob über die Vernunft siegte, war letztlich auch das traurige Verdienst der Priester, die den Glaubenseifer mit flammenden Predigten anstachelten.

Aber auch unter den Königen gab es skrupellose Kreaturen, die sich nicht mit Melken bescheiden wollten, sondern zum Schlachtmesser griffen, wenn es darum ging, die eigenen Kassen zu füllen. So auch König Wenzel, dessen notorischer Geldmangel bei Freund und Feind gleichermaßen gefürchtet war. Die unverhohlene Habsucht, mit der er seine Städte ausplünderte und seinen böhmischen Adel auspreßte, isolierte ihn im Reich immer mehr. 1383 verfiel er auf den unköniglichen Plan, die Juden zu enteignen. Um den Widerspruch der Fürsten von Anfang an zu entkräften, bot er ihnen an, mit ihnen zu teilen.

Es spricht für den Hochadel, daß die meisten das verlockende Angebot zunächst ablehnten, zum einen weil sie sicher nicht ihre Finanziers verlieren wollten, zum anderen weil ihnen nicht daran gelegen war, den unberechenbaren Wenzel noch mächtiger werden zu lassen. Doch der

Zeitpunkt war von Wenzel so gewählt worden, daß die Fürsten zum Einlenken gezwungen waren, denn sie führten gerade Krieg gegen die Städte und benötigten die Unterstützung des Königs und vor allem das Geld. Damit standen, wie so oft, Städte und Juden auf derselben Seite. Und wieder einmal bewahrheitete sich der Satz: »Schlechte Beispiele verderben die guten Sitten.« Wenzels Plünderungspläne machten Schule. Was der König machte, konnte nicht unrecht sein.

Wir erfahren aus dem Rothenburger Statutenbuch, daß sich in mehreren Reichsstädten Ritter und Bürger am Eigentum der Juden vergriffen. In Nördlingen und in Weißenburg wurden alle Plünderer für »schädliche Leut« erklärt. Sie erhielten Stadtverbot auf zehn Meilen. In Nördlingen, wo es sogar zu Totschlag gekommen war, wurde über zwölf flüchtige Bürger, darunter sogar ein Nördlinger Stadtrat, die Todesstrafe verhängt. Mit der Todesstrafe wurden auch diejenigen bedroht, die den Verurteilten Unterschlupf gewährten. Alle Städte des Bundes waren aufgerufen, die Judenmörder zu fangen und zu »entleiben«. Die Namen derjenigen, die sich an den Juden vergriffen hatten, sollten in jeder Stadt vermerkt und in regelmäßigen Abständen öffentlich verlesen werden.

Unter Toppler hatten die Juden in Rothenburg »Bürgerrecht« erhalten. Während in den meisten deutschen Städten die Juden in streng abgegrenzten Ghettos lebten, wurde in Rothenburg unter Toppler das Ghetto, das es seit der Stauferzeit hier gegeben hatte, abgeschafft. Die entehrende Tracht, die sie wie Dirnen, Schinder und Henker seit dem 11. Jahrhundert tragen mußten, war ihnen nicht mehr vorgeschrieben. In der Judengasse, die sich vom Weißen bis zum Blauen Turm erstreckte, standen Häuser von Christen und Juden nebeneinander. Eine ganze Reihe der jüdischen Häuser stehen noch heute. Man erkennt sie an ihren rundbogigen Haustüren mit dem vergitterten Sehschlitz daneben.

Welchen Einfluß der Bürgermeister Heinrich Toppler auf den Zustrom der Juden ausgeübt hat, verraten vor allem die Steuerbücher. 1374 geben sie zwei Juden an, von denen der eine erst gerade zugezogen war. Drei Jahre später werden schon neun steuerzahlende Juden aufgeführt. Und 1388 sind es bereits 30, die aus Nürnberg und Ulm eingewandert sind. Und wiederum sind es die Steuerbücher, die uns aufzeigen, wie wichtig diese Juden für die Stadt waren. Acht Familienvorstände der jüdischen Gemeinde zahlten jährlich 400 Pfund Heller an Steuern. Das machte ungefähr ein Zehntel des städtischen Steuereinkommens aus. Der Rest wurde von den über 1000 Haushalten der christlichen Bürgerschaft aufgebracht. Erst vor diesem Verhältnis wird ersichtlich, welch bedeutende Rolle die Juden in der Stadt spielten. Nach Konrad Wernitzer, dem Schwiegervater Topplers, waren zwei Juden die reichsten Unternehmer Rothenburgs. Einer von ihnen, Isaak Süßkind, ließ der Stadt in einem Jahr neben der Steuer von 1000 Gulden sogar noch eine Spende von 30 Gulden »zu unserem Bau« zukommen. Vermutlich war damit der Bau der Stadtmauer gemeint.

Wie kamen die Juden trotz der enormen Steuern, die sie an die Stadt und den König zahlen mußten, zu so immensem Reichtum? Die Kirche hatte im Mittelalter das Zinsnehmen verboten. Die Juden waren an das kanonische Zinsverbot nicht gebunden und machten den Geldverleih zu ihrem Hauptgeschäft. Finanzgeschäfte abwickeln hieß im Mittelalter *judaizare*. Seit dem 13. Jahrhundert vollzog sich ein Wandel von der Natural- zur Geldwirtschaft. Die Papst- und Königswahl verschlang immer größere »Bestechungsgelder«. Der Krieg mit Söldnerheeren wurde immer kostspieliger. Die Mauern, Türme und Befestigungsanlagen der Städte waren Großbaustellen, die finanziert werden wollten. Nicht nur die Ware, auch alle Privilegien und Freiheiten hatten ihren Preis. Selbst Strafen und Todsünden wollten mit Geld abgetragen werden. Das Gewerbe wurde technisch immer aufwendiger. Für den Bau von Mühlen und Lohgerbereien wurde mehr Kapital gebraucht.

Die Zinsen für geliehenes Geld waren nach heutigen Maßstäben Wucherzinsen. Sie mußten wöchentlich zurückgezahlt werden. Wir wissen von diesen Kreditgeschäften vor allem aufgrund der Klagen, die in den Rothenburger Gerichtsbüchern seit 1274 vermerkt wurden. Viele Schuldner waren nicht in der Lage gewesen, den Wucherzins aufzubringen.

Die Urkunden in den Archiven bezeugen Schuldverschreibungen mit 1 bis 2 Prozent Zins pro Woche. Das sind 52 bis 104 Prozent pro Jahr. Wen wundert es, daß viele Schuldner nicht in der Lage waren, ihren Verpflichtungen nachzukommen. Häufig wurde der Kreditnehmer damit geködert, daß er das Geld zunächst bis zu einem bestimmten Termin zinsfrei geliehen bekam. Doch danach wurden um so härtere Bedingungen gestellt, wie die fol-

genden Beispiele belegen: Der Ritter Sitz Struzz zu Frik-
kenhausen lieh sich zu Weihnachten 1377 von dem Juden
Liebenträutin 45 Pfund Heller. Die Summe war zunächst
befristet zinsfrei. Nach Ablauf der Frist hatte der Ritter
wöchentlich einen »guten Weißpfennig« zu entrichten,
was einem Jahreszins von 250 Prozent entspricht. Ritter
Weiprecht von Tann zu Insingen lieh sich von dem Juden
Gottschalk 30 Gulden. Dafür verpfändete er sein in der
Judengasse gelegenes Haus. Obwohl der Zinssatz in diesem Fall »nur« 50 Prozent betrug, mußte der Ritter sein
Haus verkaufen, weil er das Geld nicht aufbringen konnte.
Daß sich da so mancher Ritter an der Straße auf die Lauer
legte, um sich zurückzuholen, was ihm der Wucher geraubt hatte, ist kaum verwunderlich.

Der gnadenlose Wucherzins trug nicht gerade zu Beliebtheit der Juden bei. Aber die »Wuchersteuern«, die
man ihnen auferlegte, ließen ihnen gar keine andere Wahl.
Nicht nur, daß beispielsweise in Rothenburg acht Familien ein Zehntel der Stadtsteuer aufbrachten. Man forderte
von ihnen auch eine jährliche Judensteuer, die zu gleichen
Teilen an die Stadt und an den König ging. Im 14. Jahrhundert hatte Ludwig der Bayer zusätzlich eine Kopfsteuer
eingeführt, die jeder männliche Jude über zwölf Jahren
jährlich an die königliche Kammer abführen mußte. Für
die Wehrbefreiung wurde ein Kriegszins verlangt, für ein
Haus in der Stadt ein Hauszins, für die Beisetzung auf dem
Judenfriedhof ein Begräbniszins. Zudem mußten sich die
Juden noch so viel Rücklagen schaffen, daß sie im Fall
ihrer Verpfändung durch den König an einen benachbarten Fürsten, Bischof oder, wie 1352 in Windsheim, sogar

an einen Herbergswirt, sich mit eigenen Mitteln wieder freikaufen konnten. Bedenkt man zudem noch, daß sie bei jedem Pogrom all ihren Besitz samt Außenständen verloren, so vermag man es nicht zu fassen, wie die relativ kleinen Judengemeinden diese enormen Beträge erwirtschaften konnten.

Ein nicht unbeträchtlicher Teil der Wucherzinsen floß also an die Städte zurück. Sie waren es, die in erster Linie von den Geldgeschäften der Juden profitierten. Weil die Ritter bei den Juden am höchsten verschuldet waren, kam es dazu, daß diese erbitterten Stadtfeinde indirekt die Städte kräftig mitfinanzierten. Denn die Zinsen, die ihnen die Juden abverlangten, landeten letztlich in Form von Judensteuern in der Stadtkasse. Mit diesem Geld kaufte Toppler dann ihr Land, wenn sie den wöchentlichen Wucherzins nicht mehr aufbringen konnten. Obwohl die Juden zum Eigentum des Königs gehörten, arbeiteten sie so von Anfang an im Interesse der Städte.

Und dennoch blieben die Juden in ihren Städten Fremdkörper. Sie hatten nicht nur ihre eigene Religion, ihre eigene Verwaltung und ihr eigenes Recht, sie lebten auch nach einem anderen Kalender, redeten in einer anderen Sprache, ihre Kinder besuchten eine andere Schule. Sie hatten ihre eigenen Brunnen, Bäder, Barbiere, Matzenbäcker und koschere Schlächtereien. Was die Christen aßen, wurde von den Juden verabscheut und umgekehrt. Wenn die einen fasteten, feierten die anderen. Was die einen verehrten, wurde von den anderen verteufelt. Sexuelle Beziehungen oder gar eheliche Verbindungen wurden von beiden Seiten unter Strafe gestellt. Die totale Abgrenzung voneinander begünstigte das Entstehen der wildesten Gerüchte. Wer weiß, was die da treiben in ihren Kulträumen, die noch niemand von uns betreten hat? Die Juden hielten die Christen für so unrein, daß sie glaubten, die Reinigungskraft ihres Ritualbades ginge verloren, wenn sich ihnen ein »Schweinefleischfresser« nur näherte. Die Christen trauten ihren jüdischen Mitbürgern allen Ernstes zu, sie würden Brunnen vergiften und Hostien schänden, weshalb es einem Juden bei Androhung der Todesstrafe untersagt war, sakrale Gegenstände, Weihwasser oder gar ein Kruzifix zu besitzen. Obwohl sie am gleichen Ort und zur gleichen Zeit lebten, bewegten sich Juden und Christen in zwei völlig verschiedenen Welten.

In Rothenburg allerdings fanden die Juden im späten Mittelalter bessere Bedingungen als in anderen deutschen Städten vor, weshalb diese Stadt, wie kaum eine andere, eine besondere Anziehungskraft auf sie ausgeübt hat. Hier lebte der Oberrabbiner aller deutschsprachigen Juden, der Rabbi Meir ben Baruch. Die von ihm gegründete Talmudschule stand im Rang einer Universität. Die Juden waren hier wohlhabender als anderswo. Die Steuerlisten bezeugen es noch heute. Aber nicht nur die Juden, vor allem die Stadt profitierte von dieser lukrativen Symbiose. Es gehörte zu Heinrich Topplers Erfolgsrezept, daß er wie kein anderer auf dieser kapitalschaffenden Klaviatur zu spielen verstand, sowohl als Geschäftsmann wie auch als Bürgermeister.

 Alle Chronisten sprechen vom *Bürgermeister* Heinrich Toppler. Daran hat sich bis in die Gegenwart nichts geändert. Geändert haben sich jedoch die mit diesem Amt verbundenen Rechte und Pflichten. Ein Bürgermeister im 14. Jahrhundert regierte wesentlich autoritärer als heute.

Johannes Frauenberg, ein Schulmeister, Stadtschreiber und Ratsherr aus jenen Tagen, verrät es uns in seiner Schrift »Über die Pflichten eines Bürgermeisters«:

»Ein Bürgermeister soll achthaben auf seine Ratsherren, die ihm während seiner Amtszeit zur Seite sitzen, daß alle in Freundschaft füreinander einstehen, daß keiner gegen den anderen seinen Willen durchsetzen will oder gegen ihn einen heimlichen Haß im Herzen trägt. Denn wenn solches überhandnimmt, kann nichts Nutzbringendes vollbracht werden.

Der Bürgermeister hat darauf zu achten, daß die Ratsherren nicht mit ungebührlichem Benehmen im Ratsstuhl sitzen.

Im Umgang mit den Bürgern soll er die Frommen und Guten mit sanften und linden Worten, die Übeltäter aber mit heftigen Worten ohne Zorn und Geschrei abfertigen. Bei den Übeltätern soll er unterscheiden, ob sie ihre Tat aus Schwachheit oder aus Übermut und Bosheit getan haben, auf daß die Strafe der Schuld angemessen sei.« Das heißt, der Bürgermeister verfügte auch über richterliche Macht. Er war ein kleiner König, was auch im nächsten Satz zum Ausdruck kommt: »Der Bürgermeister soll sich in seinem Tun so verhalten, daß ihn die Gemeinde mehr liebe als fürchte. Während seiner Amtszeit soll der Bürgermeister sich von den Leuten distanzieren, denn dadurch kommen Verkleinerung und Mißachtung seiner Befehle. Allen, die sein Haus besuchen, Fremden und Stadtbürgern, soll er freundlich und würdig gegenübertreten. Er soll sie reichlich bewirten, der Stadt zu Ehren und ihm selber zur Herrlichkeit. Er soll gut gekleidet sein, der Stadt und dem Rat zu Ehren.«

Von einem Bürgermeister wurde weiterhin »Reife und Weitblick im Handeln« erwartet. »Er soll Vorbild sein. Ein Bürgermeister soll auf seine Stimme, sein Gesicht und seine Bewegungen achten, daß sie allzeit der Situation angepaßt sind, denn zum traurigen Handeln gehört ein trauriges Gesicht und zum ernsten ein ernstes Gemüt und eine ernste Stimme.« Der Bürgermeister sollte also auch ein repräsentatives Auftreten haben. Da kein anderer so oft zum Bürgermeister gewählt worden ist wie Heinrich Toppler, müssen wir annehmen, daß er all die geforderten Eigenschaften in reichem Maße besaß.

Bei der Forderung nach einem repräsentativen Auftreten, achtungsgebietender Statur, Stimme und Physiognomie drängt sich die Frage auf: Wie mag Heinrich Toppler ausgesehen haben? In einer Stadtchronik unserer Tage finden wir den Satz: »Ein Abbild Heinrich Topplers ist uns nicht erhalten geblieben.« Wahrscheinlich hat es nie eines gegeben. Die mittelalterlichen Maler kannten keine Porträts. Natürlich nahmen sie die individuellen Züge des menschlichen Gesichtes zur Kenntnis und hätten sie wohl auch naturgetreu wiedergeben können, aber das entsprach nicht dem damaligen Ideal. Die Zeitgenossen Heinrich Topplers erlebten sich viel mehr als wir als ihrer Gemeinschaft zugehörig. Der einzelne erlebte sich nur als Teil der übergeordneten Gemeinschaft seiner Stadt, seiner Kirchengemeinde oder seines Standes. Die Künste, allen voran die Architektur, spiegelten dieses Welt- und Menschenbild wider. Dom und Rathaus waren Ausdruck eines starken Gefühls der Zusammengehörigkeit. Privathäuser waren in der aufgereihten Giebelzeile ihrer Straße nur Glieder einer Kette. Das allgemein Gültige war wichtiger als das individuell Einmalige. Jeder strebte danach, die Ideale seiner Gemeinschaft zu verwirklichen. Vorbilder waren vor allem die Heiligen, die ihr Leben ganz in der Hingabe an Gott verbracht hatten. Für individuelle Entfaltung oder Abbildung war in der mittelalterlichen Gesellschaft kein Platz. Wichtiger als die Wirklichkeit getreu wiederzugeben war es, die ideelle Existenz widerzuspiegeln. Denn zählten die Taten eines Menschen nicht mehr als die Form seiner Nase, die Farbe seines Haares und die Gestalt seines Leibes?

Camus hat einmal geschrieben: »Von einem bestimmten Alter ab ist jedermann für sein Gesicht verantwortlich.« Er will damit sagen, daß unser Aussehen von unserem Charakter, unseren Taten und Gedanken geprägt wird.

Im Rathaus zu Rothenburg hängt ein lebensgroßes Ölgemälde des großen Bürgermeisters, wie ihn ein einheimischer Maler aus der ersten Hälfte des 20. Jahrhunderts nach seiner Vorstellung geschaffen hat. Er zeigt uns einen kraftvollen Heldentyp, wie er in dieser Zeit von den Nationalsozialisten als kämpferisches Ideal verherrlicht wurde. Olympische Zehnkämpfer und italienische Kondottiere mögen aus diesem Holz geschnitzt sein. Heinrich Toppler aber, der kein Despot war, der die Regierungsgewalt an sich riß, wird diesem Bild nicht entsprochen haben. Er war kein Löwe, sondern ein Fuchs, kein Danton, sondern ein Fouché. Nur für wenige Große der Geschichte gilt der Satz »Nomen est omen« so uneingeschränkt wie für Toppler. Er riskierte viel im Spiel um die Macht. Aber er war kein Glücksspieler, der die Entscheidung dem Zufall überläßt, sondern ein Schachspieler von Format, ein Puppenspieler, der es verstand, im richtigen Moment am richtigen Faden zu ziehen. Heinrich Toppler war ein Diplomat, der innerhalb der engen Grenzen, die ihm die Spielregeln des städtischen Rates ließen, mit geldgierigen Königen, betrügerischen Bischöfen und hochfahrenden Fürsten verhandeln mußte. Als Bürgermeister einer ständig vom Krieg bedrohten Stadt versuchte er, ihre Feinde gegeneinander auszuspielen, bestach, intrigierte und schreckte auch vor Verrat und Unrecht nicht zurück, wenn es der Sache der Stadt diente. Er war kein Held wie der Mann auf dem Bild, sondern ein Schlitzohr, kein Goliath, sondern ein David. Gerade das macht ihn uns so sympathisch.

Ein arabisches Sprichwort sagt: »Der Löwe verfügt über Kraft und Mut, der Wüstenfuchs über Witz und

Verstand.« Und in der Tat muß Heinrich Toppler ein vielversprechender junger Mann mit hervorstechenden Geistesgaben gewesen sein, sonst hätte ihm nicht der reichste Mann von Rothenburg seine Tochter zur Frau gegeben.

Heinrich Topplers finanzielle Verhältnisse vor der Eheschließung sind uns bekannt. Für die Braut war er alles andere als eine gute Partie. Er muß also ganz offensichtlich Eigenschaften gehabt haben, die ihn sowohl für die Tochter als auch für den Vater so attraktiv erscheinen ließen, daß sie ihn wohlhabenderen Bewerbern, von denen es gewiß nicht wenige gab, vorzogen.

Es entzieht sich unserer Kenntnis, ob Heinrich Toppler ein gutaussehender Mann war, aber unserem Schönheitsideal dürfte er kaum entsprochen haben.

Damals waren die Gesichter der Menschen schon früh von Pockennarben und Ausschlag entstellt. Die meisten verloren in jungen Jahren ihre Zähne. Die winterliche Kost war vitaminarm. Der Lebenskampf war hart. Topplers Zeitgenosse, Oskar von Wolkenstein, klagte im Hinblick auf das Faustrecht: »Wir leben in einer Zeit, in der ein Edelmann schneller seine Schneidezähne verliert als ein Mädchen seine Unschuld.«

Charme und Verstand wird Toppler aber in reichlichem Maße besessen haben. Er muß einer jener Menschen gewesen sein, die eine unerklärliche Ausstrahlung besitzen und deren Anwesenheit uns mit Faszination erfüllt. Denn es ist uns überliefert, daß die Rothenburger ihm in Scharen das Geleit gaben, wenn er sich zu Fuß in die Kirche oder ins Rathaus begab. Die Menschen drängten sich danach, ihm nahe zu sein. Es gibt schriftliche Belege dafür, daß ihm selbst seine Feinde Hochachtung und Bewunderung entgegenbrachten. Auch auf Frauen scheint er eine große Anziehungskraft ausgeübt zu haben. So erfahren wir aus den Gerichtsakten, daß Kraft Schober, ein städtischer Söldner, den Bürgermeister Toppler angeklagt hat, er habe seiner Frau den Kopf verdreht und treibe es mit den anderen Weibern der Stadt genauso.

 Als Heinrich Toppler das erste Mal zum Bürgermeister gewählt wurde, war Rothenburg eine Kleinstadt ohne eigenes Umland. Das städtische Gebiet endete mit der Stadtmauer. Trat man aus dem Tor, befand man sich auf fremdem Territorium. Es gab nicht einen Rothenburger Bauern. Die umliegenden Ländereien gehörten alten Adelsgeschlechtern. Ein schmaler Streifen im Norden der Stadt war im Besitz des Deutschordens.

Wie die meisten kleineren Städte war Rothenburg ständig der Bedrohung ausgesetzt, von einem mächtigeren Nachbarn geschluckt und seiner Unabhängigkeit beraubt zu werden. Sowohl der Bischof von Würzburg als auch der Burggraf von Nürnberg erhoben Ansprüche auf die Stadt. Nur eine reiche, weitgehend autarke Stadt war auf die Dauer in der Lage, ihre Unabhängigkeit zu verteidigen. Rothenburg brauchte starke Mauern, verläßliche Bündnispartner und bäuerliches Umland für seine Versorgung mit Nahrungsmitteln.

Um das zu erreichen, wählte Heinrich Toppler einen Weg, der in der Geschichte seiner Zeit wohl einmalig war. Er eroberte das Land seiner adeligen Nachbarn nicht in kriegerischen Auseinandersetzungen, sondern kaufte es ihnen ab. Gegen Barzahlung übernahm er die umliegenden Gehöfte, Ländereien und Burgen. Wenn ihm eine Burg erst einmal gehörte, ließ er sie abtragen oder einfach verfallen wie seine Wasserburgen in Wildenhofen und Kirnberg. In kurzer Zeit gelang es ihm, das städtische Gebiet um 500 Quadratkilometer zu vergrößern und aus der Kleinstadt einen mächtigen Stadtstaat zu machen. Kaum eine andere deutsche Reichsstadt besaß ein so großes städtisches Territorium, nicht einmal das mächtige Nürnberg, dem es erst 1504 gelang, sich außerhalb der Stadtmauern Land zu erobern.

Diese Landkäufe erforderten nicht nur ungeheuere finanzielle Reserven, sondern auch politische Schläue, wie der erste urkundlich beglaubigte Ankauf Topplers beweist. Der Adelige Weiprecht Tanner, der wie viele seiner Standesgenossen gegen den Städtebund gekämpft und verloren hatte, war völlig verarmt. Weil seine Ländereien bis an die Stadtmauern heranreichten und mehrere wertvolle Mühlen miteinschlossen, wollte Heinrich Toppler sie erwerben. Da Weiprecht Tanner aber ein geschworener Feind der Stadt war, der er seinen Ruin verdankte, erledigte Heinrich Toppler den Ankauf über Mittelsmänner. Er beauftragte den Adeligen Walter von Höhenrieth, Kontakt mit dem Landbesitzer aufzunehmen. Dieser schaltete einen weiteren Mittelsmann, den Landedelmann Hans Weidner, ein, der das Gebiet für 100 Mark Silber erwarb und an Heinrich Toppler weiterverkaufte.

Der größte Landbesitzer im Rothenburger Land war der »Küchenmeister von Nortenberg«. Küchenmeister war nicht etwa eine Berufsbezeichnung, sondern ein hochadeliger Titel aus staufischer Kaiserzeit. Die Küchenmeister, einstmals so reich, daß sie das Frauenkloster in Rothenburg gestiftet hatten, waren inzwischen durch Geldentwertung und Mißwirtschaft derart verarmt, daß die Schuldenlast sie zu erdrücken drohte. Sie waren gezwungen, ihren Besitz zu veräußern. In der Verkaufsurkunde aus dem Jahr 1376 heißt es: »Wir haben bitterlich darüber zu Rat gesessen und bedacht, wie wir unsere anstehenden Schulden bezahlen könnten. Wir haben keinen Weg gefunden als das Unsere zu verkaufen.«

Die Herrschaft Nortenberg umfaßte mehr als 50 Quadratkilometer Land mit mehreren Gütern und Höfen, Äckern, Wiesen, Wäldern und Seen. Die Stadt bot 7000 Gulden. Es ist interessant zu erfahren, wie diese Summe aufgebracht wurde. Der Kauf wurde nicht mit städtischen Mitteln finanziert. Dafür war Rothenburg zu arm. Der Bürgermeister Heinrich Toppler steuerte 1400 Gulden bei. Den gleichen Betrag gab sein Schwager, Hans Wern, dazu. Noch einmal 1400 Gulden brachten sechs weitere Bürger, darunter eine Frau, auf. Die restlichen 2500 Gulden borgte sich Heinrich Toppler von den Juden Abraham und Repp. Nur in einem starken, geordneten Stadtsystem konnten die Juden ungestört ihren Geschäften nachgehen, weshalb sie Topplers unblutige Landeroberungen bereitwillig unterstützten. Warum sollte man Tausende von Gulden in so eine unsichere Angelegenheit wie den Krieg stecken, wenn man für das gleiche Geld die Beute friedlich erwerben konnte?

Topplers Kaufbriefe füllen ganze Archivregale. Der größte Teil des erworbenen Landes wurde an Rothenburger Bürger weiterverkauft. Einen nicht unbeträchtlichen

Teil behielt Heinrich Toppler für sich selbst. Viele dieser weiten Gebiete waren Wälder, die im 14. Jahrhundert noch ganz anders genutzt wurden als unsere heutigen Forstflächen. Der mittelalterliche Wald bestand fast ausschließlich aus Laubbäumen. Die Holzwirtschaft war von untergeordneter Bedeutung. Wenn man einen Baum fällte, wurde kein neuer gepflanzt. Der Wald zählte zum Weideland. Hier wurden unter Aufsicht eines Hirten ganze Herden von Schweinen gehalten, die sich von Eicheln und Bucheckern ernährten.

Neben den weiten Ländereien vor den Toren der Stadt kaufte der Bürgermeister Heinrich Toppler über vierzig Burgen und vier große Festungen, die er zerstören ließ. Mehr als zwanzig Mühlen wurden erworben, Steinbrüche und Tongruben zum Brennen von Ziegeln, sogar ein Weinberg des Bischofs von Würzburg, der 1397 mal wieder so knapp bei Kasse war, daß er sich gezwungen sah, Heinrich Toppler den Wachsenberg abzutreten. Der 50 Morgen große Weingarten wurde in einzelne Parzellen aufgeteilt, die an alle interessierten Rothenburger Bürger für wenig Geld verpachtet wurden.

Den wertvollsten Erwerb der Stadt stellten die 1250 bäuerlichen Familien mit mehr als 10 000 Seelen dar, die nun mit dem Umland zu Rothenburg gehörten. Sie belieferten die Stadt mit landwirtschaftlichen Produkten und kauften handwerkliches Gerät ein. Die Geschäfte florierten. Bauarbeiter strömten von auswärts herbei, Juden und Neubürger. Natürlich vergrößerte sich mit dem Zuwachs auch die Wehrkraft der Stadt.

Diese unblutigen Eroberungen waren für die Bürger der

augenfällige Beweis ihrer Überlegenheit. Für den Land-adel war es die Bankrotterklärung schlechthin. Ohne einen einzigen Schwertstreich hatte ein kleiner Empor-kömmling ihre stolzen Burgen in seinen Besitz gebracht und zerstört und die ehemaligen Herren, wenn sie gar nichts mehr besaßen, als Söldner in seine Dienste genom-men. Die von Gott gewollte Ordnung schien auf den Kopf gestellt. Überliefert ist uns der zornige Ausruf des Ritters Weiprecht von Tanne zu Insingen: »Die Rothenburger sind Leut, die auf eine Meile rings um ihre Stadt keine Burg sehen können!«

Mit dem Zugewinn des bäuerlichen Umlandes wurde die Stadt vor völlig neue Aufgaben gestellt. Es ist interes-sant zu beobachten, wie Heinrich Toppler die bäuerlichen Traditionen den neuen Erfordernissen der Stadt anpaßte. Ursprünglich hatte der Bauer nur so viel Land bestellt, wie er für sich selbst benötigte, die grundherrlichen Abgaben eingeschlossen. Was übrig blieb, reichte gerade von einer Ernte bis zur nächsten. Mehr Land wies der Herr dem Bauern meistens auch gar nicht zu. Die Hälfte des bebau-baren Ackerlandes ließ man ein über das andere Jahr brachliegen, damit es sich erholen konnte. Größere Vor-ratshaltung wurde nicht betrieben. Je mehr man lagerte, desto mehr wurde vom Ungeziefer aufgefressen oder ver-faulte. Trockene, frostfreie Scheunen zu bauen, war kost-spielig. Gelegentliche Hungersnöte durch Mißernten nahm man als gottgegeben hin wie Krankheit und Krieg. Diese Einstellung änderte sich schlagartig mit der Über-nahme des bäuerlichen Umlandes in das Stadtgebiet. Denn das Dorf steht für Anpassung an die Natur, die Stadt dagegen für menschliche Neuschöpfung. Vor allem aber ist die Stadt mit ihren Mauern, Gräben und Wehrtürmen eine Festung, die auf langfristige Belagerung und Verteidigung ausgelegt ist. Die neuerworbenen Ländereien gliederte Heinrich Toppler in dieses System ein, indem er in Rothenburg die Vorratswirtschaft einführte.

Obwohl der Gipskeuperboden um Rothenburg kein besonders fruchtbares Ackerland abgibt, galt die Reichsstadt bereits Ende des 14. Jahrhunderts als »Kornkammer Frankens«, die in Notzeiten Freund und Feind zu ernähren vermochte. Das wurde nicht nur allein durch den Erwerb des grundherrlichen Landes ermöglicht, sondern auch durch die Eingliederung der Klöster unter die Verwaltungshoheit der Stadt. Jetzt dienten die Zehntscheunen des Dominikanerinnenklosters und des Spitals als Kornspeicher für die Stadt. Es kam der Allgemeinheit zugute, daß Heinrich Toppler über den größten Landbesitz verfügte. Er ging mit gutem Beispiel voran. Seine 358 Höfe bildeten gemeinsam mit den 204 Höfen des Frauenklosters und den 73 des Spitals ein solides Fundament für die Ernährung der Stadt. Über die Ernteerträge dieser landwirtschaftlichen Betriebe existieren noch sehr detaillierte Angaben, die Rückschlüsse auf die Ernährungsweise der Rothenburger zu Topplers Zeiten zulassen. Wenn in vielen Beschreibungen des Mittelalters behauptet wird, daß Dinkel, Buchweizen und Hirse die Hauptgetreidesorten gewesen seien, dann trifft das zumindest für Rothenburg nicht zu. Von den fast 6000 Malter an geerntetem Getreide waren über die Hälfte Roggen und ein Drittel Hafer.

Die Pferdehaltung hatte vor Heinrich Toppler nur eine

untergeordnete Rolle gespielt. Zwar wurden auf dem Hofgut Neuseß, das dem Dominikanerinnenorden gehörte, seit 1258 Pferde gezüchtet, aber der Bestand war nie größer als 20 bis 40 Stuten und Fohlen. Noch zum Reichstag gab es in der Stadt nicht genügend Ställe, um die Pferde der Besucher unterzubringen. 1399 zählte die Musterungskommission 233 Pferde in der Stadt. Von da an stieg die Zahl von Jahr zu Jahr. 1426 verfügte die Rothenburger Landwehr bereits über mehr als 1000 Pferde.

Auch hier ging Heinrich Toppler mit gutem Beispiel voran. Auf seinen großen Gütern wie dem Hilpertshof züchtete er Pferde von edelster Rasse. Von einem Hengst, den er dem Grafen Johann von Gerlach schenkte, heißt es, er sei wohl an die 80 Gulden wert gewesen, eine Summe, für die man sich zu der Zeit ein großes Bürgerhaus kaufen konnte. Der Preis eines Pferdes richtete sich vor allem nach seiner Größe. Es galt die Devise: Je größer, um so wertvoller! Das mittelalterliche Pferd war klein und zartgliederig wie ein Maultier. Seine Rückenhöhe überschritt selten 4 Fuß, was in etwa 120 Zentimeter entspricht. Diese »Ponys« eigneten sich natürlich wenig als Turnierpferde. Gute Kampfrösser aber waren Raritäten, für die horrende Summen bezahlt wurden. Die Zucht von Turnierhengsten stellte demnach ein einträgliches Geschäft dar.

Nicht minder erfolgreich betrieb Toppler die Schafzucht. Auch hier war er wegweisend. Nachdem die Stadt im Mai 1383 von den Nortenbergs ausgedehnte Ländereien erworben hatte, ging Toppler daran, auf diesem Land eine Schäferei einzurichten. Die Schafzucht hatte bis dahin im Rothenburger Umland keine bedeutende Rolle gespielt. Heinrich Toppler aber ging es von Anfang an um die Zucht hochwertiger Wollschafe. Wir wissen von einer ersten »Versuchfarm«, die auf dem Land von Topplers Schwager Peter Northeimer eingerichtet wurde. Ein auswärtiger Schäfer wurde angeworben. 92 flämische Schafe von bester Qualität wurden gekauft. Man muß diese neue Form der Tierhaltung und Wollverarbeitung für sehr schwierig erachtet haben, denn der Schäfer wurde wie ein hochspezialisierter Fachmann bezahlt und am Gewinn beteiligt. Die Hälfte der Einkünfte gehörten ihm. Der Anstellungsvertrag vom Tag St. Galli 1396 blieb uns erhalten. Darin verpflichtet sich der Schäfer: »Ich soll die Schaf in rechter Pflegnisse halten, mit Salz, Heu, Streu, mit Behausung und sunst allem Zugehör.«

Auf den großen Höfen Heinrich Topplers, von denen allein die Schafhöfe in Reubach und Equarhofen über 500 Hektar an Weidefläche hatten, ging, den Wollabrechnungen nach zu urteilen, die Zahl der hier gehaltenen Tiere schon bald in die Tausende. Mit dem Anwachsen der Herden wuchs natürlich auch die Zahl der Schäfer. Und das brachte Probleme mit sich. Da alle mittelalterlichen Handwerke feste Traditionen hatten und in Gilden oder Zünften organisiert waren, hatten die Schäfer keinen angestammten Platz in dieser Ordnung. Hinzu kam noch, daß die Schäfer in der Vergangenheit als ehrlos gegolten hatten wie die Huren und die Henker, weil sie »wie das Vieh auf offenem Felde« lebten. In einer Zeit, in der jedes Handwerk auf Meisterstolz und Zunftehre gegründet war, mußten die Schäfer in dieses System eingegliedert werden, um gleichberechtigt neben den anderen Berufsgilden bestehen zu können. Aus diesem Grund erhielten sie das Recht auf einen alljährlich stattfindenden Schäfertanz.

Dieser Tanz soll 1397 zum erstenmal vorgeführt worden sein. Zu dieser Zeit unterstanden die Schäfer noch direkt Heinrich Toppler, der auf seinem Land acht große Schäfereien unterhielt. Es ist gewiß kein Zufall, daß auch der Tanz von acht Schäfern und ihren Schafsknechten ausgeführt wird. Im Laufe der Jahre wurde er nicht nur fester Bestandteil der städtischen Tradition, sondern zu einem ihrer Höhepunkte. Der Schäfertanz, der noch heute in Rothenburg aufgeführt wird, ist inzwischen zum Symbol für die Errettung der Stadt aus höchster Not geworden. In einer überlieferten Predigt des Erzdiakons Seyboth heißt es, die Juden hätten den Plan ausgeheckt, Rothenburg zu einem zweiten Jerusalem zu machen. In Fässern versteckt, hätten sie eine größere Anzahl auswärtiger Juden in die Stadt geschmuggelt, um Rothenburg in ihre Gewalt zu bringen. Alle Brunnen sollten vergiftet werden, um die christlichen Bürger zu beseitigen. Im letzten Augenblick sei der Plan durch einen Schäfer vereitelt worden. Aufmerksam geworden durch eine schreiende Gans, habe er beobachtet, wie ein Jude aus einer Brunnenstube geschlichen sei. Ein herbeigelaufener Hund, der von dem Wasser getrunken habe, sei tot umgefallen. Die Stadt habe die Juden beim Kaiser verklagt. Noch bevor es zum Prozeß gekommen sei, hätten sie bereits einen zweiten Anschlag geübt. Doch der gleiche Schäfer, der die Stadt beim erstenmal vor dem Unheil bewahrt hatte, sollte auch dieses Mal ihr Retter werden. Er habe die geheimen Absprachen der Brunnenvergifter belauscht und so ihre Schandtat entlarvt.

Zur Belohnung hätten die Schäfer vom Rat der Stadt herrliche Privilegien und das Recht auf den Schäfertanz erhalten. Bis auf den heutigen Tag nimmt eine lebendige Gans an dem Tanz teil, zu Ehren der Gans, die mit ihrem Geschrei die Stadt vor der Ausrottung bewahrt hat.

Die meisten Mitbürger Topplers waren Handwerker. Jedes Handwerk hatte seine eigene Straße, die Bäcker die Bäckergasse und die Schmiede die Schmiedegasse. Diese Straßen wurden so nachdrücklich von ihrem Handwerk geprägt, daß die meisten von ihnen noch heute danach heißen, obwohl kaum noch etwas an die hier einmal ausgeübte Tätigkeit erinnert.

Die Lebensmittel produzierenden Zünfte wurden von den Bäckern angeführt. Man unterschied zwischen Weißbäckern und Ruckenbäckern, die nur Brot buken. In der Bäckerstraße gab es wegen der nahrhaften Abfälle die meisten Schweine. Aus diesem Grund besaßen die Bäcker und die Müller das Privileg, sich mehr Säue halten zu dürfen als alle anderen Bürger.

Topplers Zeitgenossen lebten hauptsächlich von Getreide. Ein Malter Korn galt als jährlicher Bedarf eines Menschen. Umgerechnet entspricht das ungefähr einem Verbrauch von einem Kilo Korn pro Tag, von dem nur ein kleiner Teil verbacken wurde. Das meiste wurde geschrotet, in Wasser aufgeweicht und roh oder gekocht als Brei gelöffelt. Trotz der mühseligen Erntearbeit mit Sichel und Dreschflegel war das Getreide erstaunlich billig, wenn man bedenkt, daß 1 Malter Roggen so viel kostete wie 6 Gänse, 12 Hühner oder 12 Pfund Bienenwachs.

Die Metzger hatten nicht nur eine eigene Gasse, sondern auch ein eigenes Fleischhaus am Hauptmarkt, wo jeder Metzger seinen Fleischstand hatte. Es gab sehr strenge Nahrungsmittelbestimmungen. Der Rat hatte genau festgelegt, was in eine Leberwurst verarbeitet werden durfte und was nicht. Nur »eitel Fleisch« war erlaubt, keine Gurgel oder Lunge. Das Fleisch konnte nicht abhängen, da es noch keine Kühlhäuser gab. Kein Frischfleisch durfte länger als zwei Tage zum Verkauf angeboten werden. Der Fleischverzehr war enorm. Drei Pfund standen einem Knecht pro Tag zu. In der Regel wurden von einem Schwein fünfzehn Bratwürste hergestellt. Diese Würste müssen nach heutigen Maßstäben riesig gewesen sein. Überhaupt wurde das meiste Fleisch zu Würsten, Sülzen und Pasteten verarbeitet, gesalzen, gekocht und geräuchert, um es haltbarer zu machen.

Die Rothenburger scheinen nicht nur ausreichend zu essen gehabt zu haben. Unter Bürgermeister Toppler nahm der Weinanbau einen enormen Aufschwung. Es wird von Neuanpflanzungen an Rebhängen berichtet, an denen heute kein Wein mehr wachsen würde. Das 14. Jahrhundert war ganz besonders wärmebegünstigt. Von 1328 bis 1397 erbrachte fast jede Weinlese einen guten Jahrgang. Die Kehrseite dieser Wärmeperiode waren die Heuschreckenplagen.

Wenn ein Weinfaß angestochen wurde, mußte der Weinzieher gerufen werden, der das Ungeld berechnete. 1375 betrug der Steuersatz 6⅓ Prozent. Die Einnahmen davon wurden zum Bau und zur Erhaltung der Stadtmauer verwendet. Wenn die Rothenburger kräftig ihrem

Wein zusprachen, dann hatte das also noch einen praktischen Nutzen. Mit jedem Becher, den sie leerten, trugen sie zum Reichtum der Stadt bei und erhöhten damit auch ihre militärische Sicherheit. Die Ratsherren besaßen das Recht, bestimmte Bußgelder zu »versaufen«. Bei aller Feuchtfröhlichkeit gab es kein Pardon für Weinpanscher. Ihnen wurde »ohne Gnade« die Hand abgehackt. Selbst das Aufbewahren von Wasser im Weinkeller war schon strafbar.

Zur Zeit Topplers gab es in Rothenburg mehr Wirte als Bäcker. Gasthäuser hatten in der Stadtpolitik bedeutendes Gewicht. Sie waren wichtige Informationszentren. So mancher Wirt machte politische Karriere, wie auch Heinrich Toppler und Peter Northeimer. Gasthäuser wurden seltsamerweise auch als Gefängnisse benutzt. Immer wieder berichten die Stadtakten von Rittern, die bis zur Zahlung des Lösegeldes ihr wirtshäusliches Zwangsquartier nicht verlassen durften.

Neben den Riemenschneidern, Siebern, Drechslern, Büttnern, Seilern und vielen anderen gab es mehrere Arten von Schmieden: Hufschmiede, Grobschmiede, Messerschmiede, Waffen- und Wannenschmiede. Auch die Schlosser und Spengler wurden zu dieser Zunft gerechnet. Nicht weit von den Kupferschmieden hämmerten die Gold- und Silberschmiede. Die Grobschmiede galten als stark und treu und vom Glück begünstigt. Bei der Verteidigung einer Burg wurden sie zu Festungskommandanten ernannt. Man sah es ihnen deshalb gerne nach, daß ihre Arbeit am Feuer sie durstiger machte als andere Leute. Als der vielbeschäftigte Rothenburger Schmied von Bamberg wegen seiner Trinkschulden Amboß, Hammer und Zange versetzen mußte, wurde die so dringend benötigte Gerätschaft von einem vermögenden Stadtbürger, der nicht namentlich genannt werden wollte, wieder ausgelöst. Da Heinrich Toppler ein reicher Mann war, könnte es sich bei dem unbekannten Wohltäter sehr wohl um ihn gehandelt haben.

Wie rasch »der Reiche von Rothenburg« die modernsten Errungenschaften der Technik für seinen Plan einsetzte, beweist die Tatsache, daß er schon 1390, nur ein Jahr nachdem in Nürnberg die erste Papiermühle gegründet worden war, einen Papierer in Rothenburg ansiedelte.

Von großer Bedeutung war das Bekleidungshandwerk, die Herstellung von Stoffen und Kleidern. Seltsamerweise gehörten die Tuchweber nicht zur vornehmen Schicht der Bürger. Sie wohnten nicht wie alle besseren Leute in der inneren Stadt, sondern an der äußeren Stadtmauer. Dagegen waren die Lodenweber oder Loderer die wohlangesehensten Handwerker Rothenburgs, wie es das Statutenbuch von 1382 bezeugt. Unter Heinrich Toppler gelangten immer mehr Loderer in den Stadtrat. 1372 saßen neben zwölf Patriziern sechs Nichtpatrizier im Rat. Ein Jahr später waren es acht und 1374 bereits neun. Noch später stand das Verhältnis eins zu eins. Rothenburger Historiker jüngerer Zeit haben Heinrich Toppler demokratische Gesinnung bescheinigt. Die Aufnahme gerade der Lohgerber in den Rat geschah jedoch nicht aus liberalem Edelmut, sie an der Macht zu beteiligen, sondern weil sie mehr als alle anderen Handwerker vom Geldgeschäft verstanden. Die Häute wurden in großen Mengen auf Vorrat gekauft. Es dauerte mehrere Jahre, bis sich die Rohhäute als Leder verkaufen ließen. Das heißt, die Gerber mußten Geld anlegen, das erst nach Jahren Gewinn einbrachte. Damit unterschieden sie sich von den meisten anderen Handwerkern, die noch »auf der Stör« arbeiteten und nur ihr Handwerkszeug besaßen. So brachte beispielsweise ein Schneider nur Nadel, Schere und Elle mit, Stoff und Zwirn mußte der Kunde stellen.

Auffallend ist die enorme Bautätigkeit, die unter Topplers Amtszeit einsetzt. 1376 wurden Rothenburgs Straßen gepflastert. Das war so selbstverständlich nicht. Auf dem Reichstag 1397 in Frankfurt wurden die Straßen und Plätze noch mit Stroh ausgelegt. Und als Kaiser Friedrich III. 1480 die Stadt Tuttlingen besuchte, versank sein Pferd bis an den Bauch im Straßendreck. Unter Toppler wurden Stadtmauer, Gräben und Wehrtürme erweitert. Auch der Beginn der Bauarbeiten am Kirchenschiff von Sankt Jakob, dem größten Gotteshaus der Stadt, fällt in Topplers Amtszeit.

Wir wissen nur wenig über die Baugeschichte von Sankt Jakob. Aber während der entscheidenden Bauphase war Toppler der führende und reichste Mann der Stadt. Dabei hat er vermutlich sogar auf die architektonische Gestalt Einfluß genommen. In den städtischen Abrechnungen zur Bezahlung der Bauarbeiten an Sankt Jakob finden wir immer wieder den Namen »Meister Peter«, auch »der Balier« genannt. Peter Parler war einer der berühmtesten Baumeister seiner Zeit. Mit dem Veitsdom in Prag hat er sich ein bleibendes Denkmal gesetzt. Toppler war oft genug in Prag gewesen, um die großen Bauvorhaben Kaiser

Karls studieren und seine Baumeister kennenlernen zu können.

Ohne Zweifel ist Sankt Jakob mit einem hohen Anteil Topplerscher Gelder errichtet worden, wie es die großzügigen Spenden, die urkundlich belegt sind, bezeugen. So stiftete Toppler zum ewigen Andenken an seine verstorbene Ehefrau Barbara in Sankt Jakob einen Altar mit dem dazugehörigen Priesterdienst, der aus der Gült seiner Güter bezahlt wurde. Bekannt ist auch seine Almosenstiftung, aus der gemäß seinem Willen alle armen Leute in regelmäßigen Abständen bestes Brot und bestes Fleisch im Wert von 3 Gulden erhalten sollten.

Über eine Quelle, die nach dem Erdbeben von 1356 aus dem Boden getreten war, ließ er wie Kaiser Karl in Karlsbad und Marienbad ein Badehaus errichten. Das Rothenburger Wildbad erfreute sich als Heilquelle großer Beliebtheit. Es scheint in jenen Tagen kaum eine öffentliche Einrichtung gegeben zu haben, die nicht von Toppler unterstützt worden wäre.

Obwohl die Bauern im Mittelalter etwa vier Fünftel der Gesamtbevölkerung ausmachten, wissen wir über ihren Alltag im Gegensatz zu dem anderer Stände fast nichts. Der Bauer war Selbstversorger. Er war nicht nur Metzger und Brauer, Imker und Bäcker, er spann Wolle, webte Leinen, gerbte Leder, töpferte, schnitzte und kurierte das kranke Vieh. Die Vorsorge für den Winter nahm viel Zeit in Anspruch: Räuchern, Pökeln und Dörren, Holzhacken und Heumachen. Jeder Bauer war sein eigener Baumeister. Entsprechend anspruchslos war die Qualität der Hütten. Nach einer Bestimmung des 15. Jahrhunderts galt ein bäuerliches Holzhaus als solide gebaut, wenn es von drei Männern mit drei Apfelpflückhaken nicht umgerissen werden konnte. Einfach war auch die Alltagskleidung. Allgemein üblich war ein kurzer Kittel aus grobem Leinen, der auf der nackten Haut getragen wurde. Die weiten Hosen reichten bis knapp über die Knie. Die Schuhe wurden mit ledernen Bändern zusammengehalten. Diese primitive Fußbekleidung war so weit verbreitet, daß bei den späteren Auseinandersetzungen zwischen Bauern und Rittern der bäuerliche Bundschuh zum Symbol des Aufstandes gegen den sporenklirrenden Reitstiefel werden konnte. Es gab eine Kleider- und Frisurenordnung. Im Gegensatz zu ihren

Herren mußten die Bauern das Haar kurz tragen. Die Ohren durften nicht bedeckt sein.

Die Bauern galten allgemein als primitiv, faul und dumm. In den Augen ihrer Herren waren sie Naturkinder, nicht unsympathisch, aber halt Wilde, die einer starken Hand bedurften. Der Ausspruch eines adligen Herren aus Süddeutschland »Tritt einen Bauern, und er wird freundlich zu dir sein. Sei freundlich, und er wird dich treten« belegt diese Einstellung auf recht drastische Weise.

Die bäuerlichen Lebensgewohnheiten wurden vom immer gleichbleibenden Kreislauf der Jahreszeiten bestimmt, und daran hat sich während des ganzen Mittelalters kaum etwas geändert. Die Illustrationen aus dem 15. Jahrhundert, die sich schon etwas häufiger mit dem bäuerlichen Alltag befassen, können deshalb auch ohne weiteres als repräsentativ für die Jahrhunderte davor angesehen werden.

Trotz der Devise »Stadtluft macht frei« wurden die Rothenburger Bauern nach ihrer Eingliederung in die Stadt nicht etwa »herrenlos«. Das, was sie früher an die Adeligen von Nortenberg abzuliefern gehabt hatten, mußten sie nun an Heinrich Toppler oder Hans Wern abliefern. Dabei dürfen wir aber nicht vergessen, daß diese mittelalterlichen Naturalabgaben, die zehn Prozent des Gesamtertrages betrugen, den Bauern auch wieder zugute kamen. So finanzierte Heinrich Toppler nach dem Krieg von 1407 mit seinem Geld den Wiederaufbau der zerstörten Bauernhöfe. Die Bauern, die ihre Erntevorräte, ihr Saatgut und Vieh verloren hatten, wurden von ihren städtischen Herren unentgeltlich mit allem versorgt. Daß die meisten von ihnen mit dem Leben davongekommen waren, verdankten sie ebenfalls ihren Herren, hinter deren Mauern sie sich geflüchtet hatten.

Die Verteidigung hatte schon immer ihren Preis. Das wissen wir heute besser denn je. Natürlich blieb ein guter Teil der Abgaben bei den Lehensherren hängen. Die Ritter und bürgerlichen Landbesitzer wollten auch leben, und das nicht schlecht. Wenn man weiß, wie rücksichtslos die Reichsstädte von ihren königlichen Herren verpfändet, besteuert und erpreßt wurden, erscheint der Zehnt der Bauern gering. Die Beträge, die die Bürger für den Bau und den Erhalt der Stadtmauer opfern mußten, waren auf jeden Fall höher als die Abgaben, die die Bauern aufzubringen hatten.

Trotz allem waren die Bauern ein vitales, lebensfrohes Volk. Das bäuerliche Jahr war voller Feste. Da jagten sich Fasnachtsmummenschanz und Walpurgi, Ostern, Pfingsten und Maientanz, nicht zu vergessen die lokalen Heiligenfeste. Kirchweih und Messen lockten. Weinlese, Erntedank, Schlachtfeste, Hochzeiten und Kindstaufen wollten gebührend gefeiert werden. Bilder aus der Zeit zeugen von hemmungsloser Völlerei. Da wird gebechert und gepraßt, daß sich die Tische biegen, getanzt und geprügelt, daß die Fetzen fliegen. Da wird in aller Öffentlichkeit unter die Röcke gefaßt, gekotzt und gepißt. Insgesamt waren die mittelalterlichen Sitten viel deftiger als die unseren. Noch Luther brüstete sich damit, daß er den Teufel mit einem einzigen Furz verjagen könne und hielt das Rülpsen bei Tisch für eine Art Applaus, den man dem Gastgeber schuldig sei.

Äußerlich waren die Bauern ebenso verkommen wie die Mönche. Sie badeten nie, nicht einmal zur Sommerzeit im Fluß. Noch lange über Topplers Tage hinaus galt das Baden als gesundheitsschädlich. Gleichwohl besaßen die Bauern ihren eigenen Standesstolz, der in der Devise der aufständischen Bauern 1383 in England zum Ausdruck kommt: »Als Adam grub und Eva spann, wer war denn da der Edelmann?« Dieses Selbstbewußtsein spiegelt sich auch wider in dem Ausruf eines von der Kirche geächteten Aufständischen: »Gott wird mir vergeben. Ich bin ein Bauer.«

Über die Abhängigkeit der Bauern von ihren Herren ist viel geschrieben worden. Dieses Verhältnis ist für uns heute nur noch schwer vorzustellen. Die Bauern waren keinesfalls nur die Pächter des Landes im heutigen Sinn. Sie unterstanden ihren Grundherren wie Untertanen. Verglichen mit einem modernen Regierungssystem versah der Herr gleichzeitig die Aufgaben der Justiz, der Polizei, der Verteidigung und der Verwaltung. Das heißt, der Bauer unterstand seiner Grundherrschaft wie ein Bürger seinem Staat.

Untermauert wurde dieses System durch die Kirche, die in ihrer Lehre den Standpunkt vertrat, die menschliche Gesellschaft sei wie ein lebendiger Leib, dessen Glieder zur Erhaltung des Ganzen bestimmte Aufgaben zu erfüllen hätten. Die Hände müßten die Arbeit erledigen, der Kopf das Denken. Es erscheint uns heute als unerträgliche Freiheitseinschränkung, daß die Menschen der Feudalzeit Gefangene ihrer Klasse waren. Wie ist es möglich, daß die Geburt darüber entscheidet, ob einer Knecht oder Edelmann ist, ob er zu den *Hochwohlgeborenen* oder zu den *gemeinen Leuten* zählt. Wir empören uns über das Schicksal des Sohnes eines Leibeigenen, das ihn zu lebenslanger Fron verurteilte. Dabei vergessen wir häufig: In den meisten Ländern ergeht es einem jungen Mann von heute nicht besser. Er wird mit der Verpflichtung geboren, Dienst mit der Waffe zu leisten. Ob er mit dem Staat, in dem er lebt, politisch übereinstimmt oder nicht, er wird gezwungen, für diesen Staat zu kämpfen und Menschen zu töten, die ihm nichts getan haben. Im Kriegsfall ist jeder wehrfähige Mann ein Leibeigener seiner Regierung.

Welches Verhältnis hatte Heinrich Toppler zu seinen Bauern? In seinem Testament trug er seinen Erben auf, nicht mehr als ein Viertel Faß Wein als Hauptrecht und Handlohn zu nehmen. Dazu muß man wissen, daß es sich hier um eine Art Erbschaftssteuer handelte. Starb ein Bauer, so wurden seine Erben zur Kasse gebeten. Diese Steuer traf die Bauern besonders hart, weil sie in Bargeld entrichtet werden mußte. Hinzu kam noch, daß die damalige Lebenserwartung viel niedriger war als heute, weshalb die Familien häufiger mit der Erbschaftssteuer belastet waren.

Diese Abgabe war alte Tradition, das Recht, sie zu erheben, galt als gottgewollt und bewährt. Der Verzicht Topplers auf diese Steuer, demonstrativ verankert in seiner Testamentsurkunde, stellte einen außerordentlichen Schritt dar, die Bauern von drückenden Belastungen zu befreien und ihre unternehmerischen Kräfte zu wecken. Ganz abschaffen konnte oder wollte Toppler diese Steuer aber nicht, weshalb er wohl das Viertel Faß Wein als symbolische Gült aufrechterhielt. Übrigens waren Hauptrecht und Handlohn in ganz Deutschland verbreitet. Sie wurden erst 1848 abgeschafft. Toppler, der ja Lehensherr vieler Bauern war, ging hier also mit gutem Beispiel voran.

Wer nun aber glaubt, Toppler sei ein menschenfreundlicher Idealist, ein Bauernrechtler oder Lehensreformer gewesen, der sei durch ein anderes überliefertes Ereignis eines Besseren belehrt. Die städtischen Urkunden berichten von einem Bauern Natan, der von Heinrich Toppler mit einem Waldstück belehnt worden war. Als Gegenleistung hatte er 1 Gulden, 4 Hühner und etliche Sack Hafer abzuliefern. Im Winter 1398 stellte Heinrich Toppler fest, daß der Bauer Natan eigenmächtig alle Bäume gefällt hatte, um aus dem Waldstück eine Wiese zu machen. Toppler ließ daraufhin den Natan wegen grober Verletzung seiner Lehenspflicht in den Kerker werfen, da ein solches Vergehen einem Eidbruch gleichkam, auf dem die Todesstrafe stand. Die Familie Natan flehte um Barmherzigkeit. Der Johanniterorden schaltete sich ein. Und als das nichts half, machten sich sogar die Ratsherren der Stadt und Topplers Verwandte zum Fürsprecher des unglücklichen Bauern. Erst Lichtmeß 1399 ließ Toppler Gnade vor Recht ergehen. Natan und seine drei Söhne mußten in einem Urfehdebrief den Eid ablegen, künftig gehorsam zu sein.

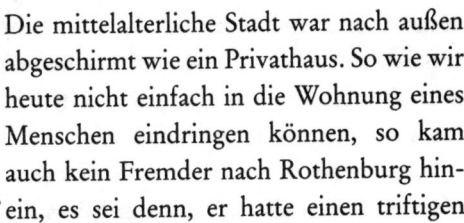

Die mittelalterliche Stadt war nach außen abgeschirmt wie ein Privathaus. So wie wir heute nicht einfach in die Wohnung eines Menschen eindringen können, so kam auch kein Fremder nach Rothenburg hinein, es sei denn, er hatte einen triftigen Grund. Wandernde Handwerksburschen mußten ihren Ranzen am Stadttor als Pfand hinterlegen. Wenn sie in der Stadt Arbeit gefunden hatten, mußten sie eine Bescheinigung ihres Meisters vorlegen. Fanden sie keine Anstellung, dann waren sie gezwungen, außerhalb der Stadtmauer auf freiem Feld zu kampieren, wenn sie am nächsten Tag ihr Glück noch einmal versuchen wollten.

Fremde wurden nur in die Stadt eingelassen, wenn sie entweder einen Besuch bei Freunden oder einen Geschäftsbesuch machen wollten. Darüber wurde streng gewacht. Die unzähligen Touristen, die jedes Jahr zu ihrem Vergnügen nach Rothenburg kommen, hätten zu Topplers Zeiten die Stadt nur von außen bewundern dürfen, wenn nicht gerade ein Jahrmarkt stattgefunden hätte.

Aber selbst innerhalb der Stadtmauer unterlagen alle Fremden strenger Kontrolle. Kauffahrer mußten in bestimmten Gasthäusern Quartier nehmen. Sie durften keinen eigenen Proviant mitbringen, sondern mußten sich in der Stadt mit Lebensmittel versorgen, zu Preisen, die vom

Rat festgesetzt und für Fremde höher waren als für die Einheimischen. Nach Einbruch der Dunkelheit durften Fremde ihre Stadtquartiere nicht mehr verlassen. Am strengsten waren die Beschränkungen im Handel auf dem städtischen Markt. Was auswärtige Händler kaufen oder verkaufen durften und was nicht, war eine Wissenschaft für sich. Unsere »freie Marktwirtschaft« kann ihren Namen unmöglich vom mittelalterlichen Markt herleiten, denn nur selten war die Handelsfreiheit beschränkter.

Hinter ihrer haushohen Mauer war jede Stadt von ihrer Umwelt abgeschirmt. Wenn der Türmer zur Nacht blies, mußten alle Bürger heimkehren und das Vieh in die Stadt getrieben werden. Die Stadttore wurden verschlossen und der Schlüssel dem Bürgermeister gebracht. In unregelmäßigen Abständen wurden die Schlösser ausgetauscht. Festungen werden so bewacht. Und das waren die mittelalterlichen Städte.

Das mittelalterliche Stadtbild Rothenburgs war in vielen Details völlig verschieden von dem heutigen. Es wimmelte von Eseln. In den steilen, stufenreichen Gassen und auf den gerölligen Uferwegen waren sie ideale »Transportmittel« für die Lasten, die von und zu den 12 Mühlen im Taubertal geschleppt werden mußten. Bauholz, Steine, Fässer und Feldfrüchte, alles wurde von den unermüdlichen Langohren herbeigeschafft. Eine Eselladung wurde mit fast drei Zentnern berechnet. Noch heute verzeichnen die alten Gemarkungen Rothenburgs *Eselwege* und *Eseläcker,* wo die Grautiere unterwegs hatten rasten und weiden können. Zur Zeit Topplers gab es in Rothenburg so viele von diesen südländischen Lasttieren, daß ihr rauhes

Geschrei und das Getrappel ihrer Hufe für die Stadt so typisch waren wie heute der Lärm der Autos. Das Steuerbuch verrät uns, daß es sogar einen Berufsstand der Eselstreiber gab.

Gassen und Straßen waren mit Schweinen bevölkert, die frei umherliefen wie die Hunde. Hochbeinig und dicht behaart hatten sie mehr Ähnlichkeit mit Wildsäuen als mit unseren Hausschweinen. Obwohl sie überall ihren Kot verteilten, wurden sie nicht als Plage angesehen, sondern ganz im Gegenteil als eine Art von Straßenreinigung, weil sie die meisten Abfälle beseitigten. Unverdaulichen Müll wie Konservenbüchsen oder Plastikbehälter gab es ja noch nicht. Der Schweinemist wurde zum Düngen der Stadtgärten verwandt. Zudem garantierte diese Art der Schweinehaltung auch bei längerer Belagerung stets frisches Fleisch für die Stadtbewohner. Gestank und Fliegen wurden als unabänderliches Übel ertragen, so wie heute Verkehrslärm und Autoabgase.

Mit wachsender Bevölkerungsdichte wurden die frei umherlaufenden Stadtschweine jedoch immer mehr zu einer untragbaren »Verkehrsbehinderung«. 1475 wurde in Nürnberg ein Erlaß herausgegeben, nach dem die Schweine nur noch einmal am Tag durch die Straßen zur Tränke getrieben werden durften. In Rothenburg mußten ab 1400 die Schweine gemeinsam mit dem Kleinvieh außerhalb der Stadt geweidet werden. Sie hatten ihr »Stadtrecht verloren«.

Städte wie Rom, Babylon und Byzanz hat es schon seit Jahrtausenden gegeben. Diese Hauptstädte gewaltiger Reiche lassen sich jedoch keinesfalls mit den kleinen Bürgerstädten vergleichen, wie sie während des Mittelalters überall in Europa entstanden sind. Die mittelalterlichen Städte strebten danach, so autonom wie ein Staat zu werden. Daß sie dieses Ziel nie ganz erreichten, lag am damaligen Ständesystem. Wenn die Städte es geschafft hatten, ihre adligen oder geistlichen Herren abzuschütteln, dann unterstanden sie immer noch einem König oder Kaiser.

Das Lebenselixier der Städte war das Geld. Ständig vom Verlust ihrer Rechte, von Krieg und Bannstrahl bedroht, mußten sie sich erkaufen, was sie sich nicht erkämpfen konnten. Das Kapital wurde zum alles beherrschenden Element. In den mittelalterlichen Städten wurde der moderne Mensch geboren, dessen wesentliche Charakterzüge eine rationale und materialistische Geisteshaltung sind. Das Zusammenleben auf engstem Raum innerhalb der Stadtmauern zwang auch geradezu zu rationellem und fortschrittlichem Denken. Eine Stadt ist ja mehr als nur eine große Anzahl von Häusern. Mit der Stadt entstand ein ganz neuer, von der Natur losgelöster Lebensraum, eine selbstgeschaffene Umwelt, durch eine hohe Mauer von der wild wuchernden Natur getrennt.

Von Anfang an beherrschte die Stadt das Land. Die sie umgebende Natur wurde landwirtschaftlich genutzt, oft sogar regelrecht ausgebeutet. Gegen Ende des 14. Jahrhunderts gab es im Reich über 3000 Städte, von denen allerdings die meisten weniger als 1000 Einwohner hatten. Nur 15 Städte beherbergten mehr als 10 000 Bürger. Eine Ausnahme bildeten die 100 Reichsstädte. Sie lagen fast alle südlich der Mainlinie, was auf die Reichslandspolitik der staufischen Kaiser zurückging. Diese Zusammenballung war auch der Grund dafür, daß sich die Reichspolitik so sehr auf Süddeutschland konzentrierte. Da es eine allgemeine Reichssteuer noch nicht gab, wurden vorrangig die Reichsstädte zur Finanzierung von König und Reich herangezogen. Dabei muß man sich vor Augen halten, daß es sich nach heutigen Begriffen oft um so winzige Städtchen wie Windsheim, Weißenburg und Lenkersheim handelte. In einer Landschaft voller Kleinstaaten und Fürstentümer, die alle nur ihre eigenen Interessen verfolgten, waren die Reichsstädte die ersten, die trotz ihrer weitverstreuten Inselexistenz die Vorteile einer obersten, zentralen Regierungsgewalt erfahren hatten.

Stadtluft macht frei, aber sie machte nicht alle gleichermaßen frei. Zwar galten für alle Bürger gleiche Pflichten, aber nicht gleiche Rechte. Alle Gewalt lag beim regierenden Rat, der sich aus Patriziern zusammensetzte und dem nur selten einfache Bürger angehörten. Das Patriziat hob sich vom Rest der Stadt durch seine altehrwürdige Abstammung und seinen Reichtum ab.

Die Rothenburger Patrizier waren stolz darauf, daß der Ursprung ihrer Familien weiter zurücklag als die Gründung der Stadt. Die alte Stauferburg, in deren Schatten sich Rothenburg entwickelt hatte, war von kaiserlichen Beamten, sogenannten Ministerialen, verwaltet worden. Diese bildeten den Grundstock für das städtische Patriziat. Adelige, die schon früh vom Umland in die Stadt gezogen waren, erweiterten diesen Kreis.

Die Patrizier bildeten eine Klasse für sich. Wie die alten Senatorenfamilien in Bremen und Hamburg, die bis in die Gegenwart Orden und Titel ablehnen, hielten sie nicht nur nach unten, sondern auch nach oben auf Distanz. In Rothenburg waren Ehen zwischen Adeligen und Patriziern untersagt. Der Adel durfte innerhalb der Stadtmauern kein Land erwerben. Die Patrizier besaßen das verbriefte Recht, sich prächtiger und kostspieliger zu kleiden als die übrigen Bürger. Dagegen unterschieden sich ihre Wohnhäuser kaum von denen reicher Handwerker.

In den meisten deutschen Städten versuchten die Handwerker, die sich in Gilden und Zünften zusammengeschlossen hatten, den Patriziern das Stadtregiment streitig zu machen. Das gelang ihnen jedoch in Rothenburg und Nürnberg nicht, auch wenn unter Heinrich Toppler zeitweilig mehr Handwerker als Patrizier im Rat saßen.

Ihrer baulichen Gestalt nach war die mittelalterliche Stadt vor allem eine Verteidigungsanlage. Mächtigstes und kostspieligstes Bauwerk war die Stadtmauer mit ihren Wehrtürmen und Wällen. Stadt und Burg hatten in ihren Anfängen dieselbe Funktion. Die Stadt war eine kollektive Großburg und wurde von den damaligen Menschen auch so erlebt. Von der Stadt Köln heißt es in einer Beschreibung aus dem 11. Jahrhundert, sie sei »die schönste Burg, die es in deutschen Landen gibt«. In vielen Städtenamen wie Hamburg, Duisburg und Rothenburg lebt diese Vorstellung noch heute fort. Und selbst die Bewohner jener Städte, deren Namen nicht mehr an ihren früheren Burgcharakter erinnern, nennen sich noch heute *Bürger*. Die Bedeutung einer Stadt wurde wie bei einer Burg an der Höhe und Dicke ihrer Mauern gemessen. Padua und Nürnberg waren mächtige Städte, weil sie als uneinnehmbar galten. Von der Idealstadt heißt es in der Offenbarung des Johannes: »Und sie hatte eine große, hohe Mauer«. Wie die Bewohner einer Burg, so waren auch die städtischen Bürger eine Verteidigungsgemeinschaft. Die höchste Steuer war die Wehrsteuer. Sie mußte von allen Bürgern gezahlt werden. Neubürger konnte nur werden, wer sich eidesstattlich verpflichtete, ein Leben lang Waffendienst zu leisten. Neben der Verteidigung der Stadt im Ernstfall verstand man darunter auch persönlichen Arbeitseinsatz wie zum Beispiel Steineschleppen und Wachdienst. Die Anschaffung und Pflege der Waffen hatte aus eigenen Mitteln zu geschehen. Deshalb mußte auch jeder, der in Rothenburg die Bürgerschaft erlangen wollte, den Besitz einer Armbrust nachweisen. Aber schon zu Topplers Zeiten finden wir neben der Bürgerwehr auch Söldner im Dienste der Stadt, zunächst aber nur als Wächter, um die tagsüber schwer arbeitenden Handwerker vom nächtlichen Wachdienst zu entlasten.

Das wirtschaftliche Fundament aller Städte war das Marktrecht, das durch den Kaiser verliehen wurde. Eine bedeutende Stadt ohne Markt war so undenkbar wie ein Mensch ohne Herz. Es gab eigene Märkte für Pferde, Gänse, Korn und Fisch, für Wolle und Wein, für Gemüse und Handwerksprodukte, vom irdenen Geschirr bis zum Leinentuch.

Das Marktrecht umfaßte eine ganze Reihe von Privilegien, so zum Beispiel das Recht, Zölle zu erheben. Durchreisende Kaufleute waren verpflichtet, ihre Waren anzubieten. Außerhalb des Marktes galt striktes Handelsverbot. Während der Markttage herrschte kaiserlich sanktionierter Marktfrieden. Neben den Wochenmärkten waren

Jahrmärkte, Messen und Kirchweihmärkte wichtige wirtschaftliche Ereignisse, bei denen die Menschen in Massen herbeiströmten. Dabei kamen nicht nur die Händler und Handwerker auf ihre Kosten, sondern auch die Gastwirte, die Quacksalber, die Schausteller, die Kirche, die Bettler und allen voran der städtische Fiskus. Eine Schar von Beamten wachte darüber, daß alles mit rechten Dingen zuging. Da gab es Fleischbeschauer, Brotwäger, Schafbeschauer, Zeichenmeister, Weinkieser, Eichmesser, die darüber wachten, daß die Maße und Gewichte des Rates eingehalten wurden. Am meisten hatten die Zollaufseher zu tun, denn alle Ware, die die Tore passierte, mußte verzollt werden. Das ging so weit, daß in Rothenburg selbst die Aussteuer eines sich nach auswärts verheiratenden Mädchens voll versteuert werden mußte. Einzige Ausnahme bildete kurioserweise das Brautbett.

Man kann nicht sagen, daß die sittlichen Maßstäbe strenger oder lockerer als die unseren waren, sie waren einfach grundsätzlich anders. Die Frauenwirtin am Rödertor, die die schönen Frauen beherbergte und wöchentlich den Liebeslohn im Rathaus abliefern mußte, hatte enormen Zulauf. Die Einnahmebelege bezeugen es. Prostituierte waren besser angesehen als Henker, Schinder, Komödianten oder Totengräber, die *Bettelmönche* hießen und auch als Straßenkehrer und *Scheißhausfeger* für Ordnung sorgen mußten. In den Badestuben, von denen es in Rothenburg mehrere gab, badeten Männer und Frauen gemeinsam. Dabei wurde getafelt und getrunken. Eine Badespruch aus dieser Zeit lautet: »Für unfruchtbare Frauen ist das Bad das beste. Was das Bad nicht schafft, das schaffen die Gäste.« Als Gipfel der Unmoral galt es, sich mit einem Juden einzulassen. »Katharina von Wassertrüdingen lebte unkeusch bei Jud David Falk«. Sie erhielt Stadtverbot auf ewig, der Jude durfte bleiben. Der Tag vor Fastnacht hieß bezeichnenderweise »Geiler Montag«. An ihm war erlaubt, was sich sonst nicht schickte. In der Mode wurde das Geschlecht überbetont. Die Männer scheuten sich nicht, durch entsprechende Beinkleider ihre Männlichkeit hervorzuheben. In einem Liebesgedicht Oskar von Wolkensteins heißt es:

> »Komm bester Schatz, mich schreckt ein Ratz,
> davon ich dick erwache. Komm laß das Bettlein
> krache!«

Diese sexuelle Freizügigkeit darf jedoch nicht darüber hinwegtäuschen, daß diese Bürger nach heutigen Maßstäben erschreckend unfrei waren, nicht nur wegen ihrer Abhängigkeit von König, Adel und Kirche, sondern vor allem wegen der engen Grenzen, die sie sich mit ihren eigenen Gesetzen und Regeln gezogen hatten. Kein Bürger durfte die Stadt länger als einen Tag verlassen, ohne sich vorher abgemeldet zu haben. Topplers langjähriger Freund Hans Wernitzer wurde zu einer hohen Geldstrafe verurteilt, weil er ohne Wissen und Genehmigung des Rates aus der Stadt gefahren war. Die Auswahl des Ehepartners bestimmte der Vormund. Die Hausordnung für die Alten und Gebrechlichen im Spital liest sich wie die Satzung einer Strafkolonie. Es wimmelt von Verboten. Die Findelkinder der Stadt, die unter Aufsicht eines Ehepaares im Waisenhaus in der Brunnengasse untergebracht waren, durften nur an festgelegten Tagen um bestimmte Lebensmittel betteln. So war es ihnen beispielsweise erlaubt, dienstags auf dem Markt um ein Ei zu fragen. Allerdings hatten sie – wie es ausdrücklich heißt – kein Anrecht darauf, auch eins zu bekommen.

Heinrich Toppler war etwa fünf Jahre alt, als Karl IV., gerade dreißigjährig, zum Kaiser gekrönt wurde. Als Herr der Stadt war sein Einfluß auf Rothenburg und damit auch auf das Schicksal Heinrich Topplers von außergewöhnlichem Gewicht. Kaiser Karl IV., aus der Dynastie der Luxemburger, die in vier Generationen drei Kaiser und zwei Könige hervorgebracht hat, wird von der deutschen Geschichte mehr als stiefmütterlich behandelt. Dabei gehört er zu den interessantesten Herrscherpersönlichkeiten des Abendlandes.

Als Kind wurde er nach Paris geschickt, um dort die richtige Bildung zu erhalten. Nur wenige Herrscher haben eine so sorgfältige Erziehung genossen. Karl erlernte vier Sprachen perfekt in Wort und, was für seine Zeit sensationell war, auch in Schrift. Mit seinen Diplomaten und seiner Verwandtschaft unterhielt er sich auf französisch. Mit dem tschechischen Adel verhandelte er in Tschechisch, das er für die schönste aller Sprachen hielt. Mit Heinrich Toppler und anderen Vertretern deutscher Reichsstädte sprach er deutsch. Seine Gesetze und Erlasse verfaßte er in Latein. Als er 1334 achtzehnjährig zum erstenmal nach Böhmen kam, schrieb er, das Reich so abgewirtschaftet angetroffen zu haben, »daß wir nicht eine einzige Burg mehr vorfanden, die nicht verpfändet gewesen wäre, so daß wir keine Bleibe hatten außer in den Häusern der Städte, so wie irgendein Bürger«. Das Königsschloß auf dem Prager Hradschin fand er »verödet, verwahrlost und verfallen«.

Unter Karl entwickelte sich Prag zur »Weltstadt«. Mit der Anlage der Prager Neustadt verdreifachte er das bestehende Stadtgebiet und umgab es mit einer fast 4 km langen Stadtmauer. Damit war Prag flächenmäßig zur größten Stadt nördlich der Alpen geworden. Nach Rom und Konstantinopel gab es keine größere im ganzen Abendland. Da der überwiegende Teil dieser neuen Metropole unbesiedelt war, erließ Karl ein Gesetz, wonach jeder, der in Prag ein steinernes Haus errichten würde, für zwölf Jahre von allen Steuern befreit sein sollte. Mit diesem Gesetz richtete er sich auch ausdrücklich an die Juden. Man muß von diesen Dingen wissen, um Karls Rolle in der Auseinandersetzung zwischen dem Adel und den Städten zu begreifen. Im Gegensatz zur Ritterschaft und den meisten deutschen Fürsten, die in den Städten feindliche Fremdkörper sahen, förderte er ihr Aufkommen. Ja, man darf sogar sagen, daß Karl der größte Städtegründer seines Jahrhunderts war. Noch heute tragen mehr als ein Dutzend der von ihm gegründeten Städte seinen Namen, von denen Karlsbad wohl die bekannteste ist.

Zum erstenmal besaß das Heilige Römische Reich Deutscher Nation so etwas wie eine Hauptstadt, einen kulturellen Mittelpunkt, den es im Gegensatz zu Frankreich und England bis dahin nie gekannt hatte. Um dieses

»Rom des Nordens« auch geistig über alle anderen Städte zu erheben, gründete Karl am 7. April 1348 in Prag die erste deutsche Universität. Wörtlich schreibt darüber ein zeitgenössischer Chronist: »So wurde in Prag eine Universität gegründet, die in allen Ländern Deutschlands nicht ihresgleichen fand. Die Stadt erlangte durch die Universität solch großen Ruhm und wurde in fremden Ländern so bekannt, daß die herbeiströmenden Studenten eine Teuerung verursachten. Als Kaiser Karl sah, daß die Universität rühmlich anwuchs, schenkte er den Studenten die Häuser der Juden. Er ließ eine Bibliothek einrichten und gab ihr für den Unterricht die notwendigen Bücher im Überfluß.«

Während der ersten drei Regierungsjahre mußte Karl zwei Millionen Gulden aufbringen, um seine »Wahlhelfer« zu bezahlen. Er verpfändete alles, was sich zu Geld machen ließ, Reichsstädte, Erblande und königliche Privilegien. Trotzdem war Karl ständig knapp bei Kasse. 1348 verwehrte ihm ein Wormser Metzger die Abreise aus der Stadt, solange die unbezahlten Rechnungen nicht beglichen seien. Ein Chronist vermerkt: »Da König Karl seine Freunde bezahlt und seine Feinde erkauft hatte, hatte er sich so verausgabt um das Reich, daß er also arm ward, daß ihm in manchen Städten die Wirte nicht borgen wollten. Und einige Male wurde er gepfändet wegen seiner Schulden.« Zwanzig Jahre dauerte der Rückkauf der bei der Wahl verpfändeten Reichsgüter. Den Löwenanteil mußten die Juden und die Städte aufbringen, denn nur sie verfügten über die entsprechenden Mittel. Sie wurden rücksichtslos verkauft und enteignet oder nur gegen Vorkasse geschützt.

So bedürfnislos Karl für sich selbst auch war, so anspruchsvoll war er, wenn es um das Ansehen seines hohen Amtes ging. Um dieses Ansehen zu erhöhen, ging er sehr geschickt, ja fast schon raffiniert vor. Das Kaisertum hatte seinen Glanz aus den Tagen Karls des Großen und Barbarossas inzwischen eingebüßt. Im Gegensatz zu England oder Frankreich war der Kaiser nicht Sproß eines von Gott auserwählten Königsgeschlechtes, sondern ein Angehöriger des Adels, der von den Kurfürsten gewählt wurde. Mit mehr Glück und noch mehr Geld hätte es auch ein anderer sein können. Diese Tatsache vermochte Karl leider nicht zu ändern. Aber er verlieh dem König- und Kaisertum neuen mythischen Glanz, indem er die Krone symbolisch überhöhte. 1344 ließ er eine Krone anfertigen, die einen blutigen Dorn aus der Dornenkrone Christi umschloß. Sie durfte nur im Allerheiligsten des Domes aufbewahrt werden. Hier ruhte sie auf der Reliquienbüste des höchsten Landesheiligen, des heiligen Wenzel. Der Papst erklärte die böhmische Krone zum »verehrungswürdigen Heiligtum«. Damit bekam die Krone eine Bedeutung, wie sie sie bis dahin im deutschen Reich noch nicht gehabt hatte. Karl ließ verkünden: »Die Krone ist mehr als der König!« Das klang bescheiden. Die Absicht aber war klar: Die Würde des Königtums sollte durch dieses Symbol gesteigert werden. Da die Krone nur vom König getragen werden durfte, machte sie ihn zu einem göttlich Geweihten. Die Krone als Zeichen göttlicher Auserwähltheit aber genügte ihm nicht. Karl wollte wie Karl der Große und Otto der Große in Rom zum Kaiser gekrönt werden, koste es, was es wolle.

Die ersten hunderttausend Gulden zur Vorfinanzierung des Romzuges stellten die Nürnberger dem Kaiser zur

Verfügung. Um sich eine Vorstellung von der ungeheuren Summe machen zu können, muß man wissen, daß der Bau einer Burganlage mit allen Türmen, Mauern, Wällen und Gemächern zur Zeit Topplers etwa 1000 Gulden kostete. 1355 zog Karl mit schlecht bewaffnetem Gefolge über die Alpen. Caesars bekannter Ausspruch: »Veni, vidi, vici«, »ich kam, ich sah, ich siegte« müßte auf Karl angewendet lauten: Er kam, er sah und kassierte. Die oberitalienischen Stadtrepubliken, die um ihre selbstherrlichen Rechte bangten, schmierten den Kaiser mit riesigen Summen. 6000 Gulden zahlten die Pisaner, 150000 Gulden die Mailänder und 100000 Gulden die Florentiner. Die meisten italienischen Städte wurden von bürgerlichen Tyrannen beherrscht, die jeden Betrag zu zahlen bereit waren, um ihre illegitime Gewaltherrschaft durch den Kaiser absegnen zu lassen. Die einzige Bedingung, die sie stellten, lautete: Der Kaiser möge einen möglichst großen Bogen um ihre Stadt machen. Denn man fürchtete allgemein, das unterdrückte Volk würde sich bei der Ankunft des Kaisers gegen die Tyrannen erheben. Karl akzeptierte die Bedingungen. Er wollte nicht befreien, sondern möglichst schnell und gewaltlos Rom erreichen, was ihm dann auch wie keinem deutschen Kaiser vor ihm gelang. Am 5. April ritt er mit 10000 Begleitern in Rom ein. Der Kardinal Peter von Ostia, der ihn krönte, erhielt einen Ehrensold auf Lebenszeit von 1000 Gulden pro Jahr. Alle jungen Männer, die ihn begleitet hatten – es waren fast 2000 – wurden zu Rittern geschlagen.

Nur wenige Kaiser waren so arm wie Karl IV., aber nur wenige waren so großzügig in der Belohnung geleisteter

Dienste. Das erfuhren auch die Nürnberger, denen Karl am Krönungstag 14 Urkunden mit allen möglichen Sonderrechten verlieh. Keine andere Stadt konnte sich rühmen, je so ausgezeichnet worden zu sein. Der Pferdefuß dabei war nur, daß Karl den schlimmsten Widersachern der Stadt, den Burggrafen von Nürnberg, die ihn auf dem Romzug begleitet hatten, ebenfalls 14 Urkunden mit großzügigen Sonderrechten verlieh, die teilweise denen der Stadt entgegengesetzt waren, weshalb sie sich gegenseitig aufhoben. Aber das ließ sich bei den verzwickten Verhältnissen, die zwischen den Fürsten und den Städten herrschten, nicht vermeiden. Karl brauchte sie beide und spielte sie geschickt gegeneinander aus.

Im Ränkespiel der Diplomatie war Karl ein Künstler, allen anderen Fürsten an Einfallsreichtum weit überlegen. Für seinen Aufstieg zur Macht verband er sich mit dem Papst und dem Klerus so eng, daß man ihn verächtlich den »Pfaffenkönig« nannte. Als er die Kirche nicht mehr brauchte, erließ er 1356 »Die Goldene Bulle«, benannt nach dem goldenen Siegel an dem Dokument. Mit der Goldenen Bulle gelang es Karl, jeglichen päpstlichen Einfluß auf die Königswahl ein für allemal auszuschalten. Die Bulle sollte bis zum Ende des Alten Reiches 1806 ihre Gültigkeit behalten. Karls großer Traum war es, die Kaiseridee neu zu beleben. Sein größtes und viel zu wenig beachtetes Verdienst aber liegt darin, daß er im Gegensatz zu den meisten Fürsten seiner Zeit allen kriegerischen Machtkämpfen auswich. Karl IV. war kein Städtezerstörer, sondern ein Städtegründer.

Zwischen Karl IV., dem Erbauer Prags, und Heinrich

Toppler, dem großen Förderer Rothenburgs, gab es eine ganze Reihe von gemeinsamen Interessen. Die Rechnungsbücher der Stadt bezeugen mehrere Reisen Topplers nach Prag zu Kaiser Karl. Die Gründe freilich verraten sie nicht. So erfahren wir von einem Ritt Topplers nach Prag im Juni 1375. Prag war zu der Zeit wie Rothenburg eine ständige Baustelle. Am Veitsdom wurde seit 1344 gearbeitet. Die berühmte Karlsbrücke war gerade fertig geworden. Der alles überragende Rathausturm war 1375 noch keine zehn Jahre alt. Ganze Armeen von Steinmetzen hämmerten an der Stadtmauer. Ohne Frage kam so manche bauliche Anregung von hier nach Rothenburg. Wie sehr Heinrich Toppler von Prag fasziniert war, erkennen wir daran, daß der Rat von Rothenburg einen Boten beauftragte, nach Prag zu reiten, um Toppler an die Heimreise zu erinnern.

Sowohl Kaiser Karl als auch Heinrich Toppler hatten erkannt, daß die Zukunft den Städten gehörte. Hierzu steht nur scheinbar die Tatsache im Widerspruch, daß Kaiser Karl eine städtefeindliche Politik betrieb, wie sie in seinem Reichskrieg gegen die Städte zum Ausdruck kommt. Karl liebte seine Städte. Als oberster Herr des Reichsadels konnte er es jedoch nicht zulassen, daß die Städte den Fürsten die Macht streitig machten. Dieser Mann wollte das Unmögliche. Wie kein anderer verteidigte er das alte Ständesystem und förderte die wirtschaftliche Entwicklung der Städte und versuchte damit, absolute Gegensätze miteinander zu vereinbaren. Wo das eine war, konnte das andere nicht sein.

Aber Karl war nicht nur ein erfolgreicher Städtegründer, sondern auch ein erfolgreicher Vater. Im Verlauf von 42 Jahren hatte er mit vier Frauen elf Kinder gezeugt, von denen Wenzel und Sigismund nacheinander die deutsche Königskrone tragen sollten.

Bei der Geburt von Wenzel verkündete er aller Welt, daß er für seinen Sohn den Thron anstrebe, obwohl das Heilige Römische Reich Deutscher Nation keine Erbmonarchie war. Die Kurfürsten ließ er wissen, daß er bereit sei, jeden Preis dafür zu zahlen.

1361 wurde Wenzel in Nürnberg geboren. Man hatte die hochschwangere Kaiserin bei Eiseskälte im Schlitten dorthin gebracht, damit Karls Sohn nicht auf dem Hradschin, sondern im Herzen des Reiches, auf der alten Stauferburg, geboren würde. Karl ließ den strammen Säugling in Gold aufwiegen und schickte die acht Pfund Edelmetall nach Aachen, dem traditionellen Krönungsort der deutschen Könige, um damit ein Gelübde zu erfüllen, das er während einer Wallfahrt abgelegt hatte.

Zur Taufe in der Nürnberger Sebalduskirche waren 18 Bischöfe, 5 Kurfürsten und eine illustre Schar von Fürsten und Herzögen geladen. Die Legende will wissen, der Säugling habe in das Taufwasser gepinkelt und danach den Altar mit seinem Kot besudelt. Man hielt das für ein böses Omen.

Im Alter von vier Monaten wurde der Säugling zum erstenmal verlobt, und zwar mit einer Tochter des Burggrafen von Nürnberg, einer Schwester des späteren Todfeindes von Heinrich Toppler. 1363 wurde der Zweijährige zum König von Böhmen gekrönt, übrigens gegen den Einspruch des Erzbischofs von Prag, der zu bedenken gab, ein gekröntes Kleinkind werde sich nicht auf die rechte

Art erziehen lassen, womit er zweifellos recht behalten sollte. Neunjährig wurde Wenzel mit Johanna von Wittelsbach verheiratet. Kaum zwölfjährig war er deutscher Reichsfürst.

Um diese Zeit, im Juni 1373, kam Wenzel zum erstenmal nach Rothenburg, um hier einen Landfrieden zu verkünden. Wahrscheinlich wohnte er bei diesem mehrtägigen Besuch im Hause des regierenden Bürgermeisters Heinrich Toppler, zumal das »Haus zum goldenen Greifen« wohl das beste Haus »am Platz« war, wie wir heute sagen würden. Diese erste Begegnung in Rothenburg sollte das Fundament für eine lebenslange freundschaftliche Beziehung zwischen Toppler und Wenzel legen. Heinrich Toppler war im Juni 1373 mindestens 33 Jahre alt. Wenzel war gerade 12 geworden. Ohne diesen großen Altersunterschied wäre diese ungewöhnliche Freundschaft vielleicht nie entstanden. Viel zu früh in die Erwachsenenrolle gepreßt und nirgendwo recht zu Hause, war der kleine Wenzel ein introvertiertes Kind, das kaum freundschaftliche oder gar herzliche Bindungen zu irgendeinem anderen Menschen unterhalten konnte. Als herzlos und herrschsüchtig bezeichneten ihn die zeitgenössischen Biographen. Wie anders aber hätte der Zwölfjährige die auferzwungene Einsamkeit verkraften können!

Ganz ohne Zweifel muß Heinrich Toppler auf den königlichen Knaben einen starken Eindruck gemacht haben. Toppler, der gerade erst zum Bürgermeister gewählt worden war, wurde nicht verehrt, weil er eine heilige Krone trug, sondern weil er sich aus eigener Kraft Respekt verschafft hatte. Prag war eine riesige Baustelle, und die Burgen, in denen der kleine Wenzel heranwuchs, waren gewaltig in Anspruch und Ausdehnung. Dagegen war das »Haus zum goldenen Greifen« in Rothenburg mit seinen niedrigen Balkendecken eine Puppenstube. Und das bunte Marktleben unter den Fenstern muß für den Knaben ein Erlebnis ganz besonderer Art gewesen sein. Wenzel wird sich zeitlebens an diese unbeschwerten Tage im Hause Topplers erinnert haben, in denen die seltsame Freundschaft zwischen den beiden ihren Anfang nahm.

In der Anfangszeit seiner Regierung stand Wenzel ganz unter dem Einfluß der Fürsten, denen er seine vom Vater finanzierte Wahl zu verdanken hatte. Die Städte begannen ihn erst zu interessieren, als er erkannte, welch ergiebige Geldquellen sie darstellten. In diesem Handel um die Macht, die letztlich ein Handel um Geld war, scheint er keinem so vertraut zu haben wie Heinrich Toppler. Nicht zu Unrecht hielt er ihn für den fähigsten und führenden Sprecher seiner Städte. Je mehr Privilegien Wenzel den Reichsstädten verkaufte, um so mehr verlor er das Wohlwollen der Fürsten und der Bischöfe, denen er diese Privilegien wegnehmen mußte. Wenzel brauchte aber die Unterstützung beider Parteien. Die einen hatten ihn gewählt und trugen ihn, die anderen finanzierten ihn. Wenzel wählte den Weg des geringsten Widerstandes, indem er einfach allen Entscheidungen aus dem Weg ging. In den letzten Jahren des 14. Jahrhunderts sahen die Deutschen ihn kaum noch. Unumgängliche Entscheidungen erledigte er schriftlich. Die meisten seiner Briefe drehen sich ganz unverhohlen um die Beschaffung von Geld.

Da es nur wenige Männer gab, die so viel von Finanzen

verstanden wie Heinrich Toppler, war das Verhältnis zwischen diesen beiden so ungleichen Männern für beide Seiten außergewöhnlich gewinnbringend. Für Wenzel war der Reiche von Rothenburg die eiserne Reserve, auf die er auch dann noch zurückgreifen konnte, wenn alle anderen Geldquellen versiegt waren. Für Heinrich Toppler war Wenzel eine Art von politischem Tischleindeckdich, mit dem sich fast alles verwirklichen ließ, wenn man bereit war, den Preis dafür zu zahlen. Wenzel war im wahrsten Sinne des Wortes berechenbar. Für Toppler gab es bei der Durchsetzung seiner Ziele nur ein einziges Problem: Woher das notwendige Geld für Wenzel nehmen?

Im Juni 1376 wurde der fünfzehnjährige Wenzel in Frankfurt zum deutschen König gewählt. Die Wahl kostete Kaiser Karl eine Pfandschuld von einer Viertelmillion Gulden. Die Kurfürsten ließen es sich honorieren, daß sie ausnahmsweise die Erbmonarchie gelten ließen. Diese gewaltige Verschuldung Karls gab jedoch den Anstoß dafür, daß 18 Reichsstädte des Schwäbischen Bundes gegen Wenzels Königswahl protestierten, denn es war klar, daß sie die kaiserlichen Pfandschulden zu bezahlen hatten. Sie verweigerten Wenzel die Huldigung. Kaiser Karl verlangte daraufhin die rücksichtslose Bestrafung seiner ungehorsamen Städte und verkündete den Reichskrieg gegen die Rebellen. Gemeinsam mit dem Grafen Eberhard von Württemberg und den Herzögen von Bayern wurde Ulm als Rädelsführer des Schwäbischen Bundes angegriffen und belagert. Warum gerade Ulm?

Zur gleichen Zeit, in der Heinrich Toppler zum erstenmal das Amt des Bürgermeisters übernommen hatte, regierte in Ulm der Bürgermeister Konrad Besserer, eine kraftvolle Führernatur wie Toppler. Im Juli 1376 hatte Besserer erreicht, daß sich eine ganze Reihe von schwäbischen Reichsstädten zu einer Liga zusammenschlossen. Aus dieser Vereinigung entstand dann innerhalb der nächsten zehn Jahre der mächtige Schwäbische Städtebund, ein politisches und militärisches Bündnis gegen die Willkür des Adels.

Die Ulmer zogen sich hinter ihre Mauern zurück. Die Heere des Adels bestürmten vergeblich die Tore der Stadt. Schon rückten die ersten Hilfstruppen ab, weil den Herren das Geld zur Bezahlung der Söldner ausgegangen war. Der Kaiser bat darauf die Nürnberger, als Unterhändler zu vermitteln.

Der Schwäbische Bund hatte die erste Kraftprobe siegreich bestanden. Noch unter dem Eindruck des Triumphes nahm die Stadt den Bau des Ulmer Münsters in Angriff, denn nichts beflügelt die Kreativität mehr als der Erfolg. Der Bund wuchs auf 28 Mitglieder an, und Graf Eberhard wurde in einen für ihn recht kostspieligen Kleinkrieg verwickelt. Die Städte des Schwäbischen Bundes hatten sich auf einen langen Krieg vorbereitet.

Kaiser Karl mußte klein beigeben. Er stellte den Städten schriftlich verankerte Garantien aus, in denen er ihnen Unverpfändbarkeit zusicherte und ausdrücklich das Recht einräumte, sich im Widerstand gegen unrechte Gewalt zu verbünden. Aber die hohen Herren hatten ihr Wort schon zu oft gebrochen. Vereint fühlten sich die Städte stark wie noch nie. Sie wollten sich nicht mit Versprechungen abspeisen lassen, sie wollten den Krieg. So heißt es in einem zeitgenössischen Nürnberger Kommentar: »Der krieg ward aller schon verricht nach der stette willen.« Noch gehörte Rothenburg gemeinsam mit Nürnberg dem Lager der Königstreuen an. Man sympathisierte zwar mit dem Schwäbischen Bund, trat ihm aber nicht bei.

Anfang Februar 1377 ritten Heinrich Toppler und Peter Kreglinger nach Nürnberg, wo sich König Wenzel aufhielt. Über die Gespräche, die dort geführt wurden, ist uns nichts überliefert, doch anzunehmen ist, daß es dabei um den Schwäbischen Bund ging. Die Rothenburger Gesandten wollten sich die Gunst Wenzels erhalten. Die nachfolgenden Ereignisse lassen den Schluß zu, daß Toppler alles tat, um Wenzel davon zu überzeugen, daß Rothenburg der geeignete Ort sei, um einen Reichstag abzuhalten und die leidige Angelegenheit mit dem Schwäbischen Bund aus der Welt zu schaffen. Nürnberg, von jeher königstreu, war kein neutraler Tagungsort. Topplers Absicht dürfte es gewesen sein, Rothenburgs Ansehen durch einen Reichstag zu heben und sich selbst in der Rolle des »ehrlichen Maklers« zwischen den Machtblöcken zu profilieren.

Am 18. März 1377 hielt sich Wenzel schon in Rothenburg auf. Dabei muß es zu Meinungsverschiedenheiten zwischen ihm und Toppler gekommen sein. Vermutlich vertrat Toppler nicht entschieden genug die Interessen des Königs. Als Bürgermeister einer Reichsstadt gehörten seine Sympathien verständlicherweise auch und vor allem den Städten. Auf jeden Fall änderte Wenzel seine Meinung und verlegte den bereits auf den 12. April festgesetzten Rothenburger Reichstag auf den 19. April nach Nürnberg. Doch vier Tage vor dem 19. kam Wenzel noch einmal nach

Rothenburg, und dieses Mal gelang es Heinrich Toppler, den König endgültig für seine Pläne zu gewinnen. Ende Mai 1377 fand der Reichstag dann in Rothenburg statt.

In einer Erwähnung jenes großen Tages heißt es: »Die Stadt hatte ihr prächtigstes Festtagsgewand angelegt, um die hohen Herren aus aller Welt zu empfangen.« Das muß natürlich als lokalpatriotische Übertreibung gewertet werden. In Rothenburg wurde im Mai 1377 überall gebaut. Die Schäden des Erdbebens waren noch nicht behoben. An der Stadtmauer werkelten Hunderte von Handwerkern. Das Langhaus des Domes ragte kaum brusthoch aus der schlammigen Erde. Die Stadt dehnte sich nach allen Seiten aus. Baugruben klafften wie Zahnlücken zwischen den Häuserzeilen. Überall waren Balken, Steine und Sand gelagert. Keine Gasse ohne Baugerüste. Auch wenn man sie, wie das heute noch geschieht, mit frischem Maiengrün geschmückt haben wird, so gab das doch alles andere als ein prächtiges Festtagsgewand ab. Aber möglicherweise waren die hohen Gäste gerade durch die vielen Baustellen beeindruckt. Während der Adel noch in der alten Zeit lebte, hatte hier bereits die Neuzeit begonnen. Wie ein kraftvoller Keim strebte die Stadt empor, wuchs und wucherte in beneidenswertem Wohlstand.

Eine Woche lang weilte der Hochadel des Reiches in Rothenburg. Leider existieren keine zeitgenössischen Berichte aus jenen Tagen. Die gibt es jedoch vom Besuch Kaiser Friedrich III., der ein Menschenleben später nach Rothenburg kam. Da sich das Zeremoniell solcher Besuche im Mittelalter nur geringfügig änderte, kann man davon ausgehen, daß auch der Königsbesuch von 1377 ähnlich verlaufen war. Wie sehr man bestrebt war, die traditionellen Formen zu wahren, offenbart schon die Einleitung eines der Augenzeugenberichte über den Kaiserbesuch. Dort wird betont, daß dieser Bericht aufgeschrieben worden sei, um das altehrwürdige Protokoll der Königsbesuche in Rothenburg für alle Zeiten festzuhalten, damit es nicht »aus Blödigkeit oder Unfleiß« in Vergessenheit gerate.

Die Unterbringung der Gäste scheint auch damals schon das größte Problem gewesen zu sein. 1474 wurden Ställe für 1000 Pferde benötigt. Da nur die Adligen zu Pferd, die kleineren Beamten, Dienstboten, Köche, und Roßknechte aber zu Fuß gekommen waren, wird allein die Gesamtzahl der Gäste fast schon die Einwohnerzahl erreicht haben. Wenn man zudem noch all die Schaulustigen berücksichtigt, die vom Umland in die Stadt geströmt waren, um den König mit eigenen Augen zu sehen, so wird die Zahl der Besucher die der Einwohner um ein Mehrfaches überschritten haben.

Der Einzug des Königs in die Stadt erfolgte nach einem genau vorgeschriebenen Zeremoniell. Reiter des Bischofs von Würzburg geleiteten den König und sein Gefolge von 500 Berittenen bis an die Landwehrgrenze von Rothenburg. Hier erwarteten ihn an der Spitze von 50 Reitern – alle in glänzender Eisenwehr und rotem Tuch – zwei Patrizier der Stadt. Beim Herannahen des Königs stiegen sie von ihren Pferden und begrüßten den hohen Gast mit einer feierlichen Ansprache. Nun wurde Wenzel von Rothenburger Reitern zur Stadt eskortiert. Der Innere Rat hatte sich vor dem geschmückten Stadttor zum Empfang versammelt. Der regierende Bürgermeister erwartete den König unter dem Bogen des Stadttores und überreichte ihm auf einem samtenen Kissen den Stadtschlüssel. Der König dankte, gab den Schlüssel zurück und brachte damit zum Ausdruck, daß er keinen treueren Diener zur Verwahrung des Schlüssels kenne als den Bürgermeister seiner Stadt. Unter dem Geläut der Glocken und dem Jubel aller Bürger wurde der König durch die Straßen bis zum Marktplatz begleitet. Das alles dauerte mehrere Stunden. Die Stadtmusikanten spielten auf. Ehrenjungfrauen streuten Blumen. Fahnen flatterten im Wind. Die Übergabe der Gastgeschenke hatte noch am Ankunftstage zu erfolgen. Zwei Ratsherren überreichten dem König 51 Goldgulden in einem silbernen Pokal. Außerdem erhielt er mehrere Fuder Frankenwein, 4 Zentner Karpfen und 2 Zentner Hechte. Leider wird nicht näher beschrieben, wie dem König diese ungeheure Menge Fisch präsentiert worden ist. Wein läßt sich leicht aufbewahren, aber Fisch ist ja bekanntlich eine sehr schnell verderbliche Ware. Da auch noch die anderen Fürsten zentnerweise mit Fisch beschenkt worden sind, muß es sich wohl um gepökelten oder getrockneten Fisch gehandelt haben. Alles in allem wird der Reichstag, der eine Woche gedauert hat, Rothenburg ein Vermögen gekostet haben.

Der prächtige Rahmen vermochte jedoch nicht darüber hinwegzutäuschen, daß die eigentliche Aufgabe des Reichstages, nämlich die Beilegung der kriegerischen Auseinandersetzungen, nicht gelöst werden konnte. Jede Seite beharrte auf ihrem Standpunkt und erwartete, daß die andere nachgeben würde. Wie so häufig in der Geschichte wurde die Politik von den Ereignissen überholt. Mitten in die Friedensverhandlungen hinein platzte die Kunde von der verlorenen Schlacht bei Reutlingen, in der die schwäbischen Städte am 31. Mai das württembergische Heer des Grafen Eberhard vernichtend geschlagen hatten. Die Fürsten mochten nun nicht mehr länger verhandeln. Man rief zu den Waffen. Daß es am Ende doch noch zu einem Waffenstillstand kam, ist das Verdienst der Rothenburger Gastgeber und vor allem ihres Bürgermeisters Heinrich Toppler. Auch wenn die Kriegsgefahr nicht beseitigt werden konnte, so herrschte doch erst einmal Waffenruhe. Wie wenig diese teure Versöhnungsfeier tatsächlich gebracht hatte, läßt sich daran erkennen, daß der Bischof von Würzburg ohne Rücksicht auf seine Friedenszusage nur wenige Wochen nach dem Reichstag den Rothenburger Bauern die Felder verwüstete. Auch Toppler muß wohl auf diesem Reichstag erkannt haben, daß mit dem wankelmütigen Adel auf die Dauer kein Bündnis Bestand hatte. Am 17. Mai 1378 gab Rothenburg seine Königstreue auf, änderte seinen politischen Kurs um 180 Grad und trat dem Schwäbischen Bund bei. Rothenburg mußte nun für alle Waffengänge des Bundes Soldaten stellen. Aus den städtischen Bürgerwehren war eine süddeutsche Armee geworden. Nicht nur die eigene Stadt galt es zu verteidigen, die Freiheit aller Reichsstädte stand auf dem Spiel.

Das gegen den Adel gerichtete Heer wurde erstaunlicherweise von einem Grafen angeführt. Diesem Grafen Montfort unterstanden vier Hauptleute. Einer von ihnen war Heinrich Toppler. Er führte die Bürgerwehren von Nürnberg, Augsburg, Regensburg, Schweinfurt, Dinkelsbühl, Nördlingen, Windsheim, Weißenburg, Bopfingen und Rothenburg. Das waren etwa 1500 Mann, eine gewaltige Streitmacht für die damalige Zeit.

Aus Angst vor den vereinten Städten begannen die Ritter, sich ebenfalls zu organisieren. Sie gründeten Rittergesellschaften. Im Frankenland übernahm die »Gesellschaft vom heiligen Georg« die Führung. So unerschrocken wie einst der heilige Georg gegen den Drachen gekämpft und ihn besiegt hatte, so wollten sie gegen die bürgerliche Schlangenbrut zu Felde ziehen und sie vom Erdboden vertilgen. Den Anfang machten sie mit Rothenburg und Nördlingen. Da sie gegen die Stadtmauern nichts ausrichten konnten, steckten sie die Bauernhöfe in Brand und trieben das Vieh fort. Als Antwort darauf stellte der Städtebund bei Augsburg ein Heer von 5000 Bewaffneten auf, das im Dezember 1381 in Franken einfiel und die Ländereien der Ritter verwüstete. Im weiten Umkreis von Rothenburg wurden alle Ritterburgen zerstört. Die dazugehörigen Dörfer versanken in Schutt und Asche. Vieh und Vorräte wurden geplündert nach dem Motto: »Schlägst du meine Bauern, schlag ich deine Bauern.«

Als beide Heere erschöpft waren, wurde wieder einmal ein Waffenstillstand unterzeichnet. Darauf tagte der Schwäbische Bund in Rothenburg. Seit dem Reichstag waren noch nicht einmal fünf Jahre vergangen. Toppler scheint in dem Bund der Städte, der längst schon nicht mehr auf Schwaben begrenzt war, nicht nur auf militärischem Gebiet eine führende Rolle gespielt zu haben. Im Namen des Bundes führte er auch Verhandlungen auf höchster Ebene. Die Rechnungsbelege seiner Reisen zeugen von einer sehr aktiven diplomatischen Tätigkeit. Als Gesandter des Schwäbischen Bundes nahm er am Reichstag in Frankfurt teil. Er traf sich mit Wenzel am Rhein. Im Stadtkassenbuch wurde eine Reise von 23 Tagen abgerechnet. Toppler ritt mehrere Male nach Nürnberg. Die Strecke von 80 Kilometern legte er an einem Tag zurück. Immer wieder führte er Gespräche mit dem König. Bei einem offiziellen Empfang erhielt Heinrich Toppler als Gastgeschenk ein halbes Fuder Wein.

Die Urkunden aus jenen Tagen zeugen von kraftvoller Aufbruchstimmung. Die Zugehörigkeit zum großen Bündnis der Städte erfüllte die Rothenburger mit Zuversicht. 1382 wurde das Statutenbuch, das erste Gesetzbuch der Stadt, angelegt. »Notstandsgesetze« wurden erlassen, um sicherzustellen, daß die Stadt auch einer längeren Belagerung standhalten konnte. Eine neue Zeit schien angebrochen. So wie die Kräfte im Reich aber verteilt waren, konnte jeder Machtzuwachs für die Städte nur auf Kosten des Adels erfolgen. Es war abzusehen, daß König, Fürsten und Ritter nicht tatenlos mitansehen würden, wie die Städte immer mehr die Macht an sich rissen.

1384 meldeten die Spione der Städte ungewöhnliche Aktivitäten im Lager des Adels. Berittene Boten trafen ein und sprengten davon. Versiegelte Botschaften wurden überbracht. Konferenzen hinter verschlossenen Türen fanden statt. Da das Zentrum dieser Konspirationen in Franken lag, beauftragte der Schwäbische Bund Heinrich Toppler, herauszufinden, was gespielt wurde. Durch einen Spion beim Deutschen Orden in Mergentheim wurde bekannt, daß die Fürsten dort eine Zusammenkunft geplant hätten, bei der beraten werden sollte, wie sich die beängstigende Machtentfaltung der Städte aufhalten ließe. Die Botschaft des Spions lautete: »Meinen freundlichen Gruß zuvor, lieber Heinrich Toppler. Ich teile dir mit, daß die Herren, die in Mergentheim versammelt waren, wieder auseinander gegangen sind mit der Vereinbarung, sich zur Mittfastenzeit (20. März 1384) wieder in Mergentheim zu treffen, wo dann auch alle anderen Fürsten anwesend sein sollen. Es ist wichtig für dich, zu wissen, daß sich die Fürsten, die hier waren, in einem militärischen Bund zusammengeschlossen haben. Die versiegelten Urkunden des Bündnisses sollen auch zu den Fürsten gebracht werden, die nicht in Mergentheim waren. Ich sah und hörte selbst, daß die Fürsten gelobten, treu zueinanderzuhalten. Wer den Schwur gegen die Städte breche, solle in große Strafe fallen und von den anderen vernichtet werden. Ulrich von Hohenlohe hat seine Meinung geändert und ist von den Städten abgefallen. Das kommt daher, daß die

Fürsten versprachen, sie wollten ihm das Geld leihen, das er von euch haben wollte. Mehr kann ich dir nicht schreiben. Was ich getan habe, geschah aus besonderer Liebe und Treue zur Stadt Rothenburg und zu dir. Gott sei mit dir.«

Dieser überlieferte Brief ist in mehrfacher Hinsicht ein aufschlußreiches Schriftstück. Es dokumentiert zunächst, daß Heinrich Toppler überall Freunde hatte, die ihn über wichtige Vorgänge informierten. Der Briefschreiber kann nur einer der beteiligten Fürsten gewesen sein, denn er schreibt: »Ich sah und hörte selbst...« Er riskierte sein Leben. »Wer den Schwur breche, solle in große Strafe fallen und vernichtet werden.« Um so erstaunlicher ist es, daß der Spion diese Botschaft schriftlich festhielt und sie einem reitenden Boten anvertraute, der leicht hätte abgefangen werden können. Indizien sprechen dafür, daß Ulrich von Hohenlohe Topplers Informant war. Das könnte auch der Grund dafür gewesen sein, daß in dem Brief verraten wird: »Ulrich von Hohenlohe hat seine Meinung geändert und ist von den Städten abgefallen. Das kommt daher, daß die Fürsten versprachen, sie wollten ihm das Geld leihen, das er von euch haben wollte.« Der Trick ist alt: Wie kann einer, der verraten wird, der Verräter sein? Wie sich später herausstellte, waren auf dieser geheimen Fürstenkonferenz der Burggraf von Nürnberg, der Bischof von Würzburg, Graf Eberhard von Württemberg, der zukünftige König Ruprecht, alles mächtige Männer, deren Feindschaft für Rothenburg lebensbedrohender war als der vermeintliche Abfall eines Herrn von Hohenlohe. Ulrich von Hohenlohe war nur zum Schein von den Städten abgefallen. Den Beweis dafür finden wir in den Rothenburger Rechnungsbüchern. Schon am 16. Februar 1384 zahlte die Stadt an den Hohenloher 15 000 Goldgulden, eine für jene Zeit so astronomisch hohe Summe, wie sie die Fürsten gewiß nicht so schnell hätten aufbringen können.

Der Informant hatte nicht nur »aus besonderer Liebe« zu Toppler gehandelt. Auf jeden Fall waren die Reichsstädte gewarnt. Aus anderen Quellen erfuhren sie, daß die Fürsten riesige Lager für Getreide, Salz, Rauchfleisch und Waffen aller Art anlegen ließen. Verantwortlich für die Kriegsvorbereitungen war der Burggraf von Nürnberg, denn der Krieg sollte vornehmlich gegen Rothenburg geführt werden. Interessant ist, daß man damals schon moralische Skrupel hatte, vor der Öffentlichkeit als Angreifer dazustehen. In Mergentheim war beschlossen worden, nicht mit dem Krieg zu beginnen. Die Ritter sollten die Städte jedoch so reizen, daß diese von sich aus die Fehde aufnehmen würden.

In jene Zeit fällt ein Ereignis, das Topplers enormen Machtanspruch dokumentiert. Bei der Verpfändung Rothenburgs an den Bischof von Würzburg im Jahre 1349 hatte der Rothenburger Stadtschreiber Friedrich von Liental gemeinsam mit Heinrich von Rothenburg »die Stadt verraten«. Was auch immer sie getan haben mögen, sie müssen dem Bischof damit einen großen Gefallen erwiesen haben, denn sie kassierten einen beachtlichen Judaslohn. In einer Kleinstadt, in der jeder jeden kannte, wäre es natürlich aufgefallen, wenn zwei Männer von einem Tag auf den anderen zu viel Geld gekommen wären.

Deshalb verkaufte der Stadtschreiber sein Land für 1300 Pfund an den Bischof, behielt allerdings das Recht, das Land weiterhin zu nutzen. In Wirklichkeit handelte es sich um einen Scheinverkauf, damit die beiden für ihre Dienste entlohnt werden konnten, ohne daß in der Stadt Mißtrauen aufkam. Als das Verbrechen dann aber doch aufgedeckt wurde, flüchteten sich die Verräter zum Bischof, der sie zu seinen Schreibern ernannte und so dem Schutz der Kirche unterstellte. Obwohl sich dieses Verbrechen schon zu Topplers Kindheit ereignet hatte, bestand der Bürgermeister Toppler noch vierzig Jahre später darauf, die Missetäter ihrer verdienten Strafe zuzuführen. Da ihnen nach geltendem Recht nicht beizukommen war, wurden sie durch ein heimliches Privatgericht im Haus Topplers abgeurteilt und hingerichtet. Wir wissen von diesem Vorgang, weil er später in der Anklage gegen Toppler verwendet wurde.

 Die *Burggrafen von Nürnberg* aus dem Geschlecht der Zollern waren von Barbarossa in den Burggrafenstand erhoben worden. Burggrafen waren ursprünglich militärische Kommandanten mit dem Auftrag, eine kaiserliche Burg zu bewachen. Darüber hinaus verfügten sie über eine ganze Reihe von landesherrlichen Rechten. Die Zollern stammten aus Schwaben. Anfang des 13. Jahrhunderts wurden sie vom Kaiser nach Nürnberg berufen. Diese Berufung der Zollern von der Alb nach Nürnberg war eine Auszeichnung für treue Dienste, denn Nürnberg zählte zu den reichsten und bedeutendsten Städten des Reiches. Die Burggrafen erhielten vom Kaiser das Privileg, sich in Form von Steuern, Zöllen und Gerechtsamen an der Stadt »schadlos zu halten«. In den Augen der Nürnberger waren die fremden Herren Eindringlinge, die man aus vollem Herzen verabscheute.

Das schlechte Verhältnis der Nürnberger Burggrafen zu den freien Reichsstädten wie Rothenburg bestand zu Topplers Zeiten bereits seit Jahrhunderten. Seit Generationen schon beanspruchten die Zollern aufgrund ihrer vom Kaiser verbrieften Rechte die Herrschaft über die Stadt. Meist blieb es beim Anspruch, denn die Bürger wehrten sich verbissen.

Schon im Jahre 1270 war es den Nürnbergern gelungen, ihre ungeliebten Herren aus der alten, die ganze Stadt beherrschenden Kaiserburg zu verdrängen, die noch von Barbarossa zur Reichsfeste ausgebaut worden war. Den Burggrafen wurde eine kleinere Burg in der Stadt zugewiesen, ein Wohnsitz, der nach Meinung der Nürnberger mehr ihrem Rang entsprach und der sich leichter kontrollieren ließ. Aber auch diese Burg wurde später durch eine hohe Mauer von der übrigen Stadt abgetrennt. Die Burgherren protestierten zwar gegen diese Aussperrung, nahmen sie aber hin, nachdem man ihnen eine Entschädigung von 5000 Gulden gezahlt hatte. Überhaupt waren die Herren von Zollern von Anfang an geschäftstüchtiger als die meisten Fürsten ihrer Zeit. Durch gezielte Lehenspolitik, Freigüter, Vogteien und vor allem durch planvolle Familienpolitik vermehrten sie ihren Landbesitz in einem solchen Maße, daß sie bereits Mitte des 13. Jahrhunderts zu den mächtigsten Familien in Franken gehörten. Sie entwickelten sich rasch zu unglaublich geschickten Taktierern und Spekulanten im Umgang mit der Macht. Schon Friedrich III., der Enkel des ersten Burggrafen, der durch Heiratspolitik weite Gebiete um Bayreuth in seinen Besitz gebracht hatte, stand im ganzen Reich im Ruf eines *Königsmachers*. Er war es, der als Hohenzoller das Haus Habsburg an die Macht gebracht hatte. Lassen wir Matthias von Neuenburg, einen Chronisten des 14. Jahrhunderts, Näheres darüber berichten.

»So geschehen bei der Wahl Rudolfs von Habsburg am 30. September 1273. Als die Wahlfürsten versammelt waren, voll Sorge, daß ihre fürstlichen Rechte durch die Wahl eines Königs beschnitten werden könnten, da wurden viele mächtige und reiche Fürsten vorgeschlagen. Der Mainzer Bischof meinte, Klugheit und Charakter seien höher zu bewerten als Macht und Geld. (Tatsächlich meinte er wohl, daß es vorteilhafter wäre, einen schwachen Mann zu wählen.) So kam die Sprache auf den Grafen von Habsburg. Man lobte seinen Mut und seine Klugheit. Er wurde vor allem von seinem Neffen, dem Burggrafen von Nürnberg, über alle Maßen gelobt und empfohlen. Der Herzog von Bayern aber, der seine edle Gemahlin, eine Tochter des Herzogs von Brabant, wegen Verdachts auf Ehebruch hatte enthaupten lassen, nahm den Burggrafen von Nürnberg beiseite und fragte ihn: ›Welche Sicherheit habe ich, wenn Rudolf gewählt wird, daß er mich nicht wird verfolgen lassen? Hat er eine Tochter, die er mir als Treuepfand zur Gemahlin geben würde?‹

Als der Burggraf versicherte, Rudolf habe sechs Töchter, von denen der Herzog eine zur Frau erhalten würde, stimmte der Bayer freudig für Rudolf von Habsburg. Da dies der Herzog von Sachsen und der Markgraf von Brandenburg hörten, die auch beide keine Frauen hatten, stimmten sie gleichfalls für Rudolf, nachdem ihnen der Burggraf zugesichert hatte, daß sie Töchter des neugewählten Königs zu Eheweibern erhalten würden. Und so wurde Rudolf einstimmig gewählt.«

Dieser Bericht widerlegt die Behauptung, daß im Mittelalter die Söhne einen höheren Stellenwert als die Töchter gehabt haben. Das Haus Habsburg verdankt seinen Aufstieg zumindest zum Teil seinen Töchtern und einem Burggrafen von Nürnberg.

Burggraf Friedrich v. war nur wenige Jahre älter als Heinrich Toppler. Obwohl sie auf politischer Ebene Rivalen waren, gibt es eine ganze Reihe von Hinweisen, daß sich Toppler und der Burggraf in freundschaftlicher Achtung zugetan waren. Beide hatten sie während ihrer fast vierzigjährigen Regierungszeit ihre Territorien bis an die Grenzen des Möglichen ausgedehnt. Nach ihnen haben weder die Stadt Rothenburg noch die Familie der Burggrafen weitere Gebiete in ihren Besitz gebracht. Beide glaubten sie an die Macht der Diplomatie und des Geldes.

Wie so viele Väter hat es der alte Burggraf nicht verstanden, seine Lebensphilosophie an seine beiden Söhne, Johann und Friedrich, weiterzugeben, die von Ruhm und Schlachtenglück träumten und schon bald zu den gefährlichsten Kriegstreibern in Franken gehörten. Vor allem Friedrich schaffte es schon als Fünfzehnjähriger, den kampffreudigen Ritteradel um sich zu sammeln. Seine Devise lautete: Tod den Städten! Der alte Toppler war für ihn die leibhaftige Verkörperung der städtischen Hybris.

Neben den Burggrafen von Nürnberg waren auch die Bischöfe von Würzburg eine ständige Bedrohung für Rothenburg. Der Bischof Gerhard von Schwarzburg stammte aus thüringischem Grafengeschlecht. Er war nur vier oder fünf Jahre älter als Heinrich Toppler. Noch im Jünglingsalter wurde er vom Papst mit einem Kanonikat in Würzburg providiert. Es folgten Naumburg, Straßburg, Bamberg und Regensburg. Der gräfliche Grünschnabel sammelte einträgliche Pfründe wie ein Monopoly-Spieler. An der Ausübung seines geistlichen Berufes kann dem jungen Gerhard nur wenig gelegen haben, denn er erwirkte am 12. Juni 1359 einen Aufschub seiner Weihe um ein Jahr und nach dessen Ablauf einen weiteren Aufschub von nochmals einem Jahr.

Als er dann endlich 1365 zum Bischof geweiht wurde, überwarf er sich sogleich mit dem Domkapitel wegen des Verkaufs von Hochstiftbesitzungen. Welche Rolle der frischgeweihte Bischof dabei spielte, entzieht sich unserer Kenntnis. Die Tatsache jedoch, daß er gezwungen wurde, Naumburg zu verlassen, spricht nicht unbedingt für ihn.

Im Spätsommer des Jahres 1372 wurde Gerhard vom Papst mit dem Bistum Würzburg providiert. Der von den Würzburgern eben erst neugewählte Bischof Withego wurde ohne Rücksicht auf seine Wähler im Austausch für Gerhard nach Naumburg versetzt. Gerhard erhielt am 1. Dezember zu Mühlberg an der Elbe die Regalien. Am 13. Dezember teilte er dem Würzburger Klerus seine Ernennung mit. Die Würzburger ließen den unliebsamen »Ausländer« wissen, er möge sich zur Hölle scheren. Nun forderte Papst Gregor die Markgrafen von Meißen auf, dem neuernannten Bischof zu seinem Recht zu verhelfen. Mit Hilfe des Stiftsadels und der Verbündeten des Fränkischen Landfriedens fiel der verschmähte Bischof Ostern 1373 in die Würzburger Lande ein. Er wütete wie ein apokalyptischer Reiter. Nachdem er das umliegende Bauernland verheert hatte, leitete er die Belagerung der Stadt ein. In der Woche vor Pfingsten schickten die ausgehungerten Würzburger ihre Unterhändler. Der Burggraf von Nürnberg sollte vermitteln. In der Reichsacht und vom päpstlichen Bannstrahl bedroht, sah sich die Stadt gezwungen, dem gewalttätigen Bischof zu huldigen. Die

Kosten für diesen unglaublichen Eroberungskrieg betrugen nach zeitgenössischen Angaben 140 000 Gulden. Noch während der Belagerung hatte Papst Gregor seinem neuen Oberhirten die Erhebung von Sondersteuern bewilligt, mit denen die rebellischen Würzburger selbst die Kosten des gegen sie gerichteten Feldzugs finanzieren mußten.

Der von der Kirche gern gebrauchte Vergleich vom guten Hirten trifft auf die Fürstbischöfe von Würzburg ganz gewiß nicht zu. Sie waren keine gütigen Lämmerhirten, sondern Schlächter, die ihren Schafen mitleidlos das Fell über die Ohren zogen. Wichtiger als der Mensch oder sein Seelenheil war ihnen der Profit, der sich mit ihm erwirtschaften ließ. Nach der gewaltsamen Einnahme der Stadt Würzburg schloß der Bischof mit Kaiser Karl und seinem Sohn Wenzel einen Pakt, in dem sie sich gegenseitig versicherten, künftig gemeinsam vorzugehen, um ihre Machtansprüche durchzusetzen. Und so geschah es. 1377 beim Städtekrieg zog der Bischof gemeinsam mit dem Kaiser gegen den Schwäbischen Bund. Seine Truppen belagerten Ulm. Dafür schenkte ihm König Wenzel 1380 die Reichsstadt Schweinfurt. Die Stadt protestierte aber so entschlossen gegen diesen Sklavenhandel, daß der Bischof auf das königliche Geschenk verzichtete. Noch einen Krieg konnte er sich im Augenblick nicht leisten. Ansonsten hat dieser Oberhirte Christi jedoch keinen Waffengang ausgelassen. Als sich im Frühjahr 1388 das Verhältnis der Fürsten zu den Städten verschlechterte, forderte der Bischof als erster den Krieg.

In diesem Konflikt verlangten sowohl die Fürsten als auch die Städte von ihrem König eine klare Stellungnahme, um die sich Wenzel wieder einmal drückte. Die enttäuschten Fürsten verhandelten darauf in aller Öffentlichkeit die Absetzung des Königs. In höchster Not wandte sich Wenzel an seine treuen Reichsstädte. Ende März 1387 rief er sie nach Nürnberg.

Rothenburg wurde durch Heinrich Toppler und Ratsherr Berthold Beringer vertreten. 39 Reichsstädte versprachen dem König Rückendeckung beim Kampf um seine Krone. Dafür verlangten sie von Wenzel die formale und besiegelte Anerkennung aller Rechte und Freiheiten, die sie sich im Laufe der Jahre erkämpft und erkauft hatten. Der Text dieser Anerkennung lautete: »Wir Wentzlaus, Römischer König von Gottes Gnaden, gewähren unseren treuen Städten die Gnade, daß sie bleiben sollen bei allen ihren Rechten, Freiheiten und Privilegien, die sie erhalten haben von uns und von anderen Kaisern und Königen«.

Für die Reichsstädte war diese königliche Bestätigung eine sehr wichtige Urkunde. Sie trug das Königssiegel und die Siegel von 39 Städten. Da das Mittelalter keine rechtskräftigen Kopien kannte, war die Urkunde von unersetzlichem Wert. Sie war der einzige Beweis für die königlichen Garantien. Ging sie verloren, dann konnten auch die königlichen Privilegien bestritten werden. Die Städte waren sich darin einig, daß sie nirgendwo so gut aufgehoben sei wie bei Toppler. Er besaß das Vertrauen aller.

Im Februar hatte Toppler schriftliche Nachricht von einem Informanten aus Prag erhalten. Dieser Brief ist das einzige Dokument, das uns verrät, wie die Zeitgenossen die Lage erlebt und eingeschätzt haben mochten. Die Nachricht lautete:

»Meinen Dienst zuvor! Ich teile Euch mit, daß unser Herr und König nach Ungarn will, um dort seinen Bruder Sigismund zum König von Ungarn zu krönen. Er hat nach Heidelberg an den Pfalzgrafen geschrieben, daß er erst zur Sonnenwende wieder in Deutschland sein werde. Die Fürsten sollten mit dem Schwäbischen Bund einen längeren Frieden schließen. Überlegt nun, was Euch diese Nachricht nutzen kann. Ferner teile ich mit, daß der böhmische Adel in schwerem Streit mit dem König liegt. Mein Rat ist: Wenn Ihr mit den Fürsten zusammenkommt, gebt nicht nach, bis sie Euch einen Frieden zugesichert haben, der Land und Leuten nützlich ist.

Der König haßt die Städte, und er haßt die Fürsten. Es wäre gut, wenn er sich zwischen zwei Stühle setzen würde. Denkt darüber nach, was das beste ist. Ihr wißt: Langer Krieg und Unfried macht Land und Leute verderben. Am Schluß muß ihn jeder selbst bezahlen. Das Land Luxemburg ist für den König verloren. Will er es wieder gewinnen, so muß er sich gut mit den Städten stellen. Ich weiß heute nichts mehr zu schreiben. Sollte ich Neues erfahren, so schreibe ich sofort.«

Überall im Reich versuchten sich die Städte von der

Vorherrschaft des Adels zu befreien. Am heftigsten tobten die Kämpfe in der heutigen Schweiz. Die Verträge, die die handeltreibenden Städte mit Herzog Leopold von Österreich abgeschlossen hatten, waren nicht mehr das Pergament wert, auf dem sie unterzeichnet worden waren. Leopold, der sich verpflichtet hatte, die Kauffahrer auf ihrem Weg über die Alpenpässe zu beschützen – gegen Vorkasse, versteht sich – plünderte immer häufiger, was er behüten sollte. Gleichzeitig brachte er den aargauischen und schwäbischen Adel hinter sich und erklärte den verbündeten Schweizer Kantonen den Krieg, um alte Erbansprüche durchzusetzen. Sein Haß auf die »Eidgenossen« muß geradezu krankhaft gewesen sein, denn er schickte ihnen innerhalb von 12 Tagen 53 Kriegserklärungen. Mit 4000 Bewaffneten drang er in den oberen Aargau ein, nachdem er die Bevölkerung von Reichensee hatte hinmetzeln lassen. Am 9. Juli 1386 stellten sich die Schweizer Bauern – verstärkt durch Hilfstruppen aus dem Schwäbischen Städtebund – an einem Hang am Sempacher See zur Schlacht. Sie waren den Rittern zwar an Zahl überlegen, aber schlecht bewaffnet. Sie trugen nur Spieße, Äxte, Keulen und Sensen mit sich. Leopold war sich seines Sieges absolut sicher, so sicher, daß er gleich die Stricke mitgebracht hatte, mit denen er die Aufrührer nach ihrer Niederlage aufhängen lassen wollte. Er ließ seine gepanzerten Berufskrieger absitzen. Über den Haufen reiten konnten sie das Bauernpack nicht. Die »Eidgenossen« hatten sich oben auf den Hängen postiert. Die Ritter ließen sich ihre Lanzen reichen. Aufgestellt in Dreiecksformation erwarteten sie den Angriff der Bauern. Ein zeitgenössischer Beobachter

berichtet, daß die Schweizer in völligem Schweigen heran-
marschiert seien. Er fand das erwähnenswert, weil normalerweise die Angreifer ein Heidenspektakel mit Trommeln
und Kriegsgeschrei verursachten, um dem Feind Angst
und sich selbst Mut zu machen. Die Schweizer starben zu
Hunderten durch die Spieße der Ritter, die sich ihnen
dicht an dicht wie ein Igelpanzer entgegenstemmten. Da
soll sich ein Mann aus Unterwalden geopfert haben, indem
er so viele Spieße, wie er fassen konnte, gegen seine Brust
drückte. In die spießfreien Breschen links und rechts von
ihm drangen die Angreifer rasch vor. Die Niederlage für
den Adel war total. Herzog Leopold und die meisten
Edelleute wurden regelrecht in Stücke gehackt.

Die Welt hielt den Atem an. Ein zusammengelaufener
Haufen von Bauern und Handwerkern hatte dem Haus
Habsburg und der Elite der Reichsritter eine ihrer
schlimmsten Niederlagen beigebracht. Die Freiheit hatte
über die Knechtschaft gesiegt. Wie müssen die Städte des
Schwäbischen Bundes gejubelt haben, zumal Männer aus
ihren eigenen Reihen in Sempach mitgefochten hatten. Die
Schweizer hatten ein Fanal gesetzt.

Aber im übrigen Reich lagen die Verhältnisse anders.
Der Städtebund stellte keine geschlossene Front dar. Die
Städte dachten vor allem an ihre eigenen wirtschaftlichen
Vorteile. Wenn es Gewinn versprach, verbündeten sie sich
mit den verhaßten Fürsten gegen ihre eigenen Bruder-
städte. Die Fürsten waren normalerweise untereinander
nicht minder zerstritten. Der unrühmliche Tod des Herzogs Leopold jedoch vereinigte sie in ihrem Haß. Die
Herzöge von Bayern und Graf Eberhard von Württem-

berg verbündeten sich gegen die Städte. Die Bischöfe von Mainz und Bamberg versprachen Rückendeckung. Ruprecht von der Pfalz schloß sich an. Die Front reichte von den Alpen bis zum Main. Die beiden bedeutendsten Kräfte im Frankenland, der Burggraf von Nürnberg und der Bischof von Würzburg, mobilisierten die fränkische Ritterschaft. Windsheim wurde belagert, wehrte aber alle Angriffe ab. Da erreichte die Stadt die Schreckensmeldung von der verlorenen Schlacht bei Döffingen in Schwaben. Graf Eberhard hatte das Heer des Schwäbischen Bundes besiegt. Es ist uns nicht überliefert, ob Toppler in jener Schlacht mitgekämpft hat.

So klar wie die Front zwischen den Städten einerseits und dem Adel und der Kirche andererseits erscheint, war sie in Wirklichkeit nicht. Tatsächlich waren die Grenzen zwischen den Fronten so verschwommen, daß selbst Zeitgenossen sie nicht zu überschauen vermochten. Bezeichnend für diese chaotischen Freund-Feind-Verhältnisse ist die folgende Episode: So wie eine ganze Reihe von Bischöfen mit dem Adel gegen die Städte zogen, so gab es auch andere, die im Schwäbischen Bund Zuflucht suchten, wie der Bischof von Basel und Erzbischof Pilgrim von Salzburg, der nach seinem Beitritt zum Schwäbischen Bund vom bayrischen Herzog zu einem »freundlichen Gespräch« eingeladen wurde, das im Kellerverlies der Festung Burghausen endete. Obwohl die meisten Bischöfe auf der Seite des Adels standen und nicht auf der Seite der Städte wie ihr gefangener Amtsbruder Pilgrim, wurden die bayerischen Herzöge von der Kirche mit dem Bann belegt, weil sie sich an einem Bischof vergriffen hatten. Obwohl

König Wenzel mit den bayerischen Herzögen verschwägert war, mußte er sie in Acht und Bann tun. Er beauftragte den Kurfürsten von der Pfalz und die Städte, also zwei miteinander verfeindete Lager, die Acht an den bayerischen Missetätern zu vollziehen, um sie mit Waffengewalt gefügig zu machen.

Am 15. Dezember 1388 tagte der Schwäbische Bund in Ulm. Es wurde beschlossen, für den 21. Dezember die vereinten Streitkräfte nach Augsburg zu berufen. Die Frist war knapp bemessen, wenn man bedenkt, daß die Tagungsteilnehmer mehrere Tage brauchten, um in ihre teilweise weit entfernten Städte zurückzureiten und dort mobil zu machen. Trotzdem wurde sie eingehalten.

Rothenburg stellte 2000 Mann mit Lederwams, Armbrust und Pavese. Das waren mannshohe lederbezogene Holzschilder, die man wie eine Staffelei aufstellte, um dahinter unbehelligt die Armbrust zu laden. Aus den Nachbarstädten Windsheim und Schweinfurt rückten je 160 Bewaffnete an. Unter Topplers Führung zogen sie über Dinkelsbühl und Nördlingen nach Nürnberg. Aus allen Richtungen stießen neue Kompanien zu ihnen. Nur ein Drittel war beritten, der Rest Fußvolk. Am Schwanz des Heerwurms folgten die schweren Pferdewagen. Sie transportierten die Armbrustpfeile, die aufrecht in Fässern standen, damit die Schaftfedern nicht beschädigt wurden. Schwer wogen die großen und sperrigen Zelte. Proviant für Mensch und Tier nahm nur wenig Platz in Anspruch, denn die Soldaten des Städtebundes waren wie die römischen Legionäre Selbstversorger. Topf und Bratspieß gehörten zur Marschausrüstung jedes Kriegers. Gekocht wurde an Einzelfeuern. Die Nahrung wurde gekauft oder erbeutet, wobei allerdings nicht jeder für sich losziehen und plündern durfte. Die Beute wurde von den Hauptleuten verteilt.

Anfang Dezember hatte der Schwäbische Bund eine Botschaft nach Prag geschickt, um König Wenzel zu bewegen, schärfere Schritte gegen die geächteten Bayern einzuleiten, denn Erzbischof Pilgrim lag immer noch im Keller von Burghausen. Kurfürst Ruprecht von der Pfalz schickte Unterhändler nach Bayern. Die bayerischen Dickschädel gaben nicht nach. Das erst so eilig zusammengetrommelte Heer lag nun schon seit Wochen vor Augsburg im Schnee und wartete darauf, losschlagen zu können. Endlich griff König Wenzel ein, um den Waffengang zu verhindern. Denn das Geld, das seine Untertanen in diesem Krieg verpulvern wollten, würde ihm am Ende in der königlichen Kasse fehlen. Er lockte, drohte, sandte seinen Fehdebrief zum Zeichen, daß er es nun wirklich ernst meinte. Die Bayern rührten sich nicht. Die Zeit verstrich.

Das Heer der Städte war bereit. Graf Montfort befand sich im Lager. Berittene Kuriere galoppierten herbei, trugen Befehle davon. 2000 schwerbewaffnete Reiter, 4500 Lanzenträger und 1000 Armbrustschützen warteten auf das Signal der Marschtrommeln. Die Fahnen wollten in den Wind. Unruhig rissen die Rösser an ihren Lederleinen. Wo blieb das Signal? Das Lager versank im Schnee. Immer noch stießen neue Lanzenträger zum Heer.

Obwohl die Mehrzahl der Soldaten mit Armbrüsten bewaffnet waren, wurden sie nach wie vor Lanzenträger genannt. Mit einer Schußweite von 400 Metern war die Armbrust eine gefährliche Fernwaffe. Auf eine Distanz von 100 Metern durchschlug ein Armbrustpfeil Kettenhemd und Harnisch. Bereits auf dem 2. Laterankonzil im Jahre 1139 hatte die Kirche das strikte Verbot ausgesprochen, die neue Waffe gegen Menschen einzusetzen. Das hieß nach dem Verständnis der damaligen Zeit gegen Christen, denn die Heiden zählten nicht zur Menschheit. Es erging diesem Verbot jedoch nicht anders als unseren zeitgenössischen Waffenverboten. Es wurde nicht einmal von denen befolgt, die es aufgestellt hatten.

 Jeder Armbrustschütze trug 18 Bolzen in seinem Lederköcher. In den drei Hauptwaffenlagern des Städtebundes, die sich in Regensburg, Nürnberg und Augsburg befanden, waren Vorräte mit je 30 000 Bolzen angelegt worden. Das Heer verfügte also über fast 100 000 Geschosse. Jeder Bolzen war ein kostspieliges Präzisionsgerät, von Meisterhand geschmiedet, gedrechselt und ballistisch ausbalanciert. Wahre Kunstwerke an handwerklicher Fertigkeit waren auch die Armbrüste. Aus den einfachen Holzbögen des 12. Jahrhunderts hatten sich mit der Zeit Hornbögen entwickelt, die aus mehreren Lagen kunstfertig zusammengesetzt waren. Man konnte sie nicht mehr mit der Hand spannen. Die Armbrustschützen trugen deshalb geschmiedete Spannhaken am Gürtel. Später wurden auch Seilwinden oder Zahnstangengewinde verwendet, die schwerer als die Armbrust selbst waren. Die hölzernen, kunstvoll gedrechselten Bolzen wurden, je nachdem, ob sie für die Jagd oder den Kampf bestimmt waren, mit verschieden geformten Eisenspitzen versehen, wobei die Kriegsbolzen gräßlichere Wunden rissen. Mit Pech getränkte Armbrustbolzen brannten wie Fackeln. Mit ihnen konnte man über alle Verteidigungsmauern hinweg Strohdächer und Holzschindeln in Brand schießen.

Die Armbrust war aufgrund ihres enormen Gewichts und des schwerfälligen Ladevorgangs eigentlich nur als Verteidigungswaffe geeignet. Als Angriffswaffe war ihr der Bogen weit überlegen. Der berühmteste aller Bogen war der »long bow« der Engländer. Überhaupt standen die Engländer zu Topplers Zeiten im Ruf, die besten Bogenschützen der Welt zu sein. Während des Hundertjährigen Krieges (1337–1453) wurden die französischen Ritterheere trotz ihrer hervorragenden Harnische in allen entscheidenden Kämpfen von den Bogenschützen besiegt. Das Bogenschießen erforderte viel Übung und Kraft. Daher bevorzugten die Bürgerwehren der Städte die Armbrust. Mit ihr konnte auch ein Schneider treffsicher umgehen. Dazu benötigte er weder lebenslange Übung noch athletische Kräfte, nicht einmal eine ruhige Hand, denn aufgestützt konnte man mit der Armbrust wie mit einem Gewehr seinen Gegner über Kimme und Korn anvisieren.

Nichts symbolisiert den Untergang des Rittertums so deutlich wie die neue Waffe. Der Stand der Ritter hatte sich im Frühmittelalter herausgebildet, weil die alte militärische Organisation des Karolingerreiches sich im Widerstand gegen die kampferprobten, berittenen Krieger der Normannen, Ungarn und Sarazenen als unbrauchbar erwiesen hatte. Aus dieser Erkenntnis heraus hatte sich im Frühmittelalter der Stand der Ritter gebildet. Nur ein gründlich geschulter und trainierter Krieger konnte eine wirksame Verteidigung garantieren. So kam es, daß der Ritter das Kriegshandwerk übernahm, während der Bauer die Felder bestellte. Das alles änderte sich mit der Verbreitung der Armbrust als Kriegswaffe.

Unsere Phantasie verlegt die Zeit der eisernen Ritterrüstungen oft weit zurück ins frühe Mittelalter. Wir denken dabei an Karl den Großen, an Barbarossa und die Staufer. In Wirklichkeit aber ist der Plattenharnisch, der den Körper des Kämpfenden von Kopf bis Fuß wie ein Krebspanzer umschloß, erst eine Erfindung des späten 14. Jahrhunderts. Die besten Rüstungen wurden in Oberitalien geschmiedet. Berühmt waren die süddeutschen Harnischmaler, die eine eigene, hochangesehene Zunft bildeten. Die Ritterrüstungen waren anders als die meisten, die wir heute in unseren Museen besichtigen können, bunt bemalt. Das frühe Rittertum kannte nur das anschmiegsame Kettenhemd und den Ringpanzer, die leichter und beweglicher waren. In ihnen konnte man zu Fuß mit Schwert und Schild kämpfen. Die enorme Durchschlagskraft der Armbrust und des englischen Langbogens machten dickere und geschlossenere Panzer notwendig, die so schwer waren, daß sie nur noch zu Pferde getragen werden konnten. Tatsächlich beendete also nicht das Schießpulver die Ritterzeit, sondern die Armbrust.

Über einen Monat lag das Heer des Städtebundes vor Augsburg. Der Januar war fast vorüber, als endlich zum Aufbruch getrommelt wurde. Zunächst ging es gegen Ingolstadt. Der marschierende Heerwurm muß in der winterlichen Landschaft einen malerischen Anblick geboten haben. Vorweg trabte mit flatternden Fahnen die Reiterei. Hinterdrein stapfte das Fußvolk, ein dampfender Flekkerlteppich aus buntem Tuch und Eisen. Den Schluß bildeten die Planwagen des Nachschubs mit fluchenden und peitschenknallenden Knechten, mit dampfenden Ochsengespannen und schreienden Maultieren. Gehöfte am Wege wurden verheert. Berittene Kundschafter sprengten dem hungrigen Heerwurm voraus, um den Bauern Nahrungsmittel und Futter abzupressen. Bezeichnenderweise trugen sie den Namen Brandmeister.

Jetzt zeigte es sich, daß es ein Fehler gewesen war, so lange mit den bayerischen Herzögen zu verhandeln. Sie hatten die Zeit genutzt und alle Dörfer und Weiler räumen lassen. Ställe und Scheunen waren ebenso leer wie die winterlichen Felder. Nirgendwo stieß das Heer auf Widerstand. Die Bayern stellten sich nicht zum Kampf. Sie hatten sich auf ihren Burgen verschanzt. Es fehlte an Verpflegung und Futter für die Pferde. Graf Montfort sah sich genötigt, den Heerhaufen aufzulösen. Ende Februar waren die Rothenburger wieder zu Hause. Erzbischof Pilgrim lag immer noch gefangen auf Burghausen. Erst zu Pfingsten wurde er entlassen.

Kurfürst Ruprecht bemühte sich vergeblich, den Krieg durch einen Friedensvertrag zu beenden. Die Bayern wollten keinen Frieden. Aus einem Brief der Stadt Augsburg an Rothenburg vom 25. Juni 1389 erfahren wir, daß Herzog Stefan von Bayern mit vielen Rittern und Knechten der Stadt arg zusetzte: »Er beschädigt uns täglich mit Brand und Raub.«

König Wenzel, als oberste Autorität, hatte zwar auf Johanni eine Friedenskonferenz in Bamberg festgesetzt, die dann aber nicht stattfand, weil der König nicht erschien. Die Jagd hatte ihn unabkömmlich gemacht. Inzwischen hatten sich die rheinischen Städte mit dem Schwäbischen Städtebund verbündet. Kurfürst Ruprecht fühlte sich bedroht. Am 27. Juli erklärte er den Schwaben den Krieg. Die bayerischen Herzöge jubelten. Endlich hatten sie ihr Ziel erreicht. Wie sehr alle Fürsten auf diesen Augenblick gewartet hatten, erkennt man an der Eile, mit der sie ihre Fehdebriefe bei den Städten abgaben. Natürlich waren auch die Burggrafen und der Bischof von Würzburg mit von der Partie. In Franken, wo bis dahin noch Frieden geherrscht hatte, erklärte der Bischof von Würzburg als erster den fränkischen Städten den Krieg. Auf Rothenburg regnete es Fehdebriefe herab. Die Stadt wandte sich hilfesuchend an den Bischof Lamprecht von Bamberg. Er sollte »um des Friedens willen« vermitteln. Als Antwort schickte er seine Kriegserklärung. Man schrieb den 1. August 1389. Am gleichen Tag übersandten auch die jungen Burggrafen ihre Fehdebriefe. Friedrich war zu der Zeit erst fünfzehn Jahre alt. Er sammelte den niederen Ritteradel um sich. Der Hochadel, die Hohenloher, die von Wertheim und Pappenheim, hielten sich zurück. Die Räuber waren unter sich.

Am 30. August wurde der Schwäbische Städtebund in der Schlacht von Döffingen besiegt. Nun wandten sich die hohen Herren nach Franken, aber nicht – wie man doch meinen sollte – gegen das reiche und einflußreiche Rothenburg, sondern gegen Windsheim, das bis 1235 den Bischöfen von Würzburg gehört hatte. Nun sollten die widerspenstigen Schafe wieder eingefangen werden. Man wollte sich die kleine Stadtgemeinde gewissermaßen als Vorspeise einverleiben, bevor das große Fressen begann. Rothenburg, selber arg bedrängt, vermochte Windsheim nicht beizustehen. Nürnberg, das mit Windsheim einen

Hilfspakt geschlossen hatte, stand zu seinem Wort. Es fiel mit seiner Bürgerwehr über die burggräflichen Bauern her und steckte ein Dorf nach dem anderen in Brand. Die Belagerung von Windsheim wurde abgebrochen. Ein Teil der Angreifer eilte gegen die Nürnberger, der Rest zog plündernd und brandschatzend durch die Lande. Leider gibt es keine zeitgenössischen Überlieferungen über die kriegerischen Auseinandersetzungen vor den Mauern Rothenburgs. Doch es muß Gefechte gegeben haben, denn spätere Chronisten berichten: »Am 7. Januar 1389 zogen 132 Rothenburger aus, um die Feinde zu schädigen. Sie erbeuteten ein Dutzend Bauern und viel Vieh. Auf dem Heimweg in Sichtweite der Stadt fielen plötzlich zweihundert berittene Feinde über sie her. Die meisten Rothenburger wurden erschlagen.« In einer Chronik werden sogar die Namen der beteiligten Ritter aufgeführt, die mit ihren Knechten gnadenlos auf die überraschten Rothenburger einschlugen. Am ärgsten muß der Ritter Hans von Seldeneck gewütet haben. Er ritt durch die Reihen der Verwundeten, um sie mit seinem Speer abzustechen und erschlug in seinem blinden Haß selbst die Gefangenen.

Wo aber war Heinrich Toppler? So unglaublich es klingen mag: Der Anführer der fränkischen Städte befand sich während dieser ganzen Zeit außer Landes. Gemeinsam mit dem Nürnberger Ratsherren Ebner war er nach Prag geritten, um den König für die Sache der Städte zu gewinnen. Die Tatsache, daß sie von dieser Reise erst nach Wochen wieder zurückkehrten, läßt vermuten, daß Wenzel sich wieder einmal zu keiner Entscheidung hatte durchringen können. Nach langen Kämpfen, in denen sich die Parteien gegenseitig großen Schaden zugefügt hatten, ohne daß eine daraus als Sieger hervorgegangen war, besann man sich endlich auf den Frieden.

Auf einer Tagung in Nürnberg einigten sich die beteiligten Parteien darauf, alle Gefangenen freizulassen und keine Ersatzansprüche für die durch Brand und Plünderung entstandenen Schäden zu erheben. Die Leidtragenden waren dabei wie immer die Bauern. Im Frieden zu Eger am 5. Mai 1389 wurde der Streit endgültig beigelegt. König Wenzel stellte sich auf die Seite der Fürsten und unterstützte ihre Forderungen. Die Städte wurden als Friedensbrecher gebrandmarkt. Wenzel erklärte alle Städtebündnisse für gesetzeswidrig und verbot sie für alle Zeiten. Damit beraubte er die Städte ihrer wichtigsten Verteidigungswaffe, denn nur vereint waren sie stark genug, um sich gegen ihre Feinde wehren zu können. Durch den sogenannten »Bösen Schiedsbrief« verlor Rothenburg weitgehend seine Gerichtsbarkeit. Die Rechte des Landgerichtes wurden bis zur Bedeutungslosigkeit beschnitten. Es war noch keine zwei Jahre her, daß König Wenzel seinen treuen Städten das königliche Versprechen gegeben hatte, sie in allen ihren Rechten, die sie von ihm und anderen Kaisern und Königen erhalten hatten, zu belassen. Uns ist noch ein Schreiben erhalten geblieben, in dem Heinrich Toppler und Peter Kreglinger gegen den »Bösen Schiedsbrief« Einspruch erheben. Genutzt hat es nichts.

Trotz der vertraglichen Abmachung, daß alle Kriegsschäden als beglichen zu betrachten seien, stellte der Bischof von Würzburg private Wiedergutmachungsansprüche an Schweinfurt. Er forderte 9000 Gulden. Weiter forderte er, die Stadt solle alle ihre Rechte verlieren und unter die bischöflichen Dörfer eingereiht werden. In dieser bedrohlichen Situation trat Heinrich Toppler die Flucht nach vorn an. Er wandte sich an die schlimmsten Feinde Rothenburgs, an die Burggrafen von Nürnberg, und übertrug dem alten Burggrafen das Amt des Schutz- und Schirmherren für die Stadt auf Lebenszeit. Das war ein geschickter diplomatischer Schachzug. Die Burggrafen fühlten sich geschmeichelt. Endlich hatten die Rothenburger erkannt, wer die Herren im Frankenland waren. Die alte Erbfeindschaft war vorübergehend vergessen. Der Bischof von Würzburg mußte auf seine Forderungen verzichten. Natürlich wußte Heinrich Toppler, daß dieser Bund nicht von Dauer war, aber Rothenburg gewann immerhin Zeit. Der Brief an den alten Burggrafen lautete: »Wir, die Bürgermeister, Räte, Bürger und Gemeinde, bekennen mit diesem Brief, daß wir mit dem Hochgeborenen Fürsten, unserem gnädigen Herrn Friedrich, Burggraf zu Nürnberg, geredt haben und übereingekommen sind, daß er, so lange er lebt, unser Pfleger und Fürsprecher sein soll. Dafür wollen wir ihm so lang er lebt, alle Jahre am St. Peterstag 4000 Gulden zahlen. Und wenn er nicht mehr ist – da Gott vor sei! – so sollen wir und unsere Stadt aller Verpflichtungen ledig und los sein.« Aus diesem – vermutlich von Toppler verfaßten – Schreiben geht eindeutig hervor, daß die Stadt trotz aller Rivalität dem alten Burggrafen vertraute, nicht aber dessen Söhnen.

Wichtigstes Bollwerk war die Mauer. Sie hielt den Feind draußen. Wie aber schützte sich die Stadt vor dem Feind innerhalb der Mauern?

In Rothenburg gab es gefährliche Schwachstellen, Fremdkörper im Stadtstaat, Eiterbeulen im eigenen Fleisch. Es waren dies die Klöster des Johanniter- und des Franziskanerordens, die Deutschordens-Komturei und das Dominikanerinnenkloster. Die Johanniter unterhielten seit Barbarossas Zeiten eine Art Herberge für Ritter und durchreisendes kaiserliches Gefolge. Aufgrund der schwachen Vermögenslage des Ordens waren sie aber schon bald gezwungen, die Stadt um wirtschaftlichen Beistand zu bitten. Dieser wurde ihnen zwar gewährt, aber damit geriet das Kloster immer mehr unter den Einfluß der Stadt.

Der Deutsche Orden war politisch einflußreich und verfügte über reichen Besitz in Franken. Da er innerhalb der Stadt als einziger Orden eine Pfarrei betreute und eine Klosterschule hatte, übte er großen Einfluß aus. Der Orden hatte das Recht und die Pflicht, »10 Priester und nicht minder zu halten«, die mit Messen und allem Gottesdienst löblich und ehrlich dienen sollten. Dafür erhielten sie von bestimmten Ländereien ein Zehnt der Ernteerträge. Die Schulmeister erhielten Nahrungsmittel und »ein Fuhrwerk Holz vor die Tür«, dafür, daß sie die Kinder »im Singen und Lesen und anderen Sachen, wie es sich seit altersher gebührt«, unterrichteten. Die Mitglieder des Deutschen Ordens waren von adliger Herkunft. Sie fühlten sich den Rothenburgern haushoch überlegen. Wie anders soll man sonst den Ausspruch eines Ordensmannes deuten, in dem er seinen Orden als »von edlem Blut« rühmt und die Bürger als »Vieh von fallend Übel« beschimpft.

Es gab in Rothenburg auch noch einen Franziskanerorden, der mit der Stadt so eng verwachsen war, daß sich die Franziskaner als Bürger Rothenburgs bezeichneten.

Der empfindlichste Fremdkörper in der Stadt war das Dominikanerinnenkloster. Die adeligen Nonnen, aus allen Teilen Süddeutschlands stammend, bezogen nicht nur ganz unverhohlen Partei für die adeligen Stadtfeinde, sondern spionierten sogar für sie. Heinrich Toppler hatte es sich zur Aufgabe gemacht, diesen Unruhestifterinnen das Handwerk zu legen. Wie nicht anders zu erwarten, stieß er mit seinem Vorhaben auf heftigen Widerstand, denn die adeligen Fräuleins genossen nicht nur päpstliche und kaiserliche Privilegien und hatten einflußreiche Verwandte an allen europäischen Höfen, sondern waren auch überaus reich mit irdischen Gütern gesegnet. Sie genossen Steuerfreiheit und unterstanden wie eine freie Reichsstadt direkt dem Schutz des Kaisers.

Die Stadt behauptete, unter den Stiftsdamen habe sich ein leichtsinniger Lebenswandel breitgemacht. Statt sich vornehm zurückhaltend zu benehmen, würden sie sich immer häufiger frech aufführen. Die Nonnen fühlten sich durch diese Anklagen bedroht und riefen Kaiser Karl um Beistand an, der ihnen in Form eines weiteren Schutzbriefes gewährt wurde. Wie verworren jedoch die Verhältnisse in jenen Tagen waren, wird dadurch offenkundig, daß die Dominikanerinnen kurz darauf um Schutz vor ihren eigenen Standesgenossen bitten mußten, denn der Ritteradel plünderte die klösterlichen Besitzungen. Nun blieb dem Kaiser nichts anderes mehr übrig, als die Nonnen dem Schutz der Stadt zu empfehlen. Aber verständlicherweise zeigten die Bürger der Stadt keine große Neigung, die adeligen Damen vor ihrer mißratenen Verwandtschaft zu beschützen.

Das war genau der Augenblick, auf den Heinrich Toppler gewartet hatte. Er bot ihnen Schutz und verlangte dafür die Unterordnung des Klosters unter die Hoheit der Stadt. 1378 stellten sich die Dominikanerinnen in »Schutz und Schirm« der Stadt. Daß sie das aber nicht freiwillig taten, erkennt man daran, daß die Priorin sich weigerte, ihre Unterschrift unter den aufgestellten Vertrag zu setzen. Der Schirmvogt des Klosters ging sogar so weit, der Stadt den Krieg zu erklären und mußte erst mit Gewalt zur Vernunft gebracht werden. Am Ende wurde das Frauenkloster dennoch der Stadt einverleibt, »zum Nutzen beider Parteien«. In einem Vertrag wurde festgelegt, daß von nun an nur noch jede zweite neuaufgenommene Nonne von auswärtigem Adel sein durfte. Alle anderen mußten Frauen aus der Stadt sein.

An dieser Stelle sei erwähnt, daß die Dominikanerinnen nicht der landläufigen Vorstellung von Nonnen entsprachen. Viele traten erst als Witwen dem Orden bei. Sie hatten Kinder und Enkel. Die Dominikanerinnen waren in der Mehrheit keine scheuen, weltfremden Jungfern, sondern selbstbewußte Damen, die sich nicht so ohne weiteres durch einen diktierten Vertrag in ihren Privilegien beschneiden ließen.

Keine drei Jahre nach der Eingliederung erfahren wir aus der Stadtchronik: »Anno 1381 ward Anna von Rechberg, Klosterfrau, gefangen und in den Klosterkerker gelegt, weil sie das Verbot des Rates mißachtet und während der Fehde zwischen Herren und Städten heimlich Briefe ausgeschickt hat.« Schwester Anna hatte für den Landadel spioniert und geheime Aktivitäten der Stadt verraten. Ihre Berichte warf sie nachts aus dem Fenster. Da das Kloster direkt an der Stadtmauer lag, fielen die Briefe außerhalb der Stadt in die Weinberge. Dort wurden sie von den Meldegängern der Ritter bei Nacht aufgesammelt. Heinrich Toppler aber hatte, wohl wissend, was gespielt wurde, Späher aufgestellt, die nachts die zum Taubertal abfallenden Hänge kontrollierten. Das erfahren wir aus den Rechnungsbelegen der Stadt, die sich diese Überwachung einiges kosten ließ. Heinrich Toppler war entschlossen, das ewige Quertreiben der Nonnen nicht länger hinzunehmen. Sie wurden von nun an in Krisenzeiten rund um die Uhr bespitzelt. Die erhalten gebliebenen Beobachtungsberichte begannen im Dezember 1395. Aus ihnen geht hervor, daß der Stadt nicht daran gelegen war, die Nonnen wegen Verrats zu überführen. Man wollte ihnen vielmehr sittliche Verfehlungen nachweisen, um gegen sie vorgehen zu können. Mit akribischer Genauigkeit werden hier Nebensächlichkeiten festgehalten, für die Topplers Zeitgenossen normalerweise kein teures Pergament geopfert hätten. Mit dem Unterton der Entrüstung wird immer wieder vermerkt, die Klosterpforten hätten zu lange offen gestanden. Besonders sorgfältig wurden alle Herrenbesuche observiert. Die farbigen Schilderungen des klösterlichen Alltags sind in ihrer Art gewiß einmalig. Nur einige seien als Beispiel aufgeführt:

»An unserer Frauen Tag (8. Dezember)
Nach der Messe standen die Klosterpforten offen bis zur Vesper. In der Zwischenzeit waren viel Leut und fremde Mönch zugegen. Unter ihnen war der Lesemeister Bruder Hermann und der Holzschuhmacher. Der Mönch Hertlin von Mergentheim aß mit den zwei Bäckergesellen des Klosters und nicht daheim mit seinen Ordensbrüdern.«

»St. Lucien (13. Dezember)
Noch vor der Frühmesse wurde die Waschfrau aus dem Kloster gelassen. Das Pförtnerhaus stand offen, als es noch nicht eins geschlagen hatte. Bruder Hermann stand draußen und segnete durch die geöffnete Pforte die Frauen.«

»Am Tag nach Luciae (14. Dezember)
Nach Complett waren die Frauen an den Winden und drehten Almosen nach draußen.« (Winden waren drehtürartige Hohltrommeln, mit denen ließen sich Gegenstände ins Kloster hinein- oder hinausreichen, ohne daß die Nonnen mit Personen außerhalb des Klosters in Berührung kamen.) »Es waren Birnen, Rüben und Wein. Die

Klosterfrauen hatten Kerzen angezündet, und es hatte viel Lachens.«

Am 26. Dezember, der damals als Neujahrstag gefeiert wurde, hören wir »von viel Leut und Kind«. Und auch, daß der Schlosser Veterlin verdächtig oft im Kloster ist, Türschlösser ausbaut und neue einsetzt. Wir erfahren, wie all die armen Leut bei Namen heißen, die beköstigt werden. In der Mehrzahl sind es Frauen. Der Metzger und sein Knecht tragen Speckseiten ins Kloster. Geld wird herausgereicht, sogar ein Brief. Der Spion schöpft Verdacht. Gesang schallt aus dem Kloster, »denn da ward der Wernitzerin Hochzeit«, was hier nur soviel heißen kann, daß eine Novizin als Braut Christi aufgenommen wird. Wir erinnern uns, Heinrich Topplers erste Frau war eine Wernitzerin. Die Familie gehörte zu den reichsten in Rothenburg. Neue, junge bürgerliche Kräfte aus der Stadt wuchsen im Kloster nach. Die Tage der streitbaren alten Adelsdamen waren gezählt.

Die Beschattung des Frauenklosters verlief ergebnislos. Das war ärgerlich, denn Heinrich Toppler brauchte dringend einen Skandal, um gegen die rebellische Klostergemeinschaft vorgehen zu können. Belastendes Material wurde nicht entdeckt, was aber nicht heißen soll, daß die Klosterfrauen grundsätzlich über alle Zweifel erhaben waren. Wir erfahren an anderer Stelle von saftigen Verfehlungen der Dominikanerinnen. So berichtet ein Rothenburger Chronist von der Nonne Bet von Seldeneck, die ein Kind von einem Pfaffen bekam und von der Anna von Staufeneck, die den Kirchenherren von Leutershausen

»begnadete«, schwanger wurde und auf der Kirchweih tanzte. Die Nonne Deuthin und Caslein wurden zusammen mit dem Stadthauptmann bei Nacht in einem Bett überrascht. Eine gewisse Uttenheimerin bekam gar vier Kinder von einem Bäckersknecht. In allen Fällen, von denen hier berichtet wird, muß es sich um entlaufene Nonnen gehandelt haben, denn es ist wohl kaum vorstellbar, daß sie ihre Kinder im Kloster zur Welt brachten.

Nach dem Tod des alten Burggrafen von Nürnberg hatte sich die politische Situation gefährlich zugespitzt. Die jungen Burggrafen rüsteten zum Krieg. Heinrich Toppler, der die tödliche Gefahr für Rothenburg erkannte, wußte, daß er alle Kräfte aufbieten mußte, um gegen die Übermacht der Feinde gewappnet zu sein. Die verräterischen Dominikanerinnen, deren Kloster einen Teil der Stadtmauer darstellte, waren ein Risiko, das sich die Stadt im Ernstfall nicht leisten konnte. Die »letzte Burg des Landadels« innerhalb der eigenen Stadtmauern mußte zerstört werden. Heinrich Toppler wartete nur auf den geeigneten Zeitpunkt.

Im Januar des Jahres 1397 kam es zu einer unerwarteten Annäherung zwischen Rothenburg und dem Bischof von Würzburg, der wieder einmal die Abgaben erhöht und damit den Widerspruch elf fränkischer Städte herausgefordert hatte. Ihren Protest beantwortete er mit dem Kirchenbann. In Würzburg brach daraufhin der Aufstand los. Der Bischof flüchtete in seine Burg auf dem Marienberg. Er befand sich in einer bösen Lage. Er brauchte schnellstens Geld für Söldner und Verbündete, für Waffen und Proviant. Heinrich Toppler ließ erkennen, er sei bereit zu helfen. Der Bischof garantierte im Gegenzug Rückendeckung gegen die Nürnberger Burggrafen. Zudem übertrug er der Stadt Lehensrechte, die diese seit langem angestrebt hatte, und erklärte sich bereit, dem Frauenkloster den Garaus zu machen. Darauf hatte Toppler lange gewartet!

Am 18. Januar 1397 wurden Heinrich Toppler, Peter Northeimer und Conrad Permiter vom Bischof in Würzburg »gar gütlich« empfangen. Er stimmte zu, daß der Orden »sollte beschlossen sein« wegen der »sittlichen Entartung« der Nonnen. Mit dieser schriftlichen Bestätigung des Bischofs ritt Heinrich Toppler nach Nürnberg zum »General des Ordens der Dominikaner«. Dort schilderte er den sittlichen Verfall der Nonnen in so lebendigen Farben, daß der alte und wohl etwas lebensfremde Ordensgeneral sogleich nach dem Meister Eilhard von Sachsen rufen ließ, der innerhalb des Ordens als der schärfste und unnachsichtigste Inquisitor galt. Damit nahm das Drama seinen Lauf.

Meister Eilhard von Sachsen reiste in Windeseile nach Rothenburg. Dort begab er sich aber nicht, wie man erwarten sollte, unverzüglich ins Kloster zu den Ordensschwestern, um deren Stellungnahme zu den Anklagen anzuhören, sondern traf sich mit Heinrich Toppler im Rathaus von Rothenburg, um sich von diesem berichten zu lassen, was vorgefallen war. Erst dann machte er sich mit dem Beichtvater des Konvents auf den Weg, um mit den Nonnen ins Gericht zu gehen. Wie gut und weit verzweigt das Nachrichtensystem der Klosterfrauen war, erkennen wir daran, daß sie den Inquisitor bereits erwartet hatten. Sie hatten das Klostertor verriegelt und ließen ihn nicht ein, wie sehr er auch drohte. Unverrichteter Dinge und vor Zorn bebend kehrte er ins Rathaus zurück und forderte Verstärkung an. Heinrich Toppler rief die Bürgerwehr zusammen.

Johlend und unter lautem Gelächter zogen die Männer gegen den Feind. Wann hatte es das schon einmal gegeben, daß Männer Weiber belagerten? Die Nonnen hatten sich verschanzt. Die Klosterpforte mußte mit Gewalt aufgebrochen werden. Die Priorin, Ursula von Seckendorf, wurde gefesselt und in den Klosterkerker geworfen. Alle übrigen Nonnen flüchteten in ihre Zellen. Der Inquisitor ging sofort ans Werk. Er befahl den mitgekommenen Maurern, alle Fenster zuzumauern, die auf den Klosterhof hinausgingen, weil sie die »Sündenpforten« seien, durch welche die weltlichen Versuchungen des Teufels ins Kloster strömten. Daß dieses Vorgehen gegen die Nonnen von langer Hand geplant war, erkennen wir daran, daß Heinrich Toppler unverzüglich Doppelschlösser herbeischaffen lassen konnte, die speziell für alle wichtigen Ausgangstore des Klosters angefertigt worden waren. Die alten Schlösser wurden herausgerissen und die neuen eingesetzt. Die Sicherheitsvorkehrungen lesen sich wie ein Witz. Die Priorin mußte von innen abschließen und ihren Schlüssel dann durch die Winde dem Beichtvater hinausreichen. Der mußte nun mit seinem Schlüssel die Tür von außen absperren und diesen dann der Priorin hineingeben, damit er nicht in die fleischliche Versuchung gerate, sich den Nonnen bei Nacht zu nähern. Dieses Theater diente nur dazu, den Anschein zu erwecken, daß die Nonnen keinen sittlichen Lebenswandel führten, um damit nach außen hin ihre Gefangensetzung rechtfertigen zu können. Ursula von Seckendorf, die Priorin, ließ sich aber keinesfalls einschüchtern. Als man sie anderntags aus dem Klosterkerker holte, zeigte sie nicht, wie erwartet, zerknirschte Reue, sondern war empört über die Gewalt, die man ihr und dem Kloster angetan hatte. Ihr Auftreten wirkte so überzeugend und würdevoll, daß der Inquisitor fürchtete, das Feuer ihres Widerstandes könne auf die anderen Klosterfrauen überspringen. Sie wurde deshalb in den städtischen Strafturm gebracht, wo sie in ihrem »Trotz verharrte«. Ein Gespräch unter vier Augen mit Heinrich Toppler im Rathaus verlief ergebnislos. Ursula von Seckendorf ließ sich nicht einschüchtern, weder von ihrem Ordensgeneral, noch vom Bürgermeister. Strafe schreckte sie nicht. Sie wußte sich im Recht. Meister Eilhard von Sachsen erklärte nun die Verstockte für abgesetzt und ernannte Topplers Verwandte, Agnes Wernitzer, zur neuen Priorin.

Während all dieser Vorgänge hatte Heinrich Toppler nichts unterlassen, um den Nachrichtenfluß nach draußen zu unterbinden. Die Stadttore waren geschlossen. Die hochadelige Verwandtschaft der Nonnen sollte keine Gelegenheit erhalten, in das laufende Verfahren einzugreifen. Wie reibungslos das schon seit Jahrzehnten bestehende Informationssystem der widerspenstigen Ordensfrauen dennoch funktionierte, erkennen wir daran, daß die adeligen Damen es schafften, aus der hermetisch abgeriegelten

Stadt heraus ihre einflußreiche Verwandtschaft zu alarmieren. Die Tore waren noch verschlossen, als ein reitender Kurier im Auftrag der von Seckendorfs, von Seldenecks und von Seinsheims den Ordensgeneral Raymond auf seiner Heimreise in Nürnberg abfing, um gegen die Gewalt zu protestieren, die den Bräuten Christi durch »weltliche Leut« widerfahren sei. Man verlangte sofortiges Einschreiten gegen die tollwütige Stadt, wenn nötig mit Gewalt. In einem Brief vom 15. Januar 1397 antwortete der Ordensgeneral, er halte »die Reformation« des Klosters für »notwendig und heilsam«.

Der Rat der Stadt gab seinen »mit wohlbedachtem Mut« verfaßten Beschluß bekannt, in dem festgelegt wurde, daß »alle Klosterfenster, die zur Außenmauer herausschauen, zugemauert und nimmer wieder aufgetan werden sollen.« Neue Mauern wurden gezogen, um jeden Kontakt mit der Welt außerhalb der Stadt zu verhindern. Zudem wurden den Nonnen ihre Freiheiten innerhalb der Klostermauern radikal beschnitten. Nur noch zweimal im Jahr durften sie Verwandtenbesuch empfangen und auch das nur in Gegenwart der Priorin und des Beichtvaters. Klosterfrauen, die es wagen sollten, das Kloster ohne ausdrückliche Genehmigung zu verlassen, sollten ein Jahr lang »in des Kerkers Pein gehalten« werden.

Welche Tragödie sich damals tatsächlich abgespielt hat, lassen die Urkunden, Beschlüsse und amtlichen Briefe, die von diesen Vorkommnissen Zeugnis ablegen, allenfalls erahnen. In einem Bericht des Johann von Wallenhausen, der dem Inquisitor bei der Besetzung des Klosters half, finden wir den lapidaren Satz: »Ich habe die Frauen geschlagen bis sie bluteten.« Und aus einem Brief der Priorin an den Burggrafen von Nürnberg erfahren wir noch: »Danach fingen sie unseren Schreiber (Verwalter) und stachen ihm die Augen aus.« Die Urfehdebücher der Stadt bestätigen, daß es sich hier nicht um eine aus Zorn geborene Übertreibung handelte: »Klosterknecht Albrecht wurde geblendet und erhielt Stadtverweis.«

Die Blendung war die typische Leibesstrafe für Verräter. Hatte Albrecht die Nachrichtensperre mißachtet und die Verwandten der adeligen Damen benachrichtigt? Das Amt des geblendeten Verwalters wurde dem weltfremden und unerfahrenen Mönch Johann von Wallenhausen übertragen, weil die neuen Herren des Klosters ihn für ein willfähriges Werkzeug hielten. Offiziell war er für die Verwaltung des Klosters verantwortlich. Hinter dem Rücken der Nonnen händigte er Heinrich Toppler alle Haushaltsbücher und eine Vermögensaufstellung aus und bespitzelte die Nonnen. »Er sagte alle ihre Heimlichkeiten dem Bürgermeister.« Dem Bischof von Würzburg mußte er ohne Wissen der Klosterfrauen heimlich Bargeld und 100 Malter Hafer aus Klosterbesitz aushändigen, was den armen Mönch in tiefe Gewissensnöte stürzte, da er einerseits für die Verwaltung des Klosterbesitzes verantwortlich war und andererseits seinem Bischof Gehorsam schuldete. Wie er auch handelte, er machte sich auf jeden Fall schuldig und mußte um sein Augenlicht fürchten. Er verfaßte einen Beichtzettel und flüchtete bis nach Schwäbisch Gmünd. Sein Orden dankte ihm seine Ehrlichkeit nicht. Er wurde wegen Ungehorsams verstoßen.

Selbst Jahre nach der brutalen Unterwerfung des Klosters traute man den Dominikanerinnen noch jeden Verrat zu. Bürger, die in der Nähe des Nonnengefängnisses »hofierten«, wurden verwarnt und mit Geldbußen bis zu 50 Gulden bedroht. Der Verwalter eines zum Kloster gehörenden Gutes wurde vom Rat für schuldig befunden, mit einer Klosterfrau in gefährlicher Beziehung zu stehen. Nur dank der Fürsprache von hoher geistlicher Seite entging er einer schweren Leibesstrafe und erhielt lediglich Stadtverbot.

Mit der Unterwerfung der Dominikanerinnen hatte Heinrich Toppler zwar einen politischen Sieg errungen, aber moralisch gesehen war seine Handlungsweise verwerflich. Unter dem verlogenen Vorwand, für Moral, Anstand und Sittlichkeit einzutreten, wurden hier Unschuldige verleumdet, geschlagen und geblendet. Die Klosterfrauen wurden von ihrem Bischof verkauft. Mit dem Geld, das die Rothenburger ihm dafür zahlten, würde er Rothenburgs Nachbarstädten an die Gurgel fahren. Die Stadt hatte ihren Vorteil genutzt und einen Feind mehr unschädlich gemacht. Die Dominikanerinnen hatten ihre Freiheit verloren. Der Reichtum ihres Ordens, der ihnen so lange eine freiheitliche Sonderstellung garantiert hatte, wurde ihnen am Ende zum Verhängnis.

Im Sommer 1397 kam es zu einem bezeichnenden Zwischenfall mit König Wenzel. Der König hielt sich nach längerer Abwesenheit wieder einmal in Nürnberg auf. Von dort aus forderte er die Rothenburger auf, ihm zwei Vertreter ihres Rates zu schicken. Von diesen forderte er 10 000 Gulden, obwohl ihm die Stadt gerade erst zwei größere Geldbeträge geschickt hatte. Die Abgesandten beschworen den König, Rothenburg nicht zu ruinieren. Sie wären bereit, Abgaben und Steuern wie alle anderen Reichsstädte zu leisten, aber Beträge in der Höhe, wie der König sie fordere, könnten sie nicht aufbringen. Daraufhin schickte Wenzel einen Brief an den Rat mit dem Befehl, ihm umgehend 6000 Gulden zu schicken. Noch einmal reisten zwei Unterhändler nach Nürnberg. Wenzel, der das Geld dringend zu benötigen schien, ließ sich auf 4000 Gulden herunterhandeln, die allerdings sofort bezahlt werden müßten, ansonsten würde er die Summe auf 10 000 Gulden erhöhen. Die Gesandten baten um Gnade. Der König herrschte sie an, sie sollten nicht so viel reden, sondern handeln, wenn ihnen ihr Leben lieb wäre. Und da er wohl wußte, von wem das Geld kam, beziehungsweise verweigert wurde, fügte er hinzu, sie könnten ihrem Heinrich Toppler ausrichten, daß er ihm den Kopf abschlagen ließe, wenn er es wagen sollte, ihm unter die Augen zu treten. Kurz darauf schickte er der Stadt folgenden Brief: »Unseren Ungetreuen zu Rothenburg, die dem Reiche ungehorsam sein: Einst wollte der Teufel eine Sau scheren, um Wolle zu gewinnen. Enttäuscht sprach er: Viel Geschrei und wenig Wolle. Die Weber aber können nicht leben ohne Wolle. Ungehorsam macht viel Übel.« Die Rothenburger erschraken über diesen düsteren Drohbrief und sannen darüber nach, wie sie noch Geld beschaffen könnten, denn Toppler lehnte jede weitere Zahlung ab. Schließlich zahlte die Stadt dem geldgierigen König noch einmal 2000 Gulden, womit sie allerdings weit unter dessen ursprünglicher Forderung blieb.

Welche außergewöhnliche Canaille muß dieser König gewesen sein? Aber darf man das wirklich so sehen?

Das 19. Jahrhundert verklärte das Mittelalter zu seinem idealistischen Gegenbild. Man träumte von der guten alten Zeit, in der nicht Fabrikschlote die Städte überragten, sondern die Dome. In Wahrheit aber war das Mittelalter eine extrem materialistische Epoche. Es stimmt zwar, daß die Menschen mit einer Intensität um ihr Seelenheil bemüht waren, die sich heute kaum mehr nachvollziehen läßt. Richtig ist aber auch, daß man in dieser Zeit dem Geld eine bis zur Absurdität gesteigerte Verehrung entgegenbrachte. Bezeichnend dafür ist die Inschrift auf der ersten Seite des Hauptbuches von Francesco Datini, eines Großkaufmanns aus Prato: »Im Namen Gottes und des Profits«. Geld war der Schlüssel zu allem. Mit Geld konnte ein kleiner Adliger König oder Kardinal werden. Geheiratet wurde ausschließlich nach materiellen Erwägungen. Um des Geldes willen wurden Juden gehalten wie Vieh, Städte und Rechte verpfändet wie Ware. Selbst das »ius primae noctis«, das dem Herrn das Recht der ersten Nacht einräumte, wenn eines seiner Bauernmädchen verheiratet wurde, war käuflich. Weil so mancher Bräutigam bereit gewesen sein wird, es dem Herren gegen bare Münze abzukaufen, dürfte es weit seltener in Anspruch genommen worden sein, als heute vermutet wird.

Wenzel war also durchaus ein wahrer Vertreter seiner Zeit. Er forderte von seinen Rothenburgern, was die sich von ihren Klosterfrauen genommen hatten. Wer wollte es ihm da verübeln, daß er in seinen Forderungen maßloser war als alle anderen? Schließlich war er der König.

Besser als die meisten Städte war Rothenburg gegen äußeren und inneren Feind gesichert. Wichtiger als Mauern, Wälle und Waffen aber waren Recht und Gerichtsbarkeit. Der Kampf um das Rothenburger Landgericht zieht sich wie ein roter Faden durch die Geschichte der Stadt. Schon Heinrich Topplers Großvater hatte als Mitglied des Rates darum gestritten.

Oberster Gerichtsherr der Stadt war der König. Da er nicht gleichzeitig überall Recht sprechen konnte, ließ er sich durch königliche Beamte vertreten. Diese Schultheißen waren meist Adelige aus dem Umkreis der Stadt. Sie waren es auch, die für die kaiserlichen Kassen die Steuern kassierten.

Von Anfang an war die Reichsstadt daran interessiert gewesen, das Richteramt zu erwerben. Der König blieb dann zwar noch oberster Gerichtsherr, aber die Stadt sprach in seinem Namen Recht. Ein Rothenburger Bürger konnte nur vom Rothenburger Landgericht verurteilt werden. Alle Nichtbürger, vom Bauern bis zum Ritter, unterstanden der Gerichtsbarkeit ihres Herren und waren deshalb deren Willkür ausgeliefert. Die Bürger der Reichsstädte genossen »Herrenrechte«, wenn es ihnen gelang, ihre eigene Gerichtsbarkeit zu erwerben. Das wußten nicht nur die Städte, sondern auch der Adel. Entsprechend hart wurde um dieses Privileg gerungen. Das Stadtrecht war für die Unabhängigkeit der Stadt so lebenswichtig wie ihre Mauern.

Das mittelalterliche Rechtswesen ist mit dem heutigen nicht vergleichbar. Es basierte auf den zehn Geboten. Im Sachsenspiegel heißt es: »Gott selbst ist das Recht. Deshalb liebt er das Recht. Wer vom Recht abweicht, versündigt sich an Gott.« Das Recht war Teil der göttlichen Schöpfung. Es brauchte nicht erst gesetzt zu werden. Aus diesem Grund finden wir keine einheitlich kodifizierte Rechtsordnung. Aus unserer Sicht war das mittelalterliche Rechtssystem ein unüberblickbarer Irrgarten. Denn so wie jede Region und jede Stadt ihre eigenen Maße und Gewichte hatte, so hatte sie auch ihr eigenes Recht. Doch damit nicht genug. Auch jeder Stand hatte noch seine eigenen Gesetze.

Urteile wurden gefällt nach Resten des römischen Rechtes, nach kanonisch-kirchlichem Usus und nach heidnischem Brauch, je nachdem, wie es dem Rechtsprechenden am vorteilhaftesten erschien. So galt zu Lebzeiten Topplers im deutschen Reich noch immer der Sachsenspiegel, eine Sammlung alter, zum größten Teil noch auf germanischer Rechtsvorstellung basierender Gesetze, die im 13. Jahrhundert zusammengetragen und schriftlich niedergelegt worden waren. Die Richtsprüche erinnern bisweilen an salomonische Weisheit. So galt bei der Aufteilung einer Erbschaft unter zwei Söhnen: Der ältere darf die Hinterlassenschaft in zwei Haufen teilen, und der jüngere darf danach wählen, welchen Teil er haben will. Geisteskranke konnten nicht bestraft werden. Allerdings mußten sie Narrenkappen und Schelmengewänder mit aufgenähten Schellen tragen, zur Warnung ihrer Mitmenschen. Priester, Frauen und Juden unterstanden dem Königsfrieden. Wer sich an ihnen vergriff, machte sich doppelt strafbar, nach königlichem und städtischem Recht. Den höchsten Schutz genossen Schwangere. Eine allgemein rechtsgültige Frist verjährte grundsätzlich nach einem Jahr und einem Tag. Daher stammt noch unsere Redewendung »nach Jahr und Tag«. Neben salomonischer Weisheit und pfiffiger Bauernschläue prägt auch schwärzeste Barbarei das mittelalterliche Rechtswesen. So wurden Streitigkeiten oft durch Zweikämpfe und Gottesurteile entschieden. Bei der *Feuerprobe* beispielsweise mußte der Angeklagte ein heißes Eisen anfassen. Zog er sich dabei Brandwunden zu, so wurde das als Beweis seiner Schuld ausgelegt. Noch heute erinnern bestimmte Redewendungen in unserer Sprache wie »da kannst du Gift drauf nehmen« oder »dafür lege ich meine Hand ins Feuer« an die damaligen Rechtspraktiken. Man war fest davon überzeugt, daß die Wunden eines Erschlagenen sich öffnen und bluten würden, wenn sein Mörder an die Bahre trat. Der Sachsenspiegel forderte bei einem Notzuchtverbrechen nicht nur die Bestrafung des Täters. Auch das Haus, in dem das Verbrechen geschehen war, mußte zerstört werden. Alle im Haus anwesenden Tiere, die »Zeugen« der Tat geworden waren, mußten ebenfalls getötet werden. Überhaupt wurden Tiere nach damaligen Recht wie Menschen angeklagt und abgeurteilt. Wölfe und tollwütige Hunde wurden gehängt, gevierteilt und gerädert. Bekannt ist uns der Fall, daß ein Hausschwein, das einen Säugling zertrampelt hatte, bei lebendigem Leibe begraben wurde. Heuschrecken und Maikäfer wurden mit dem Kirchenbann belegt und aus der Schöpfung ausgestoßen. Tote Straftäter wurden wieder ausgegraben, um ihnen noch im nachhinein den Prozeß zu machen. Wurden sie für schuldig befunden, dann wurden selbst noch ihre Überreste zur Anprangerung ihrer Schande verbrannt oder zur Schau gestellt.

Begriffe wie Schuldfähigkeit, Tatmotiv oder Wiedereingliederung des Täters in die Gesellschaft waren dem Mittelalter fremd. Dem Täter und den Tatumständen brachte man kaum Interesse entgegen und unterschied deshalb nicht einmal zwischen Mord und Totschlag. Was zählte, war die Bestrafung des Gesetzesbruchs. Mit dem Verbrechen war, Gottes Ordnung gestört worden. Der Schuldige – egal ob Mensch oder Tier, tot oder lebendig – mußte bestraft werden, damit nicht das Böse über das Gute siegte.

Die Hinrichtung wurde nicht nur als ein Akt der Abschreckung, sondern vor allem als ein Akt der Sühne begriffen. Die Leiden, die der Verurteilte auf sich nahm, befreiten ihn von seiner Schuld. Der Leib des »armen Sünders« mußte gemartert und gerichtet werden, um seine Seele vor dem Fegefeuer zu bewahren. Im Zustand der Reue, mit den Tröstungen der heiligen Sakramente versehen, nahm er die schrecklichsten Folterqualen auf sich, um den Höllenqualen zu entgehen. Aus diesem Glauben heraus sahen viele Verurteilte ihrer Hinrichtung so gefaßt entgegen. Es wird berichtet, daß es welche gab, die sich unter dem Galgen bei ihren Mitmenschen dafür bedankten, ihre Schuld sühnen zu dürfen. Sie ermahnten die Herbeigelaufenen, den Pfad der Tugend nicht zu verlassen und baten ihre Henker, sie möglichst viele Qualen erleiden zu lassen, um dadurch das ewige Leben zu gewinnen. Von einem jungen Brandstifter, der zum Tod auf dem Scheiterhaufen verurteilt worden war, heißt es in den Annalen: »Und so sehr brachte er die Herzen in Rührung, daß alle Zuschauer in Tränen des Mitleids vergingen. Sein Ende war das schönste, das man je gesehen hatte.« Öffentliche Hinrichtungen erfreuten sich solcher Beliebtheit, daß manche Städte sich Verurteilte aus Nachbargemeinden kauften, um sie auf dem eigenen Marktplatz rädern, verbrennen oder vierteilen zu können.

Erstaunlicherweise existierte neben den grausamsten Hinrichtungsarten eine recht willkürlich anmutende Begnadigungspraxis. In einigen Gegenden hatte der Henker das Recht, jeden zehnten Todeskandidaten laufen zu lassen. Die Äbtissinnen mancher Klöster besaßen das »Losschneidungsrecht«. Sie konnten einen armen Sünder vor dem Galgen bewahren. Wenn sich eine Jungfrau fand, die den Verurteilten zum Ehemann wollte, so wurde er ebenfalls freigelassen, ganz gleich, was er verbrochen hatte und wie groß seine Schuld war. Selbstverständlich konnte auch der Landesherr jeden Strolch begnadigen, und die Reichen konnten sich und ihre Angehörigen häufig freikaufen.

Zur Zeit Heinrich Topplers war der Beruf des Henkers noch jung; es gab ihn erst seit Ende des 13. Jahrhunderts. Davor war der Verurteilte von der Sippe des Klägers oder von seiner eigenen Familie hingerichtet worden. Das Scharfrichteramt ist eine Erfindung der Städte. So wie sich im Schutz der Stadtmauern die einzelnen Handwerker spezialisierten, die nur noch Leder gerbten, Brot buken oder Dächer deckten, so war es mit der Zeit unumgänglich, jemanden einzustellen, der die Aufgabe übernahm, »die schädlichen Leut« an »Leib und Leben« zu strafen. Aus dieser Notwendigkeit heraus entwickelte sich der Beruf des Henkers, Schinders oder Scharfrichters. Von Anfang an war der Henker von einem Tabu umgeben. Er wohnte isoliert von den anderen Menschen an der Stadtmauer. Er durfte die Kirche nur durch eine separate Pforte betreten. Der Besuch von Badestuben, Wirtshäusern und Veranstaltungen waren ihm und seiner Familie untersagt. Es soll vorgekommen sein, daß eine zum Tode verurteilte Kindsmörderin, vor die Wahl gestellt, den Scharfrichter zu heiraten oder ertränkt zu werden, die Hinrichtung vorzog. Zu groß war das Grauen vor dem Scharfrichter. Wer einen Henker berührte, selbst wenn es nur aus Unwissenheit oder aus Versehen geschah, wurde unrein. Deshalb fand sich weder ein Arzt noch eine Hebamme, die das Haus eines Scharfrichters betreten hätten. Und sogar die Leichenträger weigerten sich, seine sterblichen Überreste zu bestatten, da selbst diese noch als unberührbar galten.

Der Henker war wie ein afrikanischer Medizinmann von einem geheimnisvollen Grauen umgeben. Wie keinem anderen traute man ihm übernatürliche Kräfte zu. Seine Tinkturen und Salben galten als zuverlässige Medizin. Noch im 18. Jahrhundert galt »Mumienlatwerge«, ein vom Henker aus dem getrockneten Fleisch Hingerichteter hergestelltes Arzneimittel als eine Art Antibiotikum, das gegen viele Leiden half. Trotz der Berührungsangst, die man ihnen gegenüber empfand, wurden Henker zuweilen selbst vom Hochadel ans Krankenlager gerufen, da viele von ihnen im Ruf standen, gute Ärzte zu sein. Aufgrund der damaligen Verstümmelungs- und Hinrichtungspraktiken verfügten sie über bessere Kenntnisse der menschlichen Anatomie als die studierten Mediziner, denen das Sezieren von Menschen grundsätzlich verboten war.

Von einem mittelalterlichen Henker wurde verlangt, daß der Kopf des Verurteilten beim ersten Hieb fiel. Wenn ihm das nicht gelang, wurde er nicht bezahlt und mußte darüber hinaus noch den Zorn der empörten Menge fürchten. Wie weit es einige der Henker in ihrer Fertigkeit brachten, zeigt der überlieferte Bericht über einen Nürnberger Henker, der zwei Verurteilte mit einem Schlag enthauptete. Wer je ein mittelalterliches Richtschwert in der Hand gehabt hat, wird sich vorstellen können, daß ein Henker nicht nur über anatomische Kenntnisse, sondern vor allem über eine entsprechende Körperkraft verfügen mußte. Der Berner Henker, der 1444 an einem einzigen Tag die gesamte Zürcher Besatzung von Greifensee, 72 Mann in sechs Stunden, enthauptete, muß eine wahre Zehnkämpfernatur gewesen sein.

Von 1394 bis 1404 wurden im Rothenburger Urfehdebuch folgende Leibesstrafen protokolliert:

4 Enthauptungen wegen Meineides,
3 Blendungen wegen Verrats an der Stadt,
1 Verkümmerung (Tod durch Verhungernlassen),
1 Eingrabung bei lebendigem Leib,
1 Verbrennung wegen gedungener Brandstiftung.

Weiter wurden in diesem Zeitraum 16 Verbannungen ausgesprochen. Die Größe des Bannkreises wurde nach Flüssen angegeben, so zum Beispiel »Stadtverbot über den Neckar«. Die Zeit der Verbannung reichte von vier Wochen bis »auf ewig«, wobei manche Urteile »mit Gnade« und andere »ohne Gnade« ausgesprochen wurden. Tod durch Hängen, wobei der Verurteilte am Hals oder an den Füßen aufgeknüpft wurde, galt als die schändlichste Hinrichtungsart. Sie wurde grundsätzlich bei Diebstahl verhängt. Besonders entehrend war, daß der Leichnam nicht vom Galgen abgenommen werden durfte. Aus einer Chronik der Stadt Augsburg wissen wir, daß im Jahre 1471 gleichzeitig die Leichen von 32 Dieben an Galgen hingen. Das wird aber nicht etwa als Sensation herausgestellt, sondern gewissermaßen als Normalfall angesehen. Der Galgenkamp, die höchste Erhebung vor den Toren der Stadt mit mehreren Dutzend Gehenkten, gehörte wie der Kirchturm zu jeder Stadtsilhouette. Noch im 18. Jahrhundert hingen in Stuttgart die sterblichen Überreste eines Gehenkten über drei Jahre am Galgen, wo sie allmählich in Wind und Wetter mumifizierten, nachdem die Raben, die man Galgenvögel nannte, dem Geschändeten Augen und Eingeweide aus dem Leib gepickt hatten.

Neben der Todesstrafe kannte das Mittelalter eine ganze Reihe von Verstümmelungsstrafen, die auch in Rothenburg häufig angewandt wurden. Dabei galt das Ausstechen beider Augen als schwerste Strafe, das Abschneiden der Ohren dagegen nur als Verwarnung. Meineidigen wurden grundsätzlich die Schwurfinger abgehackt, selbst wenn sie anschließend enthauptet wurden.

Längere Freiheitsstrafen im Sinne unserer Gefängnisstrafen waren unbekannt. Häufig wurden Bürger aus der Stadt verbannt. Auch Geldstrafen wurden oft verhängt, und viele andere Strafen konnten in Geldbußen umgewandelt werden. Was auf den ersten Blick recht human wirkt, kam in Wirklichkeit jedoch nicht selten dem völligen Ruin oder lebenslanger Verschuldung und Unfreiheit gleich, denn die Bußgelder waren oft so hoch angesetzt, daß der Verurteilte sie kaum aufbringen konnte und damit der Willkür des Schuldempfängers ausgeliefert war.

Weiter gab es zahllose Arten von Ehrenstrafen. Sünder wurden an den Pranger gestellt, in einen Käfig gesperrt und ausgestellt oder auf einen Schandesel gesetzt. Das alles geschah auf dem Marktplatz als eine Art Volksbelustigung. Bisweilen mußte der Missetäter eine schimpfliche Tracht tragen oder eine Maske, die ihn lächerlich machte. Im Vergleich zu den Verstümmelungsstrafen und Hinrichtungsmethoden erscheinen uns heute diese Verhöhnungen eher läppisch. Zu einer Zeit jedoch, in der die Ehre mehr galt als das Leben, waren sie ganz besonders grausam. In einer Kleinstadt, in der jeder jeden kannte, kam der Verlust der Ehre dem Verlust der gesellschaftlichen und wirtschaftlichen Existenz gleich. Die Schande traf nicht nur den Angeprangerten, sondern auch seinen Ehegatten und seine Kinder. Wohl deshalb, weil schon geringere Verfehlungen fürchterliche Folgen hatten, kamen schwere Verbrechen innerhalb einer städtischen Gemeinschaft äußerst selten vor.

Rothenburgs Strafregister berichtet von keinem einheimischen Dieb, von keinem Milch- oder Weinpanscher, von keiner Bäckertaufe. Bäcker, die sich nicht an die vorgeschriebene Größe der Brote hielten, wurden in einen Käfig gesperrt und in den Fluß getaucht. In diesem Zusammenhang ist es sehr aufschlußreich, daß nicht nur das Backen zu kleiner Brote, sondern auch das Backen von zu großen bestraft wurde. Damit sollte wohl ein Konkurrenzkampf zwischen den Bäckern der Stadt unterbunden werden.

Im Gegensatz zu unseren Städten, in denen Ladendiebstahl, Raub und Einbruch an der Tagesordnung sind, waren die mittelalterlichen Städte die reinsten Hochburgen der Tugend. 1388 wurde in Rothenburg ein zugewanderter Dieb gehängt. Bis zur nächsten Hinrichtung eines Diebes mußten fast 100 Jahre vergehen. Aggressionen wurden außerhalb der Mauer im Umgang mit den Stadtfeinden ausgelebt. Hier wurde geraubt, geplündert, gebrandschatzt und totgeschlagen, denn hier diente es ja dem Wohl der Stadt.

Nach unseren Maßstäben wurde Diebstahl viel zu hoch und Totschlag viel zu milde bestraft. Wer sich an fremdem Gut vergriff, wurde gehenkt, während bei Mord oder Totschlag die Todesstrafe nur selten verhängt wurde, außer es handelte sich um einen heimtückischen Mord an Wehrlosen. Totschlag war in einer Gesellschaft, deren Männer ständig bewaffnet umherliefen, so selten nicht. Lappalien, wie ein nicht erwiderter Gruß oder eine ungeschickte oder unangemessene Geste, wurden als Herausforderung empfunden. Die gesellschaftlichen Spielregeln verlangten von einem Mann, daß er seine Ehre verteidigte, wenn es sein mußte auch mit der Waffe. Verwerflicher als Mord war Selbstmord. Wer sein von Gott empfangenes

Leben wegwarf, beging eine Todsünde und verlor das ewige Leben. Auch strafrechtlich wurde der Selbstmord wie ein Schwerverbrechen verfolgt. Das Vermögen des Selbstmörders wurde wie bei heimtückischem Mord beschlagnahmt und vom Landesherrn eingezogen.

Das mittelalterliche Rechtssystem war von einem tiefen Gemeinschaftssinn geprägt. Unrecht, das einem einzelnen widerfuhr, wurde als recht geringfügig eingeschätzt. Verstöße gegen die Gemeinschaft aber wurden unbarmherzig geahndet. Alle schweren Strafen, von denen die Rothenburger Stadtbücher berichten, wurden an Personen vollzogen, die sich an der Stadt »vergangen« hatten. Als schwerstes Vergehen galt der Bruch des Bürgereides, den jeder Rothenburger jedes Jahr zu Walpurgi erneuern mußte. Dabei gelobte er:
– der Stadt treu und dem Rat gehorsam zu sein,
– sein Recht nur vor dem Stadtgericht zu suchen,
– alles sofort zur Anzeige zu bringen, was der Stadt Schaden zufügen könnte,
– alle Steuern ehrlich und pünktlich zu entrichten,
– nicht ohne Genehmigung des Rates wegzuziehen,
– und falls er sein Vermögen aus der Stadt herausnähme, die Nachsteuer zu entrichten.

Wer von einer geplanten Straftat gegen die Stadt Kenntnis erhielt und dies nicht unverzüglich meldete, wurde ebenso bestraft wie wenn er selbst den verbrecherischen Plan angestiftet hätte. Vieles, was uns heute als unbedeutender Übertritt erscheint, galt zu Topplers Zeiten als schwerer Verstoß gegen die Regeln der Gemeinschaft und wurde entsprechend bestraft, wie zum Beispiel:

- das Abreißen einer ausgehängten Ratsverordnung,
- das Überklettern der Stadtmauer, aus welchem Grund auch immer,
- Beschimpfung des Rats und des Bürgermeisters.

Zur Zeit Topplers konnte ein Angeklagter nur verurteilt werden, wenn er ein Schuldbekenntnis abgelegt hatte. Indizien allein reichten zu einem Schuldspruch nicht aus. Verstockte Gesetzesbrecher wurden mehrere Tage in ein finsteres Verlies gesperrt. Dort mit der erdrückenden Last ihrer Schuld alleingelassen, bekannten sie sich oftmals sehr bald zu ihrem Frevel. Die Menschen waren religiös und abergläubisch. Mehr als den Tod fürchteten sie die Hölle.

Alles schien wohl bestellt. Die Stadt war stark wie nie zuvor. Gegen Ende des Jahrhunderts sollte sich jedoch das Kräfteverhältnis zuungunsten Rothenburgs entscheidend verändern.

1398 starb der alte Burggraf von Nürnberg. Zwei Jahre später folgte ihm der greise Bischof von Würzburg. Im selben Jahr wurde König Wenzel abgesetzt und Ruprecht III. von der Pfalz zum deutschen König gekrönt. Die neuen Machthaber waren keine unberechenbaren Gegner, sondern altbekannte Städtehasser und Feinde Heinrich Topplers. Der alte Burggraf, der mit zunehmendem Alter von Rheuma geplagt wurde, mußte seinen Söhnen immer mehr die Zügel der Macht überlassen. Als sich sein gesundheitlicher Zustand dann rapide verschlechterte, war er Pfingsten 1397 gezwungen, die Regierungsgewalt auf seinen Sohn Friedrich zu übertragen, wobei er allerdings einschränkte, daß er diesen Schritt bis Weihnachten wieder rückgängig machen würde, falls ihn die Umstände dazu zwängen. Deutlicher ließ sich sein Mißtrauen gegenüber seinem ehrgeizigen Sohn wohl kaum zum Ausdruck bringen. Ein Jahr später starb er.

Jetzt hatte Friedrich freie Hand. Erstaunlicherweise finden wir in den Rothenburger Chroniken aus jenen ersten

Jahren seiner Herrschaft kaum Klagen über den Burggrafen. Das lag jedoch nicht an seiner friedlichen Gesinnung, sondern vielmehr daran, daß er zunächst damit beschäftigt war, seine Macht anderweitig auszudehnen. Er vermählte sich mit der Tochter des Herzogs Friedrich von Bayern-Landshut, die man »die schöne Els« nannte. Nicht weniger schön waren die Lande, die sie mit in die Ehe brachte. Doch dieser neue Besitz sollte schon bald zum Gegenstand einer erbitterten Fehde werden. Als der Vater der Braut starb, meldeten seine Söhne Erbansprüche an, die sich auch auf die Mitgift ihrer Schwester erstreckten. Es kam zum Krieg. Rothenburg erhielt eine Galgenfrist.

Burggraf Friedrich muß ein sehr gut aussehender junger Mann gewesen sein. Auf jeden Fall muß er dem Schönheitsideal seiner Zeit entsprochen haben, denn die Chronik berichtet, Burggraf Friedrich und die schöne Els seien ein auffallend schönes Paar gewesen. Friedrich war ein höchst gewandter, geistreicher Taktierer, dem es leicht fiel, Menschen für sich einzunehmen. Vor allem besaß er reichlich von jener rätselhaften Gabe, die Caesar mit ›fortuna‹ und Napoleon mit ›fortune‹ bezeichnete. Im Rennen um die Macht setzte er mit schlafwandlerischer Sicherheit stets auf das richtige Pferd. Im richtigen Augenblick unterstützte er Wenzels Absetzung, damit der Königsthron für seinen Schwager, Ruprecht von der Pfalz, frei wurde. Der neue König war also ein naher Verwandter von Topplers gefährlichstem Feind.

»Am 8. November 1400 schloß der greise Fürstbischof Gerhard von Schwarzburg die schmerzmüden Augen. Am Abend eines vielbewegten Lebens, von heftigen Körperleiden geplagt, mußte dieser Fürst auch noch den Schmerz ertragen, das Todesurteil über Hunderte seiner Untertanen fällen zu müssen, welche als Häupter der Empörung ihr Leben verwirkt hatten.« Diesen Satz eines Würzburger Chronisten sollte man mehrmals lesen. Er ist an Zynismus nicht zu überbieten. Der Arme, der in seiner Todesstunde auch noch den Schmerz ertragen mußte, das Todesurteil über Hunderte seiner Untertanen fällen zu müssen, hatte im Herbst 1399 wieder einmal schamlos die Steuern erhöht. Die Würzburger protestierten vergeblich und griffen zu den Waffen. Der Bischof rief die fränkische Ritterschaft zu Hilfe und begann mit der Belagerung der Stadt. Sie sollte ausgehungert werden. In der Nacht vom 11. zum 12. Januar 1400 versuchten 3000 Belagerte einen Ausfall, um Getreide, das in einem Kornspeicher des Domkapitels auf dem Wehrfriedhof bei Bergtheim lagerte, in die Stadt zu bringen. Durch einen Verräter gewarnt, legte sich der Bischof auf die Lauer. Mit 630 Rittern überfiel er die ahnungslosen und vom Hunger geschwächten Bürger. Es kam zu einem ungleichen Kampf. Am 14. Januar zog der Bischof wie ein Eroberer in seine eigene Stadt ein. Er befahl, allen Anführern die Arme und Beine zu brechen und sie aufs Rad zu flechten. Heinrich Toppler bat im Namen Rothenburgs für die unglücklichen Würzburger um Gnade. Der Bischof aber blieb hart. Nur gegen Zahlung einer Wiedergutmachungssumme von 40 000 Gulden wollte er den Überlebenden verzeihen.

Man vermag es nicht zu fassen, wie diese geplagten ausgebeuteten Städter es immer wieder schafften, neben ihren laufenden Steuern solche Beträge aufzubringen. Wieviel Zorn, Leid und Verbitterung verbargen hinter diesen unglaublichen Erpressungssummen.

Nur wenige Tage nach der Beerdigung des Fürstbischofs traf sich das Domkapitel zur Wahl eines neuen Bischofs. Dabei kam es zur Stimmengleichheit für den Freiherrn Johann von Egloffstein und den Grafen Rudolf von Wertheim. Am Ende entschieden der Papst und der König die Wahl. Sie stimmten für Johann von Egloffstein. In ihrer Begründung heißt es, ausschlaggebend sei die »Herzensgüte« des Kandidaten gewesen.

Und in der Tat erweckte er bei seinem Amtsantritt zunächst Hoffnungen bei den Würzburgern. Er versprach ihnen, ihre alten städtischen Freiheiten nicht anzutasten und setzte die Zölle herab, um den Handel zu beleben. Aus dem gleichen Grund zerstörte er auch eine Reihe von kleineren Raubritterburgen. Aber schon bald suchte er die Auseinandersetzung mit Rothenburg. Johann von Egloffstein übernahm die Feindschaft gegen Rothenburg wie eine Erbschaft. Er stellte Gebietsforderungen und sprach Drohungen gegen Rothenburg aus. Obwohl er ein erfahrener Kämpfer war, der vom Kriegshandwerk mehr verstand als von der Seelsorge, beschloß Heinrich Toppler, ihm gleich zu Beginn eine Lektion zu erteilen. Im Jahre 1401, am Tag vor Jakobi, überfielen die Rothenburger das dem Bischof gehörende Städtchen Schwarzach. Durch eine unbewachte Nebenpforte in der Mauer drangen sie in die Stadt ein und verursachten ein schreckliches Gemetzel unter der Bevölkerung. Mit reicher Beute kehrten sie zurück. Der Festungskommandant von Schwarzach, ein Ritter von Seinsheim, wurde im Triumphzug mitgeführt und später öffentlich enthauptet.

Im Jahre 1402 gründete Bischof Johann die Würzburger Universität. Aber schon nach recht kurzer Zeit muß es drunter und drüber gegangen sein, denn im Dezember 1423 wurde der Rektor von seinem Famulus erstochen. Es fand sich kein Nachfolger. Lehrer und Studenten wanderten nach Erfurt ab. Die bischöfliche Hochschule erwies sich als totgeborenes Kind.

Der Alltag überholte die hochgesteckten Ideale. Die mäßigen Steuern vermochten den Stadthaushalt nicht zu tragen. König Ruprecht gestattete 1407 Steuererhöhungen. Außerordentliche Landsteuern wurden eingeführt, dieses Mal auch für den Klerus und den Adel, die bisher immer ungeschoren davongekommen waren. Als der Klerus des Domkapitels sich auf seine Immunität berief und die Zahlung verweigerte, ließ der Bischof 18 Domherren während der Himmelfahrtsprozession 1408 gefangennehmen und in den Keller seiner Festung Marienberg werfen. Der Rest der Geistlichkeit floh daraufhin nach Ochsenfurt, wo sie sich mit dem Adel der Gegend gegen den »von allen guten Geistern Verlassenen« verbündeten. Von allen Seiten bedrängt, mußte der Bischof Ende August seine Domherren freilassen. Kaum der Gefangenschaft entronnen, beantragten diese beim Papst die Exkommunikation des unwürdigen Oberhirten. Im Februar kam es zu einer Einigung, die für die Vetternwirtschaft jener Tage typisch ist. Die Domherren stimmten zu, daß auch die Geistlichkeit besteuert werden dürfe, solange sie selber davon ausgenommen seien.

Wenzel, der sich immer wieder mit seinen Reichsstädten gegen den Adel verbündet hatte, war am 20. August von den vier rheinischen Kurfürsten für regierungsunfähig erklärt worden. Für Rothenburg war das ein besonders harter Schlag, denn im Kreis der Reichsstädte war die Tauberstadt mit Heinrich Toppler an der Spitze so etwas wie Wenzels Lieblingskind gewesen. Der neue König Ruprecht war mit dem Burggrafen von Nürnberg verschwägert. Der König als oberster Herr der Stadt kam also aus dem feindlichen Lager. Zudem war er dem Burggrafen zu höchster Dankbarkeit verpflichtet, weil dieser maßgeblich dazu beigetragen hatte, daß er auf den Thron kam.

Neben ein paar anderen fränkischen Reichsstädten hatte auch Rothenburg dem König noch keinen Treueschwur geleistet, weil es sich immer noch Wenzel verbunden fühlte. König Ruprecht versprach, er werde alle alten Privilegien anerkennen – und stellte sogar neue in Aussicht, falls die Stadt ihm huldigte. Im Mittelalter galten selbst »ewige Verträge« nur so lange, wie die Unterzeichner lebten, beziehungsweise an der Macht waren. Deshalb mußten nach jedem Königswechsel alle königlichen Garantien erneuert werden.

Am 8. Oktober 1401 versammelten sich alle Bürger der Stadt auf dem Marktplatz, um gemeinsam dem König die Treue zu schwören. König Ruprecht, der sich auf einem Kriegszug in Oberitalien befand, hatte seinen Sohn Ludwig geschickt, den er für die Dauer seiner Abwesenheit als Reichsverweser eingesetzt hatte. Bei einer Zusammenkunft in Nürnberg versicherte dieser den Rothenburger Unterhändlern, sie würden in ihren Rechten nicht geschmälert werden. Die besiegelten Urkunden würden ihnen per königlichem Boten zugestellt werden. Welch falsches Spiel Ruprecht mit den Städten trieb, offenbarte sich gleich bei diesem ersten offiziellen Treffen. In Nürnberg sollte auch ein Streit zwischen Rothenburg und dem Bischof von Würzburg geschlichtet werden. Es ging um die Burg Mestelhausen. Ludwigs Schiedsspruch im Namen des Königs lautete, die Burg solle nach Ablauf eines Jahres mit allem Inventar und Umland an Rothenburg zurückgegeben werden. Gleichzeitig aber beauftragte er den Bischof in einem königlichen Schriftstück, die Burg Mestelhausen bis auf die Grundmauern zu zerstören, damit sie Rothenburg nicht in die Hände falle.

Es sollte aber noch schlimmer kommen. Im Oktober 1401 wurde die ersehnte königliche Urkunde, die Ruprecht in Trient unterschrieben hatte, in Rothenburg abgegeben. Ein Privileg aber war nicht bestätigt worden: die Gerichtsbarkeit der Stadt. Heinrich Toppler beschwerte sich daraufhin schriftlich beim König. Der schwieg lange, um sich dann endlich entschuldigen zu lassen: Der Krieg und unaufschiebbare Regierungsgeschäfte hätten ihn in Anspruch genommen. Endlich im Januar 1403, inzwischen war mehr als ein Jahr vergangen, gelang es Rothenburg, sich Gehör zu verschaffen. Heinrich Toppler ritt in Begleitung eines Ratsherren nach Nürnberg, um die versprochene vollständige Bestätigung aller Rechte ausgehändigt zu bekommen. Dort muß eine Art Reichstag abgehalten worden sein, denn wir erfahren, daß »viel große Herren und Fürsten« sich in der Stadt aufgehalten hatten. Sie ließen die Vertreter der Stadt warten. Die Herren hatten

Wichtigeres zu tun. Nach einer Woche vergeblichen Wartens mußte Heinrich Toppler wegen anderer Geschäfte nach Rothenburg zurückreiten. Er ließ den ihn begleitenden Ratsherren mit allen Vollmachten zurück. Kaum hatte sich Heinrich Toppler entfernt, da trat das Hofgericht zusammen. Der Rothenburger Unterhändler wurde aufgefordert, alle Privilegien der Stadt vorzulesen. Dann teilte man ihm mit, in der königlichen Urkunde von Trient sei alles zur Genüge bestätigt worden.

Damit war klar, daß Rothenburg sein wichtigstes Recht verloren hatte. Denn jedes Privileg mußte einzeln und ausdrücklich bestätigt werden, um rechtskräftig zu bleiben. Mit dem Verlust der Gerichtsbarkeit nahm das Unheil seinen Anfang. Der Burggraf von Nürnberg hatte die erste Runde gewonnen. Rothenburg ging schweren Zeiten entgegen.

 Es ist bestimmt kein Zufall, daß Toppler in jenen Tagen sein Testament verfaßte. Alles wurde gerecht aufgeteilt an die Witwe und die Kinder aus erster und zweiter Ehe. Jakob, der Erstgeborene, sollte das »Haus zum goldenen Greifen« erhalten. Neben einer seitenlangen Aufzählung von Ländereien und Lehenseinnahmen wurden auch zwei Bücher aufgelistet, ein Gewissensspiegel und ein Traktat über die Leiden Christi. Toppler dachte auch an seine Bauern. Seine Erben sollten ihnen eine ganze Reihe von Abgaben erlassen. Das Testament schließt mit dem Satz: »Die Stadt möge meinen letzten Willen achten und nichts verändern, um der großen Dienste willen, die ich im Laufe meines Lebens an Rothenburg getan.«

1382 war Topplers erste Frau Barbara gestorben. Sie hatte ihn mit drei kleinen Kindern zurückgelassen. Barbara, die Erstgeborene, war damals wohl schon alt genug, um die Schule zu besuchen, während Jakob, der Lieblingssohn Topplers, allenfalls drei Jahre alt war. Das jüngste Kind, ein Mädchen namens Katharina, war noch im Säuglingsalter. Erst zehn Jahre später, im Juli 1392, heiratete Toppler zum zweitenmal. Die Braut stammte aus Nördlingen und brachte 900 Gulden Mitgift in die Ehe. Da

Margaretha Meyler keine Witwe war und ein bürgerliches Mädchen spätestens mit Mitte zwanzig unter die Haube kam, dürfte Toppler mindestens doppelt so alt gewesen sein wie seine zweite Frau.

In der Zeit, in der Toppler sein Testament niederschrieb, wurde im »Haus zum goldenen Greifen« eine große Doppelhochzeit gefeiert. Jakob Toppler nahm die Patriziertochter Agnes Waldstromer aus Nürnberg zur Frau. Topplers Tochter Katharina wurde mit Andreas Haller, ebenfalls aus Nürnberg, verheiratet. Diese Doppelhochzeit wird gewiß ein großes Ereignis gewesen sein. Heinrich Toppler war ja nicht nur der reichste Patrizier Rothenburgs, sondern auch der Erste Bürgermeister der Stadt.

Obwohl wir keine Beschreibung von dieser Doppelhochzeit besitzen, können wir uns aufgrund anderer zeitgenössischer Berichte ungefähr ein Bild davon machen. Im August 1393 wurde anläßlich der Vermählung einer Zinkbläsertochter mit einem Bäcker in Augsburg ein achttägiges Festbankett abgehalten. 720 Gäste waren geladen. Laut Rechnungsbelegen verzehrten sie: 20 Ochsen, 46 Mastkälber, 95 Schweine, 49 Zicklein, 25 Pfauen, 1006 Gänse, 500 Hühner, 30 Hirsche, 15 Auerhähne, 5000 Schweinswürste und 15 000 Fische, vor allem Forellen, Aale, Hechte und Barsche. Von einer Hochzeit aus Rothenburgs Nachbarstadt Nürnberg wird berichtet, Hans Tucher (1368–1425) habe für die Hochzeit seines Sohnes Endres 177 Gulden ausgegeben. Das entsprach dem Wert von drei herrschaftlichen Stadthäusern. Um diese ruinösen Festgelage einzudämmen, wurden Mäßigungsvorschriften erlassen. Aber vermutlich wurden sie nicht eingehalten, denn sonst hätten sie nicht immer wieder unter Androhung von Strafen bestätigt werden müssen.

Der Ehevertrag zwischen Andreas Haller und Katharina Toppler vom 30. Januar 1405 verrät uns, daß beide Kinder von ihren Vätern eine Mitgift von je 1000 Gulden erhielten, nach damaligen Maßstäben eine gewaltige Summe.

Geschah es rein zufällig, daß beide Topplerkinder in Nürnberger Patrizierfamilien einheirateten? Wie mögen die jungen Leute sich kennengelernt haben? Zwischen Nürnberg und Rothenburg liegen immerhin 80 Kilometer. In einer Zeit ohne Autos und Eisenbahnen, ja ohne gesicherte Straßen, war das eine gewaltige Entfernung. Hatte Heinrich Toppler vielleicht die Absicht, sich allmählich nach Nürnberg abzusetzen? Ahnte er, was sich in Rothenburg gegen ihn zusammenbraute?

Im Sommer 1405 kam es immer häufiger zu Streitigkeiten zwischen Rothenburg und dem Burggrafen. Burggraf Friedrich lud die Reichsstadt vor sein Landgericht in Nürnberg. Dazu hatte er allerdings kein Recht. Denn nachdem Rothenburg seine Gerichtsbarkeit verloren hatte, unterstand es direkt dem königlichen Hofgericht. Heinrich Toppler ignorierte deshalb die Vorladung und Rothenburg wurde in Abwesenheit verurteilt. Nun holte Toppler zum Gegenschlag aus und zitierte seinerseits den Burggrafen vor das Rothenburger Landgericht. Und als der nicht erschien, wurde er zu einer Zahlung von 1000 Gulden Silber verurteilt. Da aber nicht zu erwarten war, daß der Schuldner das Bußgeld beibringen würde, wurde

Rothenburg das Recht zugesprochen, sich an den Besitzungen des Verurteilten schadlos zu halten.

Heinrich Toppler hatte mit diesem Vorgehen seinen ersten schwerwiegenden Fehler begangen. Ganz abgesehen davon, daß das Rothenburger Landgericht vom König urkundlich nicht anerkannt worden war, hatte es dergleichen noch nie gegeben, daß eine Stadt einen Reichsfürsten vor ihr Tribunal forderte. Wohl hatten schon Städte vor dem kaiserlichen Gericht gegen den Hochadel prozessiert und gewonnen, aber einen Fürsten vor das Stadtgericht zu zitieren, kam einer Provokation gleich, die an Ketzerei grenzte.

Burggraf Friedrich rief sein eigenes Landgericht an und erwirkte, wie nicht anders zu erwarten war, ein Urteil, das lautete, Rothenburg sei nicht berechtigt, die Fürsten des Reiches vor sein Gericht zu laden. Die Stadt wurde verurteilt. Dem Burggrafen wurde das Recht zugesprochen, von Rothenburg Besitz zu ergreifen. Sollte er dabei genötigt sein, Waffengewalt anzuwenden, so würde das nicht gegen den Landfrieden verstoßen. Nur fünf Tage später bestätigte das Hofgericht des Königs zu Heidelberg das Urteil gegen Rothenburg. Dabei wurde ganz besonders die widerrechtliche Anmaßung Topplers gerügt, einen Reichsfürsten vor das Rothenburger Landgericht geladen zu haben. Noch am gleichen Tag rief der König die gesamte fränkische Ritterschaft auf, Rothenburg den Krieg zu erklären und dem Burggrafen zu seinem Recht zu verhelfen. Der König rief und alle kamen. Aus den Raubrittern waren über Nacht wieder Kreuzritter geworden.

Heinrich Toppler verbündete sich daraufhin mit dem

Bischof von Würzburg, dem natürlich auch nicht daran gelegen sein konnte, daß sein burggräflicher Nachbar zu mächtig wurde. Rothenburg war nicht länger isoliert. Ein Waffenstillstand folgte, und Toppler gewann Zeit, sich nach weiteren Bundesgenossen umzusehen.

In Marbach waren im September 1405 siebzehn schwäbische Städte ein Bündnis eingegangen, das wie der aufgelöste Schwäbische Bund gegen die Willkür der Fürsten und des Königs gerichtet war. Aber nicht nur die Städte suchten Schutz in diesem Marbacher Bund. Auch der Erzbischof von Mainz, der Markgraf von Baden und andere mächtige Herren hatten sich ihm angeschlossen. König Ruprecht ließ nichts unversucht, diesen gegen ihn gerichteten Machtblock zu schwächen. Er lud Heinrich Toppler nach Heidelberg ein und versprach, den Streit mit dem Burggrafen aus der Welt zu schaffen, wenn Rothenburg dem Marbacher Bund nicht beitreten würde. Toppler erbat sich eine achttägige Bedenkzeit, um sich mit dem Rat der Stadt zu besprechen. Gleichzeitig aber beschwor er den Markgrafen in einem Brief vom 5. Februar, Rothenburgs Aufnahme in den Bund zu beschleunigen.

Wie durch ein Wunder, nein, dank Topplers diplomatischem Geschick, war der Kreuzzug gegen Rothenburg beendet, noch bevor er begonnen hatte.

Die Bürger atmeten auf.

Dann aber handelte der alte Würfelspieler wider den Wahlspruch seines Wappens: »Bescheide dich mit dem zweitbesten Wurf! Fordere das Schicksal nicht heraus!« Toppler wollte zwei Sechsen. Alles oder nichts! Mit dem Bischof von Würzburg als Verbündetem und dem Marbacher Bund als Rückendeckung erneuerte er seine Forderung an den Burggrafen auf Zahlung der 1000 Gulden in Silber, zu der er vom Rothenburger Landgericht verurteilt worden war. Am 9. März wurde dem Burggrafen die gerichtliche Vorladung durch den Landfrieden, der etwa unserer heutigen Polizei entsprach, zugestellt. Die Welt hielt den Atem an: Toppler erneuerte seine provokative Forderung, obwohl das oberste Hofgericht ihn deswegen gerügt und verurteilt hatte. Trotz der Kriegsandrohung der gesamten fränkischen Ritterschaft bestand Heinrich Toppler weiterhin auf seiner Forderung. Am 8. April brach auch der Bischof seinen Vertrag mit Rothenburg und verbündete sich mit dem Burggrafen »gegen den Tollwütigen«.

Heinrich Toppler nahm nun Verbindung mit dem abgesetzten König Wenzel auf. Briefe wurden ausgetauscht. Es ging um Waffen, Söldner und um diplomatischen Beistand. Treue für Treue! Damit begi ng Toppler seinen schwersten Fehler.

Am 25. Mai 1407 verurteilte das königliche Hofgericht zu Heidelberg Rothenburg zu einer Zahlung von 2000 Gulden an den Burggrafen von Nürnberg. Noch hätte der Krieg verhindert werden können, wenn Rothenburg gezahlt hätte. Statt dessen aber beharrte Toppler auf seinem Recht: »Der Burggraf schuldet uns 1000 Gulden.«

Nun mußten die Waffen entscheiden.

Zehn Burgen hatte Heinrich Toppler im Laufe der Jahre als Vorposten für die Stadt erworben: Lichte, Seldeneck, Gammesfeld, Insingen, Gailnau, Nordenberg, Endsee, Habelsheim, Landsberg und Messelhusen. Sie wurden nun mit Proviant und Munition ausgerüstet. Die Listen darüber sind uns überliefert: 6 Säcklein Kugeln, 1 Holzbottich Schießpulver, 1 Blasbalg, 1 Ladehammer, 2 Armbrüste, 1 Hanfseil, 3 Fässer mit Pfeilen, 5 Brustpanzer, 5 Hauben, 5 Paar eiserne Handschuhe, 8 Spieße, 5 Schilde und 18 Sensen als letztes Aufgebot. Die Mannschaftsstärke lag je nach Größe der Burg zwischen 12 und 20 Mann. Die Verteidiger waren aufgeteilt in Armbrustschützen und Feuerschützen und unterstanden einem Burgvogt. Man vermag es nicht zu fassen: Eine Handvoll Männer sollten mit ein paar Säcklein Kugeln und ein paar Fässern Pfeilen eine Festung weit weg von der Stadt gegen eine ganze Armee verteidigen.

Welches Interesse aber konnte der Feind daran haben, diese unbedeutenden Burgen anzugreifen und zu belagern? Hier gab es wirklich nichts zu holen. Warum marschierte er nicht direkt vor die Tore der Reichsstadt, anstatt hier kostbare Zeit zu verlieren?

Ein Troß mit Hunderten von Rössern und Lastkarren,

mit schwerem Belagerungsgerät und noch schwereren Kanonen beladen, konnte sich nur auf gut befestigten Straßen fortbewegen, von denen es im Mittelalter nicht viele gab. Die Burgen aber waren von ihren raubritterlichen Erbauern so angelegt worden, daß sie die Straßen beherrschten. Deshalb waren sie nicht nur ideale Späherposten, sondern eigneten sich auch dazu, die Nachschubwege des Feindes zu kontrollieren. Von ihnen aus konnte die Stadt mit Rauch- und Feuerzeichen vor einem Angreifer gewarnt werden, lange bevor dieser die Stadttore erreicht haben würde. Die Bürger konnten getrost ihren Geschäften nachgehen wie in Friedenszeiten.

Rothenburg verfügte über ein ausgeklügeltes System tief gestaffelter Verteidigungslinien. Wenn nach zeitraubender Belagerung die Vorpostenburgen fallen sollten, würde sich dem Angreifer das nächste Hindernis in den Weg stellen: der Bauerngraben. Mit diesem Kanal konnten die Rothenburger das Wasser des Igelbaches umleiten und so einen weiten Teil des Umlandes überfluten. Von Siechenmühle bis nach Schweinsdorf verwandelten sich dann die Wiesen in einen klebrigen Morast, in dem der Feind mit seinem schweren Belagerungsgerät stecken bleiben würde. Damit aber nicht genug. Nach der Überwindung des Bauerngrabens war ein weiteres Hindernis zu nehmen. In einer baumfreien Ebene versperrte der Hundsgraben den Zugang zur Stadt. Dieser weit vorgelagerte Graben existiert heute nicht mehr. Er konnte nur an elf Stellen überschritten werden. Diese Brückenköpfe besetzte Toppler mit 55 Armbogenschützen. Es heißt, daß in dem mehrere Meter tiefen Graben Bluthunde umhergelaufen seien, die der Verteidigungsanlage ihren Namen gegeben hätten.

Erst nach Überwindung dieser drei Bollwerke stand der Angreifer vor der eigentlichen Stadtmauer, die sich wie eine gewaltige Wand gegen den Himmel reckte. Als Heinrich Toppler zum Bürgermeister gewählt wurde, war sie in ihrer ursprünglichen Form schon zweihundert Jahre alt. Viele Generationen hatten an ihr gearbeitet, aber erst unter Toppler erhielt sie ihre heutige Gestalt. Sie wurde verlängert. Die Mauer der Spitalstadt wurde errichtet, ein enger langer Zipfel mit acht Türmen auf engstem Raum. Aber auch die alte Stadtmauer wurde von Toppler verändert und erweitert. Von den zwanzig Türmen, die noch heute die steinerne Wehr krönen, wurden zwölf erst unter Toppler errichtet.

Der Abstand zwischen den Mauertürmen betrug um die 140 Meter. Dieses Maß ergab sich aus der Schußweite der Armbrüste. Das Feld zwischen den Türmen konnte von den Verteidigern treffsicher bestrichen werden. Die Mauer war in mehrere Wachbereiche aufgeteilt, für die jeweils bestimmte Gruppen verantwortlich waren. Tore und Türme wurden im Kriegsfall von den alteingesessenen Familien bewacht, die darin einen Ehrendienst sahen, den sie als ihr Vorrecht hüteten. Die übrigen Bürger hatten die Wehrgänge auf der Mauer zu verteidigen. Sie waren in Wachgruppen zusammengefaßt. Neun Bürger bildeten eine Rotte. Sie gehörten normalerweise alle dem gleichen Berufsstand an und waren für einen bestimmten Teilabschnitt der Mauer allein verantwortlich. So hatten beispielsweise die Schneider und die Sattler die Talseite der

Stadt zu bewachen, und das »seit ewigen Zeiten«, wie sie stolz behaupteten. Ob dieses Vorrecht eine Auszeichnung war, mag dahingestellt bleiben, denn die Mauer oberhalb des steil abfallenden Taubertales war am stärksten befestigt und brauchte demnach weniger scharf bewacht werden als die anderen Mauerabschnitte. Man konnte sie also getrost den »tapferen Schneiderleins« überlassen.

So erwartete die Stadt den Angriff.

Am 20. Mai 1407 erhielt der Rat eine Nachricht, deren Wortlaut uns nicht überliefert ist. Überliefert ist uns allerdings die Reaktion auf diese offensichtliche Hiobsbotschaft. In den Akten der Stadt heißt es: »Es erfolgte die Einberufung des Fünferrates, der im Kriegsfall gewählt werden muß.« Es gab in Rothenburg ein »Notstandsgesetz«, wonach in Kriegszeiten alle Befehlsgewalt einem Gremium von fünf gewählten Bürgern übertragen wurde. In diesem Gesetz heißt es: »Alle in dieser Stadt, ob arm oder reich, sollen den Fünfen gehorsam sein, wie sie es der Stadt geschworen«. Am 20. Mai wurde der Fünferrat gewählt und Heinrich Toppler der Vorsitz übertragen. Die Stadt befand sich im Kriegszustand. Die erste »Notstandsverordnung« vom 27. Mai lautete:

»Es wird angeordnet, daß sich jedermann einen Vorrat an Korn, Salz und Speck für zwei Jahre anzulegen hat. Alle Waffen müssen in kampfbereitem Zustand gehalten werden. Ohne Genehmigung des Fünferrates darf kein Fremder mehr in der Stadt beherbergt werden. Jeder Haushalt soll sich mit reichlich Wasser versorgen.« Heinrich Toppler ging persönlich von Haus zu Haus, um sich von der Kriegstüchtigkeit aller Vorratskammern zu überzeugen.

Auf Kosten der Stadt wurden Lebensmittel verteilt, vor allem Schmalz und Rauchfleisch, aber auch Heu für das Vieh der Bauern, die sich in den Schutz der Stadtmauer geflüchtet hatten. Berittene Boten jagten durchs Land. Der Kurier Klaus galoppierte zum Bischof von Mainz, dem Vorsitzenden des Marbacher Bundes. Kurier Henslin überbrachte den schwäbischen Städten eine Eilbotschaft nach Ulm. Hilferufe in letzter Minute. »Ach Gott hilf«, schrieb der Stadtschreiber in das Stadtkassenbuch.

Am 18. Juli fand in Mergentheim eine Zusammenkunft zur Rettung des Friedens statt. Die rothenburgischen Gesandten warteten vergeblich auf den König, der versprochen hatte, persönlich zu kommen. Natürlich war auch der Burggraf nicht erschienen. Er wollte den Waffengang. Die Rothenburger hatten ihn herausgefordert. Vor die Schranken ihres Gerichtes hatten sie ihn geladen. Er würde kommen, aber nicht als Angeklagter, sondern als Richter.

Seit Wochen schon hatte der Burggraf den Adel gegen Rothenburg mobilisiert. Am 11. Juli hatte er seinen Vetter, den Markgrafen von Meißen, aufgefordert, Rothenburg den Krieg zu erklären. Der Markgraf ließ sich nicht lange bitten. 54 Lehensleute aus Thüringen folgten seinem Aufruf. Die Zahl der Krieger schwoll lawinenartig an. 2727 Fehdebriefe gingen in Rothenburg ein. Jeder einzelne wurde im Rat laut verlesen. Die Prozedur muß Tage und Nächte gedauert haben. Wer ohne schriftliche Kriegserklärung ins Feld zog, verstieß gegen die ritterlichen Kampfregeln und wurde bei Gefangennahme nicht wie ein Soldat, sondern wie ein ehrloser Strauchdieb behandelt.

Durch die Fehdebriefe erfahren wir die Namen aller adligen Geschlechter, die gegen Rothenburg ritten. Man kann davon ausgehen, daß die meisten Herren mit einer stattlichen Anzahl von Knechten in den Krieg zogen. So wollte beispielsweise Heinz von Kulmbach mit 300 Knechten kommen. Nur so ist es zu erklären, daß insgesamt 10 000 Berittene die Rothenburger Festungen Endsee und Habelsberg belagerten. Die meisten Krieger kamen aus Bayern. Allein der Schwager des Burggrafen, Herzog Heinrich von Landshut, hatte über 700 Lehensleute zusammengetrommelt, die zusammen mit ihren Knechten schon für sich eine Streitmacht von mehreren tausend Mann darstellten. Die Fehdebriefe machen deutlich, wie wichtig familiäre Bande in jenen Tagen waren, in denen Kleinkinder verheiratet wurden, wenn es der Mehrung der Hausmacht diente. Das Heer des Burggrafen war das reinste Familientreffen. Es galt der Satz: »Je größer eine Sippe, um so größer ihre Macht.« Der Bischof von Würzburg, der aufgrund seines kirchlichen Amtes keine Heiratspolitik betreiben konnte und deshalb über weniger weitreichende Familienbeziehungen verfügte, konnte nur wenige Adlige für den Feldzug gegen die Stadt gewinnen. Sein Beitrag zu diesem kriegerischen Unternehmen war der Verrat an Rothenburg, durch den der Feldzug ja erst möglich geworden war. Er selbst sah in seiner Vertragsbrüchigkeit auch keinen Verrat, sondern einen »geschickten Schachzug«. Sein Amtskollege, Bischof Albrecht von Bamberg, wird ähnlich gedacht haben. Von Heinrich Toppler als Friedensunterhändler gewonnen, hatte sich der Bischof zu einem früheren Zeitpunkt als ehrlicher

Makler für Rothenburg eingesetzt. Am 24. Juli aber schickte er den Rothenburgern nicht nur seinen Fehdebrief, sondern auch noch 94 streitbare Lehensleute. Rothenburg verlor einen Freund nach dem anderen. Jeder wollte dabei sein, wenn die Reichsstadt niedergemacht würde. Besonders enttäuschend muß für die Rothenburger die Tatsache gewesen sein, daß auch andere Städte und deren Bürger Fehdebriefe schickten, allen voran Rothenburgs Nachbarstadt Uffenheim.

Unter der Flut der Fehdebriefe stellt der von Jacob Zuckmantel ein Kuriosum dar. Der gebürtige Rothenburger war bereits in jungen Jahren Lehensträger des Burggrafen geworden und war daher verpflichtet, für seinen Lehensherrn zu kämpfen. In dem Fehdebrief an seine Heimatstadt heißt es: »Ich lass euch wissen, daß ich, Jacob Zuckmantel, euer aller Feind sein will, ausgenommen Heinrich Toppler und die Seinen.« Über all die Jahre hinweg war dieser Mann dem alten Toppler verbunden geblieben. Andere waren weniger loyal. Unter den Fehdebriefen finden wir auch den von Hans von Hohenlohe, dem Heinrich Toppler einmal einen seiner wertvollsten Hengste geschenkt hatte. Die Edlen des Frankenlandes rotteten sich zusammen wie die Geier. Beutegierig schlugen die ersten schon vor dem Kriegsbeginn auf eigene Faust los. So fiel Graf Lienhard von Castell schon am 20. Juli in die Rothenburger Lande ein und plünderte Heinrich Topplers Güter Neuweiler und Sengelhof.

Kurz darauf begann die Belagerung der Burg Habelsheim. Ein paar tausend Berittene lagerten vor einer Festung mit 22 Verteidigern. Da sowohl der Burggraf von

Nürnberg als auch sein Landshuter Schwager, Herzog Heinrich, über Kanonen verfügten, werden diese auch zum Einsatz gekommen sein. Zudem erfahren wir, daß der Vetter des Burggrafen, der Markgraf von Meißen, seinen Coburger Kanonenmeister mitgebracht hatte. Nach heutigem Ermessen war die Wirkung dieser Kanonen, mit denen runde Steine abschossen wurden, nicht besonders durchschlagend. Denn sie waren so umständlich zu laden, daß sie nur zwei- bis dreimal am Tag abgefeuert werden konnten. Ende des Monats wurde Habelsheim noch verteidigt. Es existieren Briefe vom 29. Juli mit dem Vermerk »im Lager vor Habelsheim«.

Am 21. Juli, also bereits während der Belagerung von Burg Habelsheim, sprach der König über Rothenburg die Reichsacht aus. Damit waren alle Rothenburger Bürger für vogelfrei erklärt. Außerhalb der Stadtmauern konnte man sie totschlagen wie tolle Hunde, ohne gegen das Gesetz zu verstoßen. Wie Aussätzigen durfte man ihnen keine Unterkunft gewähren. Kein Bäcker durfte ihnen ein Brot verkaufen. Kein Arzt durfte sie behandeln. Kein Priester durfte ihnen die Sakramente erteilen. Eigentlich hätte erst jetzt das burggräfliche Heer gegen die vogelfreie Stadt ins Feld ziehen dürfen, um die Acht zu vollziehen. Statt dessen war die Belagerung bereits in vollem Gange. Nach dem Fall von Burg Habelsheim zog das Heer zur Burg Endsee weiter. Die Verteidiger von Endsee hatten nicht die Absicht, den Heldentod zu sterben. Ihr Festungskommandant, Hans Spengler, übergab die Festung dem Feind. Mit der Übergabe verlor er sein Vermögen, da die Burgkommandanten mit ihrem persönlichen Hab und Gut für die Burg bürgten. Aber gewiß wurde Hans Spengler vom Burggrafen entschädigt, in dessen Dienste er nach der Übergabe der Stadt trat.

Aus einem anderen Brief erfahren wir, daß am 5. August die Belagerung der Burg Nordenberg begonnen hatte. Nach einer Teilbesetzung der Festung flohen die beiden Burgvögte nach Rothenburg, wo sie gefangengenommen und auf dem Marktplatz enthauptet wurden, weil sie feige desertiert waren. Die führungslose Besatzung hatte sich im Hauptturm der Burg verschanzt und verteidigte sich mit zähem Mut gegen die Übermacht der Feinde. Ende August wurde auch Nordenberg erobert. Wahrscheinlich hatte eine Sprengladung eine Bresche in das Mauerwerk geschlagen, denn wir erfahren, daß Hans von Ecke bei der Erstürmung als erster »in die Bresche sprang«. Hans von Ecke erhielt eine Tapferkeitsprämie von 20 Gulden. Die Steuerbücher der Stadt berichten von erschossenen Pferden, aber nichts von Verwundeten und Gefallenen. Spätere Chronisten glaubten daraus den Schluß ziehen zu können, daß es bei den Kämpfen mehr turniermäßig sportlich als wirklich tödlich wie in heutigen militärischen Auseinandersetzungen zugegangen sei. Es stimmt zwar, daß wir nur von Verlusten an Pferden erfahren und nichts von gefallenen Kämpfern. Das liegt aber nur daran, daß für die Kriegsrösser beim Lehnsherr oder vom Verlierer Ersatz gefordert werden konnte, nicht aber für Menschen. Deshalb wurden letztere nicht in den Verlustlisten aufgeführt. Die Tatsache, daß einem Soldaten die beträchtliche Summe von 20 Gulden ausgezahlt wurde, weil er als erster die feindliche Festung erklommen hatte, beweist, wie erbittert gekämpft wurde.

Nach dem Fall von Nordenberg war die nördliche Flanke Rothenburgs ungedeckt. Die Stadt erwartete die

Belagerung. Das Heer der Verbündeten hätte nun zügig gegen Rothenburg marschieren müssen, aber es zögerte. Vor ihm lag das überflutete Land. Es würde noch Wochen dauern, bis die morastigen Wiesen ausgetrocknet sein würden. Und dann mußte erst noch der Hundsgraben genommen werden. Der Sommer würde darüber hingehen. Und was war schon gewonnen, wenn man endlich die Stadtmauer erreichte? Sie galt als uneinnehmbar. Die Stadt mußte ausgehungert werden. Für eine längere Belagerung hatten die Angreifer aber weder genügend Verpflegung noch Geld. Der Unterhalt des Heeres kostete täglich ein Vermögen. Die Felder und Weiden, die jetzt im August reiche Ernte tragen sollten, waren verwahrlost und verwüstet. Die Bauern waren mit ihrem Vieh hinter die Stadtmauer geflohen. Es war nur eine Frage der Zeit, wann den Belagerern der Proviant ausgehen würde. Die Zeit arbeitete für die Stadt. Mit allem reichlich versorgt, gingen die Bürger hinter der steinernen Wehr ihren Geschäften nach, so wie sie es immer taten. Der Feind hatte es nicht einmal geschafft, die Stadt von ihrem Umland abzuriegeln. Berittene Boten trafen ein und jagten davon. Die Archive sind voll von Briefen und Mitteilungen aus jenen Tagen. Man weiß, daß sogar lebende Schafe noch in die Stadt gebracht wurden. Militärisch war Rothenburg nicht in die Knie zu zwingen. Bereits im August waren drei Gesandte des Marbacher Bundes ins Heerlager des Burggrafen gekommen, um über einen Waffenstillstand zu verhandeln.

Der Marbacher Bund war eine Vereinigung von 17 schwäbischen Städten und verschiedenen Fürsten, die ähnlich wie beim Schwäbischen Bund eine Union eingegangen waren nach dem Motto: Vereint sind wir stark! Und das waren sie auch. Selbst König Ruprecht fürchtete die Macht dieses geschlossenen Blockes. Aus diesem Grund hatte er schon im Mai Toppler zu sich gebeten und ihn mit dem Versprechen entlassen, er wolle sich höchstpersönlich zwischen Rothenburg und dem Burggrafen vermitteln und sich für eine friedliche Lösung einsetzen, wenn die Rothenburger nicht dem Marbacher Bund beiträten. Toppler, der sich mit dem König natürlich nicht überwerfen wollte, hatte sich einen zeitlichen Aufschub erbeten, um die Angelegenheit mit dem Rat der Stadt besprechen zu können. Gleichzeitig hatte er jedoch brieflich mit dem Markgrafen Bernhard von Baden wegen der Aufnahme Rothenburgs in den Marbacher Bund verhandelt. Es existiert noch ein Brief an den Markgrafen, den dieser nur fünf Tage später beantwortet. In dem Antwortschreiben heißt es, die Aufnahme Rothenburgs mache gute Fortschritte, die einzelnen Mitglieder müßten die Aufnahmeurkunde nur noch besiegeln. Das alles ist von großer Wichtigkeit für das Verständnis des kommenden Geschehens. Denn der Marbacher Bund wurde vom König zum Schiedsrichter ernannt, um einen Friedensvertrag zwischen dem Burggrafen und Rothenburg auszuhandeln. Wie nicht anders zu erwarten, fiel dieser Vertrag zugunsten Rothenburgs aus, dessen Mitgliedschaft im Marbacher Bund bereits beschlossene Sache war. Heinrich Toppler hatte wieder einmal auf das richtige Pferd gesetzt.

Soweit war es allerdings am 1. September 1407 noch nicht. An diesem Tag begannen erst einmal die Friedensverhandlungen. Ein Waffenstillstand wurde vereinbart. Alle Gefangenen sollten entlassen werden, »Edele Leut« auf ihr Ehrenwort hin, Bürger gegen Kaution, auf daß sie sich nach Beendigung des Waffenstillstandes wieder bei ihren Kerkermeistern meldeten. Die vom Burggrafen eroberten Vorpostenburgen sollten bis zum endgültigen Friedensvertrag in seinem Besitz verbleiben.

Der Burggraf führte sich wie der Sieger auf. Nach den Regeln des ritterlichen Turnierkampfes fiel demjenigen der Sieg zu, der die Verteidigungslinien des Gegners durchbrochen hatte. Hatte er nicht auch Rothenburgs Burgen erobert und den Verteidigungsring durchbrochen? Mit der Einnahme der Burgen war man der Stadt dicht auf den gepanzerten Leib gerückt. Mochten sich die Pfeffersäcke ruhig hinter ihrer Mauer verstecken, an ihrem bäuerlichen Umland würden sie fortan nur noch wenig Freude haben. Das sollten die Rothenburger noch während des Waffenstillstandes erfahren.

Am 17. Oktober beschwerte sich die Stadt schriftlich, daß der Burggraf Friedrich die Rothenburger Bauern im Umfeld der Burg Nordenberg bei der Feldarbeit behindere. Und das, obwohl jetzt jede Frucht gebraucht wurde. Denn der Krieg hatte schlimmeren Schaden angerichtet als die Heuschrecken und die Trockenheit. Was die Pferde des Reiterheeres nicht zertreten und abgefressen hatten, war der Zerstörungswut der Feinde zum Opfer gefallen. Ohne die vollen Kornspeicher der Stadt hätte der Hunger mehr Opfer gefordert als der Krieg. Wir erfahren aus den Kassenbelegen, daß der Rat im September die Getreidescheunen öffnen ließ, um für 3529 Gulden Korn an Bedürftige zu verteilen. Das werden wohl vor allem die Rothenburger

Bauern gewesen sein, die alles verloren hatten. Aber nicht nur die eigenen Leute wurden versorgt, sondern auch einige Nachbarstädte. Selbst einige Adelige, die gegen Rothenburg gekämpft hatten und nun Not litten, erhielten Dinkel für dreieinhalb Pfennig das Malter. Überhaupt hatten die vermeintlichen Sieger mehr unter den Kriegsfolgen zu leiden als der Verlierer. Der Bischof mußte sich vom König die Gnade erbitten, ihm einen Nachlaß auf die Stiftsschulden zu gewähren, da er zahlungsunfähig war. Die finanzielle Lage des Burggrafen war noch katastrophaler.

Heinrich Toppler benutzte die Waffenruhe dazu, Verbündete zu gewinnen. Es existieren noch über 30 Briefe, die in diesen schicksalsschweren Tagen von berittenen Boten durch Deutschland expediert wurden, von Nürnberg nach Mainz und Ulm und bis nach Straßburg. Toppler bat nicht um Waffenhilfe, sondern um Beistand bei den bevorstehenden Friedensverhandlungen, die am 9. Februar in Mergentheim beginnen sollten. Der Burggraf trat dort als Sieger auf. Er beanspruchte nicht nur die eroberten Burgen und die dazugehörigen Vogteien »für alle Zeit«, sondern forderte obendrein, daß die geächtete Stadt für alle Kriegskosten aufzukommen habe. Die Schadensersatzsumme belief sich nach ersten Schätzungen auf fast 1 Million Gulden, was für die damalige Zeit einen ungeheuren Betrag darstellte. Es war wohl allen Beteiligten klar, daß eine Kleinstadt von 5000 Seelen eine solche Summe niemals aufbringen konnte. Und das lag auch gar nicht in der Erwartung des Burggrafen. Er wollte, daß Rothenburg »für alle Zeit« an ihn verpfändet wurde. Was er mit Waffen nicht erreicht hatte, das forderte er nun in den Verhandlungen. Er verlangte die kampflose Übergabe der Stadt. Der König hatte ihn aufgefordert, gegen die geächtete Stadt zu ziehen. Er hatte sich für den König ruiniert. Er besaß also ein Recht auf Entschädigung.

Der Marbacher Bund lehnte diese Forderungen ab. Aus welchen Gründen heraus er das tat, läßt sich unschwer vorstellen. Es konnte nicht im Interesse der Fürsten, Bischöfe und Städte liegen, dem gewalttätigen Hohenzollern durch eine riesige Kriegsentschädigung die Mittel für neue Eroberungskriege in die Hand zu geben. Im Hinblick auf die Rothenburger Getreidelieferungen an Freund und Feind mag sich wohl auch mancher gefragt haben, ob es klug war, eine Milchkuh zu schlachten, um damit einen reißenden Wolf zu füttern. Niemand im Marbacher Bund war an einer Machtverschiebung zugunsten des Burggrafen interessiert. In dem Friedensvertrag vom 8. Februar 1408 heißt es: »Rothenburg steht nicht mehr unter Reichsacht. Kriegsentschädigungen werden nicht gezahlt. Jeder muß seine Kosten selber tragen.« Das war ein enormer Vorteil für die Rothenburger, denn ihre Kriegskosten waren minimal gewesen. Sie hatten nicht einmal zusätzliche Söldner angeworben. Der Friedensvertrag legte weiterhin fest: »Alle eroberten Burgen sind an Rothenburg zurückzugeben«, allerdings mit der Bedingung, daß sie dem Erdboden gleichgemacht werden müßten. Die Gerichtsstreitigkeiten zwischen dem Burggrafen und Heinrich Toppler, die den Krieg ausgelöst hatten, sollten ebenfalls beendet und vergessen sein.

Der Burggraf, der als stolzer Sieger in Mergentheim

eingeritten war, verließ die Stadt als Habenichts. Er war finanziell so gründlich ruiniert, daß er den Familienschmuck versetzen und sein Gesinde entlassen mußte, darunter allein 26 Fleischer und Köche, von denen einer »Hans-verbrenn-die-Würste-nicht« hieß. Der König, der als oberste Reichsinstanz Einspruch gegen den Friedensvertrag hätte erheben können, unterschrieb die Urkunde am 9. Februar 1408. Er hatte gar keine andere Wahl, denn auch seine Macht gründete auf dem Gleichgewicht zwischen den Fürsten und den Städten.

Burggraf Friedrich war der Verlierer des Krieges. Den Sieg hatte nicht eigentlich Rothenburg, sondern Heinrich Toppler errungen, der mit dem Ankauf der Burgen und mit langfristig geplanter Vorratswirtschaft die Stadt vor der Katastrophe bewahrt hatte. Dank seiner persönlichen Kontakte zu den Fürsten und Städten im Marbacher Bund war ein für Rothenburg vorteilhafter Friedensvertrag zustande gekommen. Während die Stadtfeinde sich bis an den Ruin verschuldet hatten, schien Toppler über nicht versiegende Bargeldreserven zu verfügen. Obwohl der Wiederaufbau seiner im Krieg zerstörten Güter sicher ein Vermögen kosten würde, hinderte ihn das nicht daran, selbst während des Krieges neue Ländereien aufzukaufen. 1405 erwarb er Güter in Habelsee und Egersheim und einen wertvollen Baukomplex in der Stadt. 1406 folgten Land und Höfe in Großharbach, Gammesfeld und Ohrenbach, 1407 in Schönbronn. Die Kette der Kaufverträge in den Archiven reißt nicht ab.

Nur wenige Wochen nach dem Friedensvertrag ließ Heinrich Toppler von seinen Schreibern ein Verzeichnis seines Grundbesitzes aufstellen. Dieses sogenannte Salbuch ist uns fast vollständig erhalten geblieben. Laut dieser Aufzeichnung besaß Toppler in Rothenburg und 116 weiteren Orten mindestens 48 Höfe, 230 größere und 50 kleinere Güter, insgesamt 327 landwirtschaftliche Betriebe. Wir erfahren von über 30 Häusern ohne landwirtschaftliche Ertragsflächen und von 3 Dutzend landwirtschaftlichen Anwesen ohne Gebäude. Die waren vermutlich im Krieg niedergebrannt worden. Es folgen die gewerblichen Betriebe: Mühlen, Schäfereien, Weinpressen und Fischteiche, riesige Waldgebiete, Tongruben und Steinbrüche. Die Einnahmen oder Gülten aus diesem gewaltigen Besitz bestanden hauptsächlich aus den Abgaben, die von den »Pächtern« erbracht werden mußten. Diese Abgaben wurden entweder in Form von Geldbeträgen oder Naturalien entrichtet. Die jährlichen Bargeldeinnahmen aus den Lehen betrugen um die 500 Gulden. Allein der Erlös aus dem Verkauf der Getreideabgaben überschritt 5000 Gulden. Dazu kam die Gült von über 1000 Hühnern, von Gänsen, Schweinen, Lämmern und Fischen, Eiern und Käse, Honig und Wachs, Heu und Flachs und von hochwertiger Wolle. Gewinnbringend war auch der Handel mit Zuchtvieh, vor allem mit Turnierpferden.

Mehr noch als alle Ämter und politischen Erfolge dokumentiert das Salbuch, welch mächtiger Mann Toppler war – und das zu einer Zeit, in der es für einen nicht adligen Menschen so gut wie unmöglich war, aus eigener Kraft ein so riesiges Vermögen zu erwerben. Das Handwerk ernährte zwar den Meister und seine Familie, die Gesellen eingeschlossen, aber es hatte keinen »goldenen Boden«, wie es im Sprichwort heißt. Ohne Maschinen konnte die Produktion nicht wesentlich angehoben werden. Und selbst wenn das gelungen wäre, dann hätte es an Absatzmärkten gefehlt. Der städtische Handwerker produzierte zu Topplers Zeiten hauptsächlich für den eigenen Wochenmarkt. Schlechte Straßenverhältnisse und Verluste durch Raubüberfälle, vor allem jedoch eine Unzahl von Gebietszöllen, Brückengebühren und Wegabgaben verteuerten die exportierten Waren derart, daß sie mit den örtlichen Produkten nicht mehr zu konkurrieren vermochten. Das Jahreseinkommen der meisten Bürger lag unter 20 Gulden, wie die Rothenburger Steuerlisten bezeugen.

Wie außergewöhnlich Heinrich Topplers stetiger Vermögenszuwachs war, offenbart sich im Vergleich mit der Vermögenslage seiner Gegner, die über alle Machtmittel verfügten und dennoch dem Bankrott nicht entgingen. Obwohl die Bischöfe von Würzburg über fruchtbare, verkehrsgünstig gelegene Ländereien verfügten und ihre Untertanen bis aufs Blut auspreßten, war ihre Finanzlage chronisch katastrophal.

Bischof Gerhard von Schwarzburg hatte schon von seinem Vorgänger einen Schuldenberg von 300 000 Gulden geerbt, den er gleich bei seinem Amtsantritt durch einen Krieg gegen seine eigene Gemeinde um 140 000 Gulden erhöhte. Andere Kriege folgten. In einem Schreiben vom 18. Mai 1406 beziffert Papst Innozenz VII. die Gesamtschuld des Bischofs von Würzburg auf die unglaubliche Summe von 2,5 Millionen Goldgulden, was für die damalige Zeit ein wirklich phantastisch hoher Betrag war. Erinnern wir uns: Ein Bauerngut oder ein großes Haus in der Stadt kostete Ende des 14. Jahrhunderts 50 Gulden. Dabei muß man sich vor Augen halten, daß der Bischof von

Würzburg kein König oder Landesherr war. Ihm gehörte nicht einmal die Stadt, deren Namen er in seinem Titel führte, auch wenn er sie ständig plünderte. Seine über mehrere Dörfer verteilte Herde umfaßte nicht mehr Seelen als eine heutige Kleinstadt. Die Bischöfe von Würzburg waren im 14. Jahrhundert »Kleinstadt-Oberhirten« mit königlichen Schulden. Sie waren Hochstapler von höchstem Format und benahmen sich entsprechend.

Gleich zu Beginn seiner Amtszeit hatte sich der Bischof eines Wortbruchs schuldig gemacht. Er hatte den Würzburgern das Versprechen gegeben, ihre Rechte nicht anzutasten. Doch nach der gewaltsamen Einnahme der Stadt erklärte er den Rat und die Zünfte für aufgelöst. Es gab keine Bürger mehr, sondern nur noch Untertanen, deren Herr er war. Die Würzburger weigerten sich, die Stadtschlüssel und die Urkundenbücher auszuhändigen. Sie läuteten die Sturmglocken. Der Bischof wurde auf dem Marienberg belagert. Durch Vermittlung von König und Fürsten kam es zu Friedensverhandlungen. Dabei wurde viel versprochen und wenig gehalten. Sechs Jahre später befanden sich die Stadtschlüssel in des Bischofs Gewalt. Bürger, die sich nicht unterwarfen, wurden aus der Stadt verbannt, so wie Hans von Simmringen, der gegen die vom Bischof diktierten Wucherpreise für Lebensmittel protestiert hatte.

Die Tyrannei des geldgierigen Bischofs muß auch für ihre Zeit ungewöhnlich grausam gewesen sein. Es liegen Urkunden darüber vor, daß sich der Kardinal Pileus di Prata im September 1379 aufgrund von Klagen aus höchsten Kreisen gezwungen sah, die Amtsführung des

Bischofs zu überprüfen. Das Urteil des Kardinals muß auf die Betroffenen wie ein Schlag ins Gesicht gewirkt haben. Denn darin heißt es allen Ernstes: »Der Bischof Gerhard von Schwarzburg hält seine Bürger zart, sanftmütig und weiche.« Welch redegewandter und gerissener Diplomat Bischof Gerhard war, wird dadurch offenkundig, daß der König ihn als seinen Gesandten zu vielen schwierigen Verhandlungen schickte. Nur wenige Tage vor seinem Tod erhielt Bischof Gerhard von König Ruprecht den Auftrag, in wichtiger Mission in den Orient zu reisen. Leider ist uns nicht überliefert, aus welchem Anlaß der König einen Bischof zu den Mohammedanern schicken wollte. Vieles spricht allerdings dafür, daß es sich um eines der Geldgeschäfte gehandelt haben muß, bei denen sie gemeinsame Sache machten. Auch schon mit König Wenzel hatte der Bischof manche Intrige eingefädelt. Ihr Meisterstück an Schurkerei stellte das königliche Versprechen dar, Wenzel werde Würzburg unter die Reichsstädte aufnehmen.

Würzburg schmückte sich mit dem Reichsadler. Am 13. Oktober 1397 erfolgte unter unbeschreiblichem Jubel der Stadtbewohner die Aufnahme, allerdings mit der einschränkenden Klausel, daß der Bischof in seinen Rechten, die er »seit altersher, von rechtswegen und in guter Gewohnheit« in Würzburg besäße, in keiner Weise beschnitten werden solle. Im Oktober kam der König nach Würzburg, um den Huldigungseid und sein Gastgeschenk in »barer Münze« entgegenzunehmen. Damit besaß Würzburg den rechtlichen Status einer Reichsstadt. Das Glück währte aber nicht einmal drei Monate. Im Januar 1398 mußte sich Wenzel dem Druck der Fürsten beugen und

Würzburg die Reichsstadtprivilegien wieder abnehmen. Die Frage, ob Würzburg sein Geschenk zurückerhielt, erübrigt sich. Würzburg fiel an den geldgierigen Bischof zurück, nachdem Wenzel ihm die Genehmigung erteilt hatte, die Steuern zu erhöhen.

Gerhards Nachfolger, Johann von Egloffstein, befand sich in der wenig beneidenswerten Situation eines Mannes, der einen hochverschuldeten Betrieb geerbt hat. 1404 wurde er vom Freigrafen von Seldenberg vor Gericht zitiert, weil er nicht in der Lage war, seine Schulden zu begleichen. Der König mußte eingreifen, um den Bischof vor dem Schuldturm und Schlimmerem zu bewahren. Das Kardinalskollegium erließ ihm einen Teil seiner Schulden und hob gnädig die Exkommunikation auf, die wegen seiner enormen Schulden über ihn verhängt worden war.

Der Krieg gegen Rothenburg, der die leeren Kassen füllen sollte, führte den Bischof vollends in den Ruin. Als er 1410 eine Huldigungsgesandtschaft an den neuen König Sigismund schicken wollte, mußte er sein Tafelsilber und alle Festtagsgewänder für 3000 Gulden verpfänden. Es gehört nicht viel Phantasie dazu, sich vorzustellen, mit welchen Gefühlen der Burggraf und der Fürstbischof Topplers Wirtschaftswunder beobachteten. Vor allem der Burggraf war nicht länger gewillt, diese Entwicklung hinzunehmen. Topplers Maß war voll. Wenn diesem Fuchs nicht mit dem Schwert beizukommen war, so würde er ihm eine Falle bauen, aus der es kein Entrinnen geben würde.

Burggraf Friedrich war ein äußerst gerissener Taktierer, in dessen Macht es stand, Könige auf den Thron zu bringen oder zu stürzen, wenn sie seinen Zielen im Wege standen. Um die Größe dieser Tigernatur zu erfassen, ist es nötig, ein paar Jahre zu überspringen und der Zeit vorauszueilen. 1410 starb König Ruprecht. Wer nun aber glaubt, der Tod seines königlichen Schwagers hätte Friedrichs Karriere gefährden können, der würde ihn unterschätzen. Jetzt ließ er sich von Wenzels Bruder Sigismund anwerben, um diesem zur Königskrone zu verhelfen. Für seine Pläne gewann er den Erzbischof von Trier und den Pfalzgrafen, die Sigismund zum König wählten. Die Erzbischöfe von Mainz und Köln dagegen spielten nicht mit. Sie wählten den Markgrafen Jobst von Mähren zum deutschen König. Damit gab es also für eine Zeitlang drei römische Könige im deutschen Reich: Wenzel, der den Königstitel weiterführte, obwohl er offiziell als abgesetzt galt, Wenzels Bruder Sigismund und deren beider Vetter Jobst. Zum Glück für Sigismund und für den Burggrafen starb Jobst eines plötzlichen Todes, an dem Sigismund nicht unbeteiligt gewesen sein soll. In wochenlangen Verhandlungen gelang es daraufhin dem Burggrafen, die rebellischen Erzbischöfe von Mainz und Köln so zu beeinflussen, daß sie ebenfalls für Sigismund stimmten, der dann in Aachen feierlich zum König gekrönt wurde.

Für diese diplomatischen Dienste wurde der Burggraf zum obersten Hauptmann und Verweser der Mark Brandenburg ernannt, die nach dem Tod des Jobst von Mähren gerade herrenlos geworden war. Diese Belehnung war eigentlich nur eine Verpfändung, solange befristet, bis Sigismund dem Königsmacher die 100 000 ungarischen Goldgulden bezahlt haben würde, die er ihm »für geleistete Dienste« schuldete. Das geht eindeutig aus der Erklärung hervor, die die Städte und die Ritterschaft Brandenburgs abgegeben hatten, als sie sich nach dem unerwarteten, plötzlichen Tod des Jobst von Mähren bei Sigismund zur Huldigung einfanden. Darin lassen sie wissen, daß sie dem Burggrafen von Nürnberg, den ihnen der König als Stellvertreter und Verweser in die Mark geschickt habe, »zu seinem Geld« huldigen würden. Sie waren also der offenbar unwidersprochenen Ansicht, daß der stets zahlungsunfähige Sigismund aus Geldknappheit die Mark nur vorübergehend verpfändet hatte; eine Praxis, die die deutschen Könige seit eh und je gepflegt hatten. Mit der Verpfändung der Mark versuchte der Burggraf erneut einen Schachzug, der ihm einige Jahre zuvor, 1408, mit Rothenburg nicht gelungen war. Auch damals hatte er dem König für geleistete Dienste eine Rechnung aufgestellt. Darauf spekulierend, daß der geforderte Betrag nicht aufgebracht werden könnte, hatte er mit der Verpfändung der Stadt an ihn für alle Zeit gerechnet. Was im Falle Rothenburgs an Topplers diplomatischem Geschick gescheitert war, gelang dem Burggrafen mit der Mark Brandenburg.

Obwohl uns das heute unglaublich erscheinen mag, hätte der Burggraf sicherlich das reiche Rothenburg der Mark vorgezogen, denn die »Streusandbüchse des Heiligen Römischen Reiches« galt als wüst und öde, mit Wölfen und Bären behaust. Mit der Belehnung mit der Mark erlangte der Burggraf die Kurfürstenwürde und wurde damit selbst Mitglied des erlauchten Kreises derer, die den König wählten.

»Am 8. Tag nach Ostern wurde der hochwürdige Fürst

Burggraf Friedrich von Nürnberg vor allem Volk und Adel mit der Mark Brandenburg belehnt. Das alles geschah vor Imbiß um die achte Stunde (morgens) auf dem oberen Marktplatz zu Konstanz. Da war vor dem Haus ›Zu den Hasen‹ eine hohe und breite Tribüne aufgebaut, auf der wohl 30 Mann stehen konnten. Die Tribüne und die Wand dahinter waren mit leuchtend goldenen Tüchern behangen, so daß alle, die hinaufschauten, meinten, es brenne von Gold.

Schon bei Tagesanbruch waren alle Posauner durch die Stadt geritten und mit ihnen alle Knechte des Burggrafen mit wehenden roten Fahnen und bunten Wappenschildern. Um die neunte Stunde versammelten sich alle Fürsten vor der Herberge des Burggrafen. Sie gaben ihm das feierliche Geleit bis zum Markt. Alle Fenster waren gesteckt voll mit Volk, als der Burggraf auf den Markt ritt.

Da kam unser Herr, der König, und war in goldenes Gewand gekleidet und hatte eine hohe goldene Krone auf dem Haupte. Als er heraustrat, fingen die Posauner und die Pfeifer im Wetteifer zu blasen an. Dann wurde wieder völlige Stille geboten. Als es ganz still war, rief man Burggraf Friedrich. Der saß ab von seinem Roß und schritt die Stufen hinauf. Und neben ihm trug man die zwei Banner von Nürnberg und der Mark Brandenburg. Da verlieh ihm der König das Kurfürstentum, die Markgrafschaft und auch die Burggrafschaft von Nürnberg.

Dann gab der Burggraf ein Essen für den König, für alle Kurfürsten, Grafen, Ritter und Knechte, für die Bischöfe, Geistlichen und gelehrten Leut, außer den Kardinälen, denn die essen mit keinem Weltlichen. Und der Burggraf beschenkte alle Kanzler des Königs, die Torhüter, die Posauner und Pfeifer und alle Leute königlich.«

Heutige Geschichtsbücher nennen den Burggrafen von Nürnberg und den Bischof von Würzburg in einem Atemzug, als würde es sich um gleichwertige Rivalen Rothenburgs handeln. Der Augenzeugenbericht vom Konstanzer Konzil erinnert uns aber daran, daß Burggraf Friedrich nicht irgendein Adeliger, sondern ein mächtiger Fürst war. Erst vor diesem Hintergrund versteht man, wie provozierend Topplers Schritt war, einen so hohen Herren vor ein Landgericht zu zitieren. Als Stammvater des Hauses Brandenburg-Hohenzollern ist der Burggraf von der späteren Geschichtsschreibung stark idealisiert worden. In Wahrheit aber war dieser Fürst eine geborene Tigernatur, die über Leichen ging, wenn es der eigenen Hausmacht diente. Kaum im Besitz der Mark, verlangte er von den alteingesessenen Adelsfamilien, daß sie sich ihm unterordneten. Er brachte den König dazu, ihm eine Urkunde auszustellen, die ihn als Oberherren des märkischen Adels auswies. Widerstand zerschlug er brutal. Mit Schwert und Galgen verschaffte er sich Respekt. Er selbst sagte von sich, er sei als »Amtmann Gottes« eingesetzt, »damit das Recht gestärkt, das Unrecht aber gekränkt werde«. Im Umgang mit anderen Menschen forderte er grundsätzlich völlige Unterordnung. Sein Haß auf Toppler muß grenzenlos gewesen sein. Wie konnte eine Kreatur niedrigster Herkunft ihm die Subordination verweigern?

Ein großes Vermögen ist ein zweischneidiges Schwert. Es verleiht seinem Träger Macht und isoliert ihn von seinen Mitmenschen. In der Gemeinschaft der Bürger war der alte Toppler ein Elefant unter Ameisen. Im verborgenen wucherte der Neid. Die alten Patrizierfamilien, die der Stadt seit Generationen in höchsten Ratsämtern dienten, haben den steinreichen »Bürgermeister auf Lebenszeit« ganz gewiß nicht geliebt. Die Patrizier waren eine sehr stolze, elitäre Gruppe innerhalb der Stadtgemeinschaft. Da sie mit dem Adel um Rothenburg verwandt waren, standen sie oftmals zwischen den Bürgern und den adeligen Stadtfeinden, ohne deshalb schlechtere Bürger gewesen zu sein.

Sie fühlten sich mit der Stadt auf Tod und Leben verbunden, was sie nicht daran hinderte, Stellung gegen die Bürger zu beziehen. Das zeigt sich daran, daß sie sich gegen Rothenburgs Beitritt zum Städtebund stellten, durch den die Stadt ja nur an Sicherheit und Einfluß gewinnen konnte. Der Stadtadel sah in diesem Beitritt vor allem eine Beschneidung seiner eigenen Machtbefugnisse. Die Menschen innerhalb der Stadtmauern waren unterteilt in *Ehrbare Herren* und *bescheidene Leut*. Zwischen den beiden Gruppen gab es weder verwandtschaftliche Beziehungen noch gesellschaftliche Kontakte. Diese gegenseitige Abgrenzung prägte selbst das Alltagsleben. Die Patrizier hatten ihr eigenes Badehaus und feierten alle Feste unter sich. Sie trafen sich in der »adligen« Trinkstube im Ratskeller des alten Rathauses. Nach dem Krieg der Städte gegen den Adel 1389 ließ Heinrich Toppler die »adelige Trinkstube« schließen, weil viele der Stammgäste gegen die Stadt gekämpft hatten. Topplers kurze Begründung lautete: »Wie kann Gott und die Gemeinde das dulden!« Der Adel hatte ein Vorrecht mehr verloren und Toppler ein paar einflußreiche Feinde gewonnen.

Aber nicht nur unter dem Stadtadel hatte Heinrich Toppler Feinde. Neider und Unzufriedene gab es in allen Schichten. Das Strafregister der Stadt berichtet von einer ganzen Reihe von Beleidigungen und Vorwürfen gegen Toppler.

Hans Richlin erhielt für ein Jahr Stadtverweis, weil er »hart gegen den Bürgermeister geredet«. Die gleiche Strafe wurde über Conrad Tiefenbach verhängt, weil er behauptet hatte: »Sie (der Bürgermeister und die Ratsherren) behandeln die armen Leut nicht wie die reichen.« Sogar in Topplers Gasthaus »zum goldenen Greifen« kam es zu Beleidigungen und Angriffen. So heißt es von dem städtischen Söldner Hans Hemp, er habe unter schrecklichen Flüchen geschworen, daß er Peter Kreglinger und Heinrich Toppler »so viel Eisen in den Leib stoßen wolle, als er habe«. Betzold von Leuzenbronn »schimpfierte« gar im Rathaus gegen den Bürgermeister. Ihm wurde wie den meisten anderen Protestierenden vergeben, weil er Reue zeigte und versprach, sich in Zukunft »redlich zu halten«.

Im Wiederholungsfalle erwartete die Unruhestifter allerdings harte Strafe, wie der folgende Fall beweist: In der Stadt lebte ein Söldner namens Kraft Schober, der mit einer Rothenburgerin verheiratet war. Von dieser Els von Rothenburg heißt es in den Urfehdebüchern, sie sei eine »lebsüchtige, mannstolle« Frau gewesen, die allen Männern den Kopf verdreht habe. Auch Heinrich Toppler wurde verdächtigt, ihren Reizen erlegen zu sein, denn Kraft Schober erhob 1392 öffentlich Anklage gegen ihn. Toppler habe sein Weib »viel geminnt, wie sie ihm selbst gestanden«. Der Rat versuchte diese Klage durch eine Gegenklage zu entkräften. Der Schober habe sein Weib »mit Worten, mit Schlägen, mit einem heißen Eisen und anderen Nötigungen mißhandelt« und sie so zu falscher Aussage gezwungen. Aber der aufgebrachte Söldner berief sich nicht nur auf die Aussage seines Weibes, sondern versuchte auch noch zu beweisen, daß es sich bei Topplers »schändlicher Buhlerei« mit ihr nicht um einen Einzelfall gehandelt habe. Etliche Bauhandwerker der Stadt hätten ihm berichtet, daß Heinrich auch in anderen Häusern die Weiber und Töchter ehrbarer Bürger »zur Schande verführt« habe. Ob an diesen Vorwürfen etwas dran war, entzieht sich unserer Kenntnis. Auf jeden Fall konnte Kraft Schober sie nicht glaubhaft belegen und wurde wegen Verleumdung angeklagt. Das Urteil gegen ihn lautete: »Darum und anderer Lügen wegen, die er vom Bürgermeister und vom Rat verbreitet hat, soll er der Stadt zehn ganze Jahre lang entsagen. Und auch danach soll er ihr ohne ausdrückliche Genehmigung des Rates nicht näher als zehn Meilen kommen. So geschworen zu den Heiligen, das alles wahr und stets zu halten, am Samstag nach Aller-heiligen 1392.«

Zu Weihnachten des gleichen Jahres schickte Kraft Schober an verschiedene Rothenburger Briefe, in denen er neue Vorwürfe gegen Toppler und den Rat erhob. Darauf-hin wurde seine Strafe erhöht. »Darum daß der Kraft Schober Zweiung und Auflauf in der Stadt gewollt hat, soll er nimmermehr in die Stadt kommen, ohne Gnade.« Sechs Jahre später schlich sich der Verbannte heimlich in die Stadt. Trotz seiner Verkleidung wurde er erkannt, verhaf-tet und zum Tode verurteilt, weil er seinen Eid gebrochen hatte. Er wurde öffentlich enthauptet, nachdem man ihm die Schwurfinger abgehackt hatte. Seine Ritterrüstung wurde für 5 Gulden versteigert, was nicht einmal reichte, um die Henkersrechnung zu bezahlen.

Bei den Anschuldigungen des Kraft Schober war es um mehr als um ein Kavaliersdelikt gegangen, denn Ehebruch war ein schweres Vergehen, das mit dem Tode bestraft werden konnte. Dieser Mann hatte Heinrich Topplers Kopf gefordert und seinen eigenen verloren. War Kraft Schober gedungen worden? Die Umstände sprechen da-für, daß der Vorwurf des Ehebruchs nur ein Vorwand war, um Toppler zu schaden. Die Briefe, die Kraft Schober noch Monate nach dem ersten Urteil an einflußreiche Rothenburger verschickte, lesen sich nicht wie das Werk eines Eifersüchtigen, der im Affekt handelt. Auch der Rat muß offenbar den Verdacht gehegt haben, daß hier gegen Toppler intrigiert wurde. Nur so läßt sich das auffallend hohe Strafmaß erklären.

Der alte Toppler hatte aber nicht nur Feinde unter den

Menschen, auch die Zeit arbeitete gegen ihn. Die meisten seiner Mitstreiter lagen längst auf dem Friedhof, und er selber, der früher wie kein anderer den Fortschritt verkörpert hatte, wurde immer mehr zum Fossil, nicht nur in der Politik, auch im Alltäglichen. So hält er noch in seinem Testament an der Forderung fest, die Bürger sollten spartanisch einfache Kleidung tragen, was dem Modeideal seiner Zeit ganz und gar nicht mehr entsprach.

Der wirtschaftliche Aufschwung, den Toppler durch die Ausdehnung der Stadt herbeigeführt hatte, war nicht ohne Folgen geblieben. Das ehemals einfache altfränkische Leben war üppiger und genußfreudiger geworden. Man wollte die geernteten Früchte genießen. Die Urkunden der Stadt legen darüber in reichlichem Maße Zeugnis ab. Die Mode wurde so prächtig und kostspielig, daß 1396 – sicher nicht ohne Einflußnahme Heinrich Topplers – eine »Trachtordnung« erlassen wurde, um zu verhindern, daß sich die Bürger im »Wettkampf der Eitelkeiten« ruinierten. Spitze Schnabelschuhe verdrängten das normale Schuhwerk. Seidenstoffe und grelle Farben galten als schick. Das verbotene Glücksspiel florierte. Man lebte kräftig über seine Verhältnisse. Auffallend viele Gerichtsurkunden über leichtfertiges Schuldenmachen liegen uns aus dieser Zeit vor. Auch die Strafen wegen unmäßigen Trinkens und Randalierens häuften sich, wie aus dem überlieferten Archivmaterial hervorgeht.

Nicht nur die Bürger hatten sich verändert, auch der Rat war nicht mehr der alte. Zu Topplers Glanzzeiten hatten die alten Patriziergeschlechter nie mehr als ein Drittel des Inneren Rates gestellt. Geschäftstüchtige Handwerker

hatten den politischen Kurs der Stadt entscheidend mit-
bestimmt. Aber der gleiche Geschäftssinn, der die Handwerker in den Rat gedrängt hatte, hinderte sie nun an der
Ausübung ihrer Amtsgeschäfte. Neben dem Beruf blieb
den Tüchtigen keine Zeit für unbezahlte Regierungstätig-
keit im Rathaus. Das überließ man dem Patriziat, das
keinem Erwerb nachging und seine Einkünfte aus seinen
ererbten Gütern bezog.

Natürlich blieb diese Entwicklung auch Heinrich Toppler nicht verborgen. Er versuchte, den Inneren Rat über
den Äußeren Rat zu beeinflussen, denn der erstere wurde
vom letzteren gewählt. 1406 war Ratswahl. Toppler hatte
bereits ein Jahr zuvor seine Vertrauten in den Äußeren Rat
manipuliert. Wie er das fertiggebracht hat, entzieht sich
unserer Kenntnis. Aber die Verschiebung des Kräftever-
hältnisses zu seinen Gunsten ist nicht zu übersehen. Außer
seinem Schwager Peter Northeimer saßen jetzt viele vertraute Freunde und Mitstreiter aus alten Tagen in diesem
Gremium.

Aber selbst der für Rothenburg so günstig verlaufene
Krieg und der vorteilhafte Friedensvertrag von 1408 vermochten nicht mehr die Entfremdung zwischen Heinrich
Toppler und dem Stadtvolk aufzuhalten. Topplers Ziele
deckten sich nicht mehr mit denen der jüngeren Generation. Sie sah in dem andauernden Krieg zwischen Toppler
und dem Burggrafen eine Privatfehde zweier Mächtiger,
die auf ihrem Rücken ausgetragen wurde. Warum ließ der
alte Toppler jetzt die Stadtmauer verstärken? War nicht im
Februar der Friedensvertrag unterzeichnet worden? Und
trotzdem wurde von Februar bis Ende April an der Stadt-

befestigung gearbeitet, als stünde der große Krieg erst bevor. Was zum Teufel hatte das zu bedeuten? Der Stadtgraben wurde verbreitert und vertieft, Rampen für Kanonen wurden aufgeschüttet. Trotz Kälte und Aprilregen wurden immer mehr Männer zum Schanzdienst verpflichtet – eine harte Arbeit für geringen Sold. Im März waren 100 Gulden für den Grabendienst ausgezahlt worden, im April waren es schon 120 Gulden. Neue Waffen wurden gekauft: Armbrustpfeile, Pulver, Kanonen. Das alles kostete Geld, viel Geld. Seit 1378 hatte die Stadt keine Steuern mehr erhoben. Handel und Wirtschaft hatten so reiche Früchte getragen, daß die Einnahmen aus der indirekten Warensteuer auf Wein und Salz und andere Güter ausgereicht hatten, alle öffentlichen Ausgaben zu decken. Nun, nach dreißigjähriger Steuerfreiheit, sah sich der Rat gezwungen, eine Vermögenssteuer von einem Prozent zu erheben, aus heutiger Sicht ein lächerlich geringer Satz. Für die seit einer Generation von allen Steuern befreiten Bürger jedoch war es das Fanal dafür, daß »die gute alte Zeit« vorbei war. Ein süddeutsches Sprichwort behauptet: »Nirgendwo ist der Mensch so empfindlich wie an seinem Geldbeutel.« Und das gilt bis in die Gegenwart, besonders für die Schwaben und die Franken.

Heinrich Topplers »Wirtschaftswunder« hatte seine Leuchtkraft verloren. Sein Stern befand sich im Sinken. Die vornehmen Patrizierfamilien der Stadt, die Zuckmantels und die Hornburgs, witterten Morgenluft. Auch viele andere Neider und Gedemütigte warteten darauf, daß der Riese einen entscheidenden Fehler machte. Sie brauchten nicht mehr lange zu warten.

Schon im Juli 1407, als über Rothenburg die Reichsacht verhängt worden war, hatte Heinrich Toppler Kontakt mit Wenzel aufgenommen, der zwar als König abgesetzt worden war, aber als Fürst immer noch über eine nicht unerhebliche Hausmacht und über weitreichende Beziehungen verfügte. In einem vertraulichen Briefwechsel träumten die beiden »Veteranen« von alten Zeiten, von der Wiederherstellung früherer Verhältnisse. Trotz aller Meinungsverschiedenheiten hatte es zwischen Wenzel und Toppler so etwas wie eine persönliche Freundschaft gegeben. Sie waren mit schweren Lanzen gegeneinander geritten, immer auf den eigenen Vorteil bedacht, aber sie hatten mit offenem Visier gekämpft. Der eine war für den anderen berechenbar. Hinzu kam wohl auch, daß sich in der Erinnerung an frühere Glanzzeiten vieles verklärt hatte. Toppler und Wenzel befanden sich im Juli 1407 in der gleichen Isolation. Beide suchten sie nach Verbündeten. Mit ihren Briefen machten sie sich gegenseitig Mut.

Der Burggraf, der enge Verbindungen zu Prag unterhielt und bestens über alle Vorkommnisse am Hofe seines Schwagers informiert war, erfuhr von diesen Briefen und brachte sie in seinen Besitz. Waren sie nicht der sichtbare Beweis dafür, daß Toppler den gestürzten Wenzel wieder an die Macht bringen wollte, daß er einen Aufstand gegen König Ruprecht und das Reich plante? Toppler war ein Verräter.

 Alle Freiheiten und Rechte der Reichsstädte basierten auf der engen Verbindung mit dem König. Der Wenzelskandal bewirkte, daß Toppler zwischen den König und die Stadt geriet. Selbst in Rothenburg wurden nun Stimmen laut, der selbstherrliche Alte habe die Stadt in Gefahr gebracht, weil er eigenmächtig und ohne Wissen des Magistrats einen Briefwechsel mit Wenzel geführt habe.

Wie wir bereits erfahren haben, kam Anfang Februar König Ruprecht nach Mergentheim, um die Friedensverhandlungen zwischen seiner Reichsstadt und seinem Schwager, dem Burggrafen Friedrich, zu leiten. Toppler nahm an diesen Verhandlungen nicht teil. Vermutlich fürchtete er, seine Anwesenheit könnte den erzürnten König dazu veranlassen, Stellung gegen Rothenburg zu beziehen.

Damit beging er einen schwerwiegenden Fehler. Denn in Mergentheim nahm die Verschwörung gegen Toppler ihren Anfang. Man muß sich die Situation vorstellen: Peter Northeimer als Topplers Schwager, Hans von Kühlsheim und Hans Fürbringer waren als Bevollmächtigte Rothenburgs nach Mergentheim geschickt worden. Es ging um alles oder nichts. Würde der König, bei dem die letzte

Entscheidung lag, die Forderung des Burggrafen über eine Million Gulden Kriegsentschädigung unterstützen, dann würde Rothenburg für immer seine Freiheit verlieren, wie Lenkersheim und Feuchtwangen, die an den Burggrafen verpfändet worden waren und sich nicht mehr aus der Pfandschaft zu lösen vermochten.

König Ruprecht wäre nicht der gerissene Taktierer gewesen, als der er sich bei anderen Gelegenheiten immer wieder hervorgetan hatte, wenn er die Situation nicht ausgenützt hätte. Die Abgeordneten des Rothenburger Rates, noch unter Reichsacht gestellt, krochen wie bußfertige Sünder zu Kreuz. Kein Opfer, zu dem sie nicht bereit gewesen wären, um ihre Stadt zu retten. Der König rief die Rothenburger zu sich. Er versprach, sie in allen alten Rechten zu belassen. Als Gegenleistung forderte er die Entmachtung und Bestrafung Topplers, der das ganze Unglück angerichtet habe. Der König wolle seiner Stadt verzeihen, wenn sie sich von dem Verräter trenne. Obwohl urkundlich nicht zu belegen, kann kaum ein Zweifel darüber bestehen, daß Ruprecht auf Drängen seines Schwagers gehandelt hat. Burggraf Friedrich hatte lange auf diesen Tag der Abrechnung gewartet.

Ein ganzes Menschenalter lang waren Heinrich Toppler und Rothenburg eine untrennbare Einheit gewesen. Nun trennte sich ihr Schicksal. Der Stadt wurde vergeben. Toppler wurde schuldig gesprochen. Wie nicht anders zu erwarten, existieren von all den konspirativen Vorgängen keine urkundlichen Belege. Und dennoch kann sich das Ganze nur so zugetragen haben, sonst ergäben die nachfolgenden Ereignisse keinen Sinn. Daß die drei nach Mergentheim entsandten Bevollmächtigten die Aufgabe übernommen hatten, Toppler zu entmachten, wird dadurch offenbar, daß sie, obwohl sie als enge Vertraute Topplers galten, nach dem Umsturz die Führung der Stadt übernahmen und Heinrich Toppler schwer beschuldigten. Doch zunächst schien Toppler von dem Verrat der Freunde und seines eigenen Schwagers nichts zu ahnen. Noch am 22. März ritt er mit den Verschwörern nach Ulm, um gemeinsam für die Interessen Rothenburgs zu streiten. Toppler war voller Zukunftspläne. Große Teile der Stadtmauer wollte er abreißen und weiter draußen neu aufbauen lassen, um der Stadt mehr Raum zu verschaffen.

Der 6. April 1408 hatte für Heinrich Toppler die gleiche schicksalsschwere Bedeutung wie die Iden des März für Julius Caesar. So wie sich Caesar an seinem letzten Lebenstag, erfüllt von düsteren Vorahnungen, in den Senat begab, so muß auch Toppler vor der entscheidenden Ratssitzung gespürt haben, daß sich eine Verschwörung gegen ihn zusammenbraute. Warum hätte er sonst seine Frau und seine unmündigen Kinder mit allen Wertsachen und Bargeld nach Nürnberg in die Obhut von guten, einflußreichen Freunden geschickt? Wir wissen von dieser Vorsichtsmaßnahme, weil sie später in der Anklage gegen Toppler verwandt wurde. Mit der nicht deklarierten Ausfuhr von Wertsachen hatte Toppler gegen die Steuergesetze der Stadt verstoßen, die verlangten, daß für jeden Gegenstand von Wert beim Verlassen der Stadt Nachsteuer zu entrichten war. Das war bei der heimlichen Abreise verständlicherweise unterblieben. Deshalb lautete die Anklage: »Er hat die Stadt bestohlen.«

Die Verschwörer hatten den Umsturz generalstabsmäßig geplant. Sie fühlten sich ihres Sieges durchaus nicht sicher. Noch immer stand die Mehrheit der Ratsherren auf Topplers Seite. Um ihren Widerstand zu brechen, wurden zehn Männer angeworben, die nicht dem Rat angehörten. Sie sollten im entscheidenden Augenblick den Verschwörern zu Hilfe kommen. Der Innere Rat pflegte in Klausur zu tagen. Er schloß sich im Rathaus ein. Einer der Eingeweihten öffnete heimlich die Tür von innen und ließ die zehn herein. Heinrich Toppler und ein paar Getreue wurden im Handstreich überwältigt und in den Gefängniskeller geworfen, der sich unter dem Rathaus befindet.

Über die dramatischen Vorgänge des 6. Aprils liegen keine Prozeßakten vor. Und auch mündlich werden sich die Beteiligten kaum zu dem Thema geäußert haben, denn die Ratsherren hatten bei Amtsantritt den heiligen Eid schwören müssen, alle Vorgänge innerhalb des Rathauses wie ein Beichtgeheimnis zu hüten. Trotzdem finden sich in den zeitgenössischen Schriftstücken eine Reihe von Indizien, anhand derer sich das Geschehen rekonstruieren läßt. Lesen wir ein wenig zwischen den Zeilen, dann erfahren wir, daß ein erbitterter Kampf stattgefunden haben muß. Ein unscheinbares Adjektiv verrät es uns. Im Originaltext heißt es, Topplers Sohn Jacob sei gemeinsam mit seinem Vater *gebrechlich* in den Rathauskerker geworfen worden. Mit gebrechlich bezeichnete man in der Sprache des 14. Jahrhunderts einen Krüppel, der sich nur mit Krücken fortbewegen konnte. Alle, die Widerstand geleistet hatten, waren also offenbar zusammengeschlagen worden. Die Chroniken verraten uns nicht, wer für und wer gegen Toppler kämpfte und dennoch ist es nicht schwer, die Getreuen und die Verräter zu identifizieren. Wir erfahren, wer aus dem Rat ausgestoßen wurde und wer aufstieg. Wie bei allen politischen Umstürzen waren natürlich alle Toppleranhänger entmachtet worden, während seine Widersacher die höchsten Ämter übernahmen. Man darf annehmen, daß Hans Öffner und Friedrich Stalldorf, beide seit Jahren erbitterte Gegner Heinrich Topplers, die Anführer der Verschwörung waren und daß sie von Peter Fürbringer und Jakob Strauss unterstützt wurden. Denn alle vier Männer stiegen nach dem Putsch in den Inneren Rat auf. Hans Öffner übernahm außerdem noch das Amt des Ersten Bürgermeisters. Zweiter Bürgermeister wurde Hans Fürbringer. Der Äußere Rat stand in seiner Mehrheit hinter Heinrich Toppler. Neben seinem Sohn Jakob Toppler und seinem Vetter Heinz Toppler wurden noch sechs andere Topplergetreue entfernt, darunter auch Conz Reichlin, einer der fünf Kriegsherren des Vorjahres. Fünf Verschwörer besetzten die frei gewordenen Sitze im Äußeren Rat. Es waren dies: Hans Schlegel, Heinz Link, Friedrich Kerling, Hans Messingschläger und Conrad Bermeter, ein weiterer der fünf Kriegsherren, die 1407 gemeinsam mit Heinrich Toppler während des Krieges die Leitung der Stadt übernommen hatten.

In den Berichten späterer Stadtchronisten wird immer ganz besonders hervorgehoben, daß die engsten Vertrauten maßgeblich am Verrat beteiligt waren, um zu demonstrieren, welch hinterhältige Menschen hier am Werk waren. Aber die Welt ist kein Kasperletheater, wo es nur Gut und Böse gibt. Die wirklichen Tragödien entwickeln sich nicht aus dem Konflikt zwischen Recht und Unrecht, sondern aus dem zweier Auffassungen von Recht. Die Tatsache, daß wir unter den Verschwörern gegen Toppler Freunde, Vertraute und Verwandte antreffen, sollte uns nachdenklich stimmen. Was könnte diese Menschen bewogen haben, ihren mächtigsten und reichsten Freund zu stürzen? Persönliche Vorteile können es nicht gewesen sein. Selbst die beiden Hauptträdelsführer, Hans Öffner und Hans Fürbringer, hatten nur vorübergehend die Bürgermeisterstühle besetzt. Schon nach einem halben Jahr stellten sie ihre Ämter für Neuwahlen zur Verfügung. Da ist keine Spur von diktatorischer Machtübernahme. Die Verschwörer hatten nichts zu gewinnen, aber alles zu verlieren. Denn wäre der Umsturz gescheitert, hätte man sie gnadenlos dem Henker überantwortet.

Peter Northeimer war bestimmt kein heimtückischer Bösewicht, sonst hätte Heinrich Toppler ihm nicht seine Schwester samt reicher Mitgift zur Frau gegeben. Er muß auch ein redlicher Mensch gewesen sein, denn andernfalls hätte ihn Toppler in seinem letzten Willen wohl kaum zum Testamentsvollstrecker bestellt. Auch in den Augen seiner Mitbürger war er wohl ein fähiger, rechtschaffener Mann, sonst wäre er nicht in den Jahren 1401, 1403 und 1406 zum Ersten Bürgermeister gewählt worden. Welch eine schwerwiegende Entscheidung muß es für Peter Northeimer gewesen sein, sich gegen seinen eigenen Schwager zu stellen! In einer Gesellschaft, in der der einzelne so stark war wie seine Sippe, bedeutete das nichts anderes, als daß Peter Northeimer sich selbst das Wasser abgrub, wenn er seinen einflußreichsten Verwandten entmachtete. Die

Handlungsweise der Verschwörer läßt nur einen Schluß zu: Sie müssen schwerwiegende Gründe dafür gehabt haben, Topplers Sturz zu betreiben.

Es ist eine häufig zu beobachtende Tatsache, daß Menschen, die einen großen Teil ihres Lebens in führender Position verbracht haben, mit zunehmendem Alter einen Starrsinn und Größenwahn entwickeln, der sie zur Gefahr für die Allgemeinheit werden läßt.

Spätestens seit der Vorladung des Burggrafen vor das Rothenburger Gericht muß den führenden Familien klar geworden sein, daß Toppler vom Größenwahn befallen war. Es gibt dafür auch noch weitere Anzeichen, die sich zeitlich ziemlich genau bestimmen lassen.

In keinem der frühen Schriftstücke und Briefe wurde Topplers Name die Anrede »Herr« vorangestellt. Auch als Bürgermeister blieb er immer der Bürger »Heinrich toppler«, wobei der Taufname wichtiger war als der Familienname. Nur er wurde mit großem Anfangsbuchstaben geschrieben. Seit 1389 ließ sich der Reiche von Rothenburg wie ein Adliger mit Herr anreden. Außerdem erwirkte Toppler vom Rat der Stadt das Recht, sich einen festungsartigen Herrensitz außerhalb der Stadt bauen zu dürfen. Damit wurde ihm ein äußerst ungewöhnliches Privileg verliehen. Nur Könige und Fürsten errichteten sich normalerweise Herrensitze oder Jagdschlösser. Es gibt keinen vergleichbaren Fall in Süddeutschland, daß ein Bürger des 14. Jahrhunderts dergleichen gefordert oder gar erreicht hätte. Toppler hatte den Zeitpunkt günstig gewählt. Der Städtekrieg hing wie ein Unwetter über Rothenburg. Keine Gunst, die die Stadt ihrem starken Mann angesichts der Gefahr nicht gewährt hätte. Toppler erhielt von der Stadt ein sehr schön gelegenes Grundstück im Taubertal neben der Fuchsmühle. Dort ließ er einen sogenannten Burgstall im Stile des 11. Jahrhunderts errichten, eine turmartige Festung, wie sie sich die Edlen einst im Schatten der Stauferburg errichtet hatten. Toppler ließ das Steingeröll des Flußbettes abtransportieren. Ein Rosengarten wurde angelegt, der sich im Ernstfall überfluten ließ. Dann war der Turm nur noch über eine Zugbrücke zugänglich. Die Inschrift, die Toppler neben dem Tor anbringen ließ, zeugt von Stolz und Selbstvertrauen:

»Dieses Haus mit Graben hat Heinrich Toppler, derzeitiger Bürgermeister zu Rothenburg, mit eigenem Geld und aus eigener Kraft erbaut, in dem schweren Kriegsjahr zwischen dem Adel und den Städten.
Das Haus soll Rosental heißen.
Anno 1388.«

Die Feste Rosental ist nie zerstört worden. Ganz ohne Zweifel haben die alten Patrizierfamilien Rothenburgs diesen Herrensitz als anmaßende Herausforderung empfunden. Mit ihm stellte sich Toppler für jeden schon von weitem erkennbar über den bürgerlichen Gemeinsinn. Der Mann, der hier die Mächtigen des Reiches empfing, war mehr als ein Ratsherr. Das bestätigt auch die Sage, die behauptet, Toppler hätte auf Rosental mit König Wenzel die Nächte durchgebechert, um dem betrunkenen Herrscher beim Würfelspiel ein Stadtprivileg nach dem anderen abzuluchsen. Das Topplersche Wappen mit den zwei Würfeln und dem zweithöchsten Wurf diente der Familie schon seit Generationen als Wahrzeichen. Aber erst Heinrich Toppler wertete es zu einer Art von Adelsprädikat auf, indem er es sich vom Hofadel bestätigen ließ.

»Wir, Stephan von Gottes Gnaden, Pfalzgraf bei Rhein und Herzog in Bayern, bekennen öffentlich mit diesem Brief, daß wir von besonderer Dienste wegen, die uns Heinrich Toppler zu Rothenburg an der Tauber bisher getan hat und noch in Zukunft tun soll, ihm folgendes Wappen verliehen zu haben: Ein Schild mit zwei Würfeln und obenauf einen Helm mit güldener Krone.

Er und seine Erben sind berechtigt, dieses Zeichen ewiglich zu führen und zu zeigen wie die Herrschaft zu Bayern und des Fürstentums.

Am Heiligen Drei-Königs-Abend 1392.«

Aus diesem Schreiben geht eindeutig hervor: Toppler hatte sich vom Pfalzgrafen ein »adeliges Ehrenschild« verleihen lassen »wie die Herrschaft zu Bayern und des Fürstentums«, mit ritterlichem Turnierhelm und goldener Krone obendrauf. Wenn Rothenburger Biographen des 19. und 20. Jahrhunderts Topplers Bescheidenheit in Kleidung und Auftreten oder gar seine »demokratische Gesinnung« hervorheben, so muß das als ein aus lokalpatriotischer Gesinnung geborenes Wunschbild gewertet werden, das mit der Wirklichkeit nichts gemein hat.

Auch das Topplersche Wappen wird von den meisten Historikern falsch gedeutet. Allein schon Würfel als Symbol in einem Familienwappen zu führen, zeugt von großem Selbstbewußtsein. Denn das Würfelspiel war bereits im Jahre 1232 von Kaiser Friedrich II. bei Strafe verboten worden. In der Zahlensymbolik des Mittelalters hatte der

Würfel jedoch seinen festen Platz. Die Eins bezog sich auf Gott, die Zwei auf Himmel und Erde. Die Drei symbolisierte die Dreieinigkeit, die Vier die Evangelisten. Die Fünf aber war die Zahl des Lebens. Sie offenbart sich in den fünf Sinnen. Und in der Tat ist die Fünf die Ordnungszahl, die in der belebten Natur am häufigsten in Erscheinung tritt. Die Zahl Sechs galt im mittelalterlichen Weltsystem als die vollkommene Zahl, da sie sowohl die Summe als auch das Produkt ihrer Teile ist ($1+2+3=6$ und $1\times2\times3=6$).

»Die Zahl Sechs ist nicht vollkommen, weil Gott in sechs Tagen die Welt erschaffen hat, vielmehr hat Gott die Welt in sechs Tagen geschaffen, weil diese Zahl vollkommen ist«, so lehrte der Kirchenvater Augustinus. Damit enthält das Wappen aber eine ganz andere Aussage: Die Fünf verkörpert vitale, ungebrochene Lebenskraft, die Sechs höchste Vollkommenheit. Ein wahrhaft anspruchsvolles Wappen.

Heinrich Toppler war wie alle politischen Aufsteiger von absolutem Sendungsbewußtsein erfüllt. Natürlich wollte er das Beste für seine Stadt, wie Caesar das Beste für Rom wollte, aber mit ihm an der Spitze. Er fühlte sich nicht als Gleicher unter Gleichen, sondern als Stadtvater, der in Notzeiten seine Scheunen öffnete und in guten Jahren dafür doppelt und dreifach kassierte. Neu für seine Zeit war, daß er seine Macht nicht diktatorisch wie ein König ausübte, sondern wie ein Konzernherr, der seine Interessen über Lobbies und Kapitelmärkte verwirklicht.

Am 6. April 1408 lag der König von Rothenburg im hintersten Kerker des Rat-
hauskellers. In den Nachbarzellen steckten sein Sohn Jakob und sein Vetter
Heinz, der Goldschmied. Topplers
Schwiegersöhne, Andreas Haller und
Caspar Wernitzer, mußten noch am gleichen Tag im Bei-
sein von Topplers Töchtern Barbara und Katharina einen
Urfehdeeid ablegen, daß sie sich ganz dem Rat unterwer-
fen und keine Güter beiseite schaffen würden.

Am Ostersonntag, acht Tage nach seiner Verhaftung,
wurde Heinrich Toppler aus dem Kellerverlies heraufge-
führt. In der Steuerstube des Rathauses wurde mit ihm
abgerechnet. Das Steuerjahr ging zu Ende. Die Jahresrech-
nung mußte abgeschlossen werden. Die Stadt schuldete
ihrem inhaftierten Bürgermeister noch Geld. Keiner sollte
behaupten, es sei nicht alles ordentlich und rechtmäßig
zugegangen. Welch gespenstische Szene muß sich da abgespielt haben! Ein Mensch, der seit einer Woche in einem
stockdunklen Kellerloch gelegen hat, wird in Ketten heraufgebracht. Wenn sich seine Augen an das Licht gewöhnt
haben, werden Hunderte von Silbermünzen auf den Tisch
gezählt. Der Gefangene muß den Empfang bestätigen. Im
Steuerbuch heißt es: »Die 351 Gulden, die wir Heinrich
Toppler noch schuldig waren, wurden mit ihm abgerech-

net am Tag Tiburtii und Valeriani« (14. April). Jakob, der Sohn Topplers, dem der Rat 142 und einen halben Gulden schuldete, wurde nicht aus dem Kerker heraufgebracht. Er wurde in Abwesenheit abgefunden. Ob er noch zu gebrechlich war?

Lebendig begraben lagen die Gefangenen in ihren finsteren Grüften unter der Erde. Kein Tageslicht drang hier herunter. Nur der Klang der Glocken vom Turm der Johanniskirche verband sie noch mit den Lebenden draußen. Einmal am Tag wurden Essen und Wasser gebracht, die Kloakeneimer geleert. Dann quietschten eiserne Scharniere, Schlösser schnappten, Ketten rasselten. Danach Schweigen, Leere, gnadenlose Stille. In regelmäßigen Abständen fielen Tropfen von der Decke. Dazwischen lagen Ewigkeiten, Abgründe, in denen der Wahnsinn lauert. Das Leiden der Gefangenen kann man heute noch sehr gut nachempfinden, denn nur wenige Räume sind in Rothenburg aus Topplers Tagen so unverändert erhalten geblieben wie der Gefängniskeller unter dem Rathaus.

In den mittelalterlichen Kerkern wurden die Gefangenen nur kurze Zeit, bis zur Zahlung des Lösegeldes oder bis zur Hinrichtung, verwahrt. Deshalb gab es weder Rundgänge an der frischen Luft, noch wurde die Verpflegung gestellt. Das Essen des Eingesperrten wurde auf dessen Kosten eingekauft. Allein dieser Tatsache verdanken wir es, daß wir auch jetzt noch Auskunft über das Geschick Heinrich Topplers und seiner Getreuen während ihrer Haftzeit erhalten.

Die Aufstellung der Verpflegungskosten beginnt am 7. April. Der Tagessatz pro Person betrug 13 Schillinge, was damals viel Geld war. Ein Knecht in einer Rothenburger Mühle hatte zur gleichen Zeit einen Jahreslohn von 100 Schillingen. Das heißt, die Tagessätze der Gefangenen entsprachen fast zwei Monatslöhnen eines Schwerarbeiters. Für den 26. April betrug der Tagessatz 20 Schillinge und lag damit um 50 Prozent höher als an allen anderen Tagen. Was hat das zu bedeuten? Da die Verpflegungsliste der Eingekerkerten unser einziges Beweisstück ist, können wir die Angelegenheit nicht einfach übergehen. Wurde vielleicht ein Arzt herbeigerufen und sein Honorar gleich dazugerechnet? Ein Arzt für alle Gefangenen? So zimperlich war das Mittelalter nicht. Des Rätsels Lösung finden wir im mittelalterlichen Kalender: Das Finanzjahr endete mit dem April. Das war auch der Grund, weshalb man mit den Gefangenen finanziell reinen Tisch gemacht hatte. Am Ende des Rechnungsjahres wird man sich auch daran erinnert haben, daß die Gefangenen ja bereits seit dem Nachmittag des 6. Aprils unter Arrest standen. Also wurde in der Schlußabrechnung der halbe Tag mitverrechnet. Diese Erklärung bestätigt zudem unsere Annahme, daß sich der Putsch am Nachmittag des 6. Aprils ereignet hat.

In der nun folgenden Verpflegungsliste des neuen Rechnungsjahres, die mit Walpurgi, dem 1. Mai, begann, werden fünf Personen als Gefangene angegeben. Wieso plötzlich fünf?

Jetzt lagen auch Topplers Schwiegersöhne, Andreas Haller und Caspar Wernitzer, im Kerker. Die Lage hatte sich, wie wir aus verschiedenen Briefen wissen, für die Rothenburger Umstürzler gefährlich zugespitzt. Beunruhigt wegen des Aufruhrs in Rothenburg forderten die anderen Reichsstädte eine Erklärung für die unglaublichen Vorgänge in der Stadt. Aus Neugier allein geschah das nicht. Nach der Satzung des Städtebundes von 1384 waren sie verpflichtet, bei Rebellion und Tumult sofort einzugreifen, wenn es sein mußte auch mit Waffengewalt. Die meisten Nachfragen finden sich erwartungsgemäß nicht in den Rothenburger Archiven, sondern in denen der Nachbarstädte. Wer wendet sich zur Aufklärung einer Schandtat schon an die Schuldigen. Es verstand sich von selbst, daß die sich herausreden würden. In den Nürnberger Briefbüchern befindet sich ein Schreiben vom 14. April an die Reichsstadt Weißenburg. Darin heißt es:

»Liebe Freunde, Ihr habt es wohl vernommen, daß die von Rothenburg den Toppler in ihr Gefängnis geworfen haben. Um uns eine Meinung über die Vorfälle bilden zu können, haben wir Botschafter nach dorthin entsandt, die der Rat von Rothenburg abgewiesen hat mit der Aufforderung, daß wir unsere Abgesandten während der Ostertage zu ihnen schicken mögen. Sie wollten dann auch den anderen Städten eine Antwort erteilen. Nun haben wir vernommen, daß verschiedene andere Städte des Schwäbischen Bundes ihre Botschafter am Osterdienstag (17. April) zur Nacht schicken wollen. Auch wir wollen unsere Ratsabgesandten an diesem Tag nach Rothenburg schicken, weil wir meinen, daß es im Interesse aller liegt, daß der Fall so schnell wie möglich geklärt wird.«

Aus allen Himmelsrichtungen galoppierten die Boten der Reichsstädte herbei. Es hagelte Anfragen: Was in Gottes Namen geht in Rothenburg vor sich? Der große alte Toppler im Kerker seiner eigenen Stadt? Wie ist das möglich? Aus vielen Briefen spricht ganz unverhohlen Sympathie für Toppler.

Wäre der Umsturz nur das Werk von ein paar ehrgeizigen Bürgern gewesen, man hätte sie zweifellos von den Ratsstühlen gefegt. Die Sicherheit, mit der die Rebellen die erregten Reichsstädte hinhielten, läßt darauf schließen, daß sie von höherer Instanz Rückendeckung erhielten. Sie hatten nicht selbständig gehandelt. Sie hatten einen Auftrag ausgeführt. Auf höhere Weisung wartend, hielten sie die anderen Städte hin. Als Befehlsempfänger oblag es ihnen nicht, Erklärungen abzugeben. Als der Osterdienstag heranrückte und immer noch keine Stellungnahme des Königs vorlag, verschoben die Rebellen die für diesen Tag versprochene Darlegung des Falles. Gleichzeitig verhafteten sie Topplers Schwiegersöhne, damit sie keine Gespräche mit den auswärtigen Abgesandten führen konnten.

König Ruprecht als Herr der Stadt hätte sich eigentlich für die ungeheuren Vorgänge am dringlichsten interessieren müssen. Endlich, am 24. April, meldete er sich zu Wort. Bezeichnenderweise wandte er sich nicht an die Rothenburger. Das war bereits in geheimer Absprache vorweg geschehen. Er schrieb an die Stadt Nürnberg: »Wir Ruprecht, von Gottes Gnaden Römischer König, haben während Unseres Gerichtstages auf der Heidelberger Burg von Unserem Kammermeister Rudolf von Zeisikheim erfahren, daß Heinrich Toppler sein Vermögen nach Nürnberg geschmuggelt hat.«

Wer sich je mit mittelalterlichen Königsbriefen befaßt hat, der muß sich bereits im ersten Abschnitt des Briefes verwundert fragen: Wie ist es möglich, daß eine Majestät von Gottes Gnaden in einem offiziellen Schreiben an seine Untertanen eine Erklärung abgibt, von wem und wo und wann sie von einem Vorgang erfahren hat? Ruprecht wollte damit offenbar demonstrativ klarstellen, daß er erst aus zweiter Hand von den ungeheuerlichen Vorgängen vernommen hatte. Schon damals kannte man den Grundsatz: Wer sich unaufgefordert verteidigt, klagt sich an. Ruprecht hatte offensichtlich ein schlechtes Gewissen. Wenn Toppler sich wirklich eines Verbrechens schuldig gemacht hätte, wäre dieses Versteckspiel gewiß nicht nötig gewesen. Es ging dem König nicht um einen Nachweis für Topplers Schuld, sondern um dessen Vernichtung und die damit fällige Einziehung seines Vermögens. Ruprecht stellte in seinem Brief an die Nürnberger klar, daß er, unabhängig vom Ausgang des Prozesses, Anspruch auf alles erhob, was Toppler gehörte. »...sei es Leut oder Güter, fest oder beweglich, Gold, Silber, Geld, Kleinodien, Briefe nicht ausgenommen, das alles ist an Unseres Reiches Kammer zu überweisen, wegen der Missetaten, die Heinrich Toppler an Uns und an das Reich getan hat.«

Wenn es die Rothenburger Rebellen bisher noch nicht wußten, dann muß es ihnen spätestens jetzt, als sie von diesem Brief erfuhren, klargeworden sein, auf welch gefährliches Spiel sie sich mit dem König eingelassen hatten. Um des lieben Friedens willen waren sie bereit gewesen, den größenwahnsinnigen Alten zu opfern, nicht aber seinen Besitz. Da Topplers Vermögen vor allem aus Ländereien und Gebäuden bestand, die ein Bestandteil der Rothenburger Lande waren, wäre die Enteignung Topplers vor allem einer Ausplünderung Rothenburgs gleichgekommen. Das mußte auf jeden Fall verhindert werden. Die Rebellen sandten unverzüglich eine Botschaft an den König, in dem sie sich offiziell dafür entschuldigten, daß sie Toppler in Haft genommen hatten, ohne den König vorher konsultiert zu haben. Das war natürlich Theater und gehörte zu den Abmachungen. Ruprecht durfte nicht in die Rebellion verwickelt werden. Im zweiten Teil der Botschaft versuchten die Rothenburger zu retten, was noch zu retten war. Sie stellten die Behauptung auf, Toppler hätte sich eine ganze Reihe von Vergehen gegen die Stadt zuschulden kommen lassen, deren Aufklärung und Bestrafung es unumgänglich machten, daß der Missetäter vor dem Rothenburger Gericht abgeurteilt werden müsse. Damit wollte man die Auslieferung Topplers verhindern. Eigene Entschädigungsansprüche wurden aufgestellt, um Topplers Millionen vor der Habsucht des Königs zu retten.

Aus dem Rechnungsbuch der Stadt erfahren wir, daß die Ratsherren Eberhard Seitz und Hans von Külsheim zu Walpurgi 30 Gulden und 15 Pfennige erhalten haben als Spesen für eine Reise zum König. Ihr Bericht über dieses Treffen lautet:

»Wir lassen Euch wissen, daß wir Mittwoch Heidelberg erreichten. Der König war weggeritten. Er ließ uns wissen, er würde erst Freitag wiederkommen. Es wäre längst Zeit gewesen, daß wir ihn aufgesucht hätten. Johann von Winheim würde ihn während seiner Abwesenheit in dieser Sache vertreten. [Der König wollte sich offenbar bei dieser Intrige, deren Ausgang noch ungewiß war, nicht persönlich die Hände schmutzig machen.] Meister Johann forderte uns auf, ihm zu erzählen, was Toppler getan hätte.

Wir antworteten ihm, daß uns nicht befohlen wäre, das alles zu sagen, doch Toppler hätte gegen zehn oder zwölf Artikel verstoßen. Es wär Sach genug. Am Donnerstag vor Tisch fand ein zweites Gespräch statt. Sie sagten, Toppler hätte Unserem Herrn, dem König, großen Schaden zugefügt, wofür er an Leib und Gut hohe Wiedergutmachung zu zahlen habe. Sie meinten, daß der König und die Stadt die Strafe miteinander festlegen sollten. Da antworteten wir, Toppler hätte 8 Kinder und ein Weib, die sich jetzt außerhalb der Stadt befänden, aber wir hofften, sie würden wieder zurückkehren. Wir hätten in Rothenburg seit altersher die Gewohnheit, wenn einer unserer Bürger eine Missetat begehe, daß wir seiner Familie ihr Recht zusprächen. Wir erhofften von unserem Herrn, daß er uns an der Ausübung unseres Stadtrechtes nicht hindern werde.«

In diesem Bericht ist das Schicksal des Menschen Heinrich Toppler Nebensache. Wichtig ist nur sein Vermögen. Ohne daß eine gerichtliche Untersuchung stattgefunden hätte, wird das Urteil über ihn ausgesprochen. Der König spricht von großen schweren Sachen, die Rothenburger von zehn oder zwölf Verfehlungen. Vielleicht waren es auch ein paar mehr oder weniger. Man würde schon etwas finden. Auf jeden Fall wäre es Sach genug, um den Missetäter vor dem Rothenburger Gericht abzuurteilen und sein Vermögen einzuziehen als Wiedergutmachung für den Schaden, den Toppler der Stadt zugefügt habe. Und um ihren Forderungen noch mehr Gewicht zu verleihen, tischen sie dem König die rührselige Geschichte von der armen Frau Toppler und ihren kleinen unmündigen Kindern auf. Sie pochen auf soziale Verpflichtungen. Auch die

Kinder eines Missetäters hätten ein Anrecht auf ihr Erbe. So sei es von altersher Recht in Rothenburg gewesen. Dabei demonstrieren sie mit jedem Satz, wie wenig in Rothenburg das Recht galt, wenn es um Macht und Geld ging.

Am 8. Juni, einem Freitag nach Bonifatius, wurden noch einmal 40 Gulden an Hans von Külsheim und Seitz Eberhard für eine weitere Reise zum König ausgezahlt. Ihr Bericht an den Rat liegt nicht vor. Von nun an fehlen alle Unterlagen und Belege über den Fall Toppler. Sie wurden nachträglich vernichtet. Dieses letzte Gespräch mit dem König muß jedoch den Abgeordneten klargemacht haben, daß Ruprecht mehr fordern würde, als die Stadt zu geben bereit war.

Am 16. Juni wollte der König mit der öffentlichen gerichtlichen Untersuchung beginnen. Von nun an begannen sich die Ereignisse in Rothenburg zu überschlagen. Noch am gleichen Tag, am 8. Juni, traten rätselhafte Veränderungen in der Liste der Verpflegungskosten auf. Die Eintragungen erfolgten nicht täglich, sondern zweimal die Woche. Dabei wurden die Beträge nicht im einzelnen aufgeführt, sondern immer nur die Gesamtsumme für alle Eingekerkerten. Diese entsprach umgerechnet dem üblichen Tagessatz von 12 bis 13 Schilling pro Person. Bei der Eintragung vom 11. Juni beliefen sich die Gesamtkosten aber auf einmal nur noch auf 4 Pfund Heller. Eine Veränderung war eingetreten.

Der Tagessatz pro Person kann nicht ohne weiteres herabgesetzt worden sein, da er durch Ratsbeschluß festgesetzt war. Es kann sich nur die Anzahl der Gefangenen

vermindert haben. Die Rechnungsliste läßt darauf schließen, daß ab dem 8. Juni nur noch zwei Personen verpflegt
wurden, denn dann stimmt der Tagessatz pro Person wieder. Am 8. Juni wurden Topplers Schwiegersöhne entlassen. Sie hatte man nur vorübergehend in Haft genommen,
um zu verhindern, daß sie Kontakte zu auswärtigen Topp-
lerfreunden herstellten. Aber dann hätten ja noch immer
drei Angehörige der Topplerfamilie im Kerker liegen müssen, nämlich Heinrich Toppler, sein Sohn Jakob und
Heinz Toppler, der Goldschmied. So war es auch. Aber es
wurden nur noch zwei Gefangene verpflegt. Heinrich
Toppler war von der Versorgungsliste gestrichen worden.
Sein treuer Hausknecht Mathis Ernst, der acht Wochen
lang Topplers einzige Verbindung zur Außenwelt gewesen
war, wurde ab diesem Zeitpunkt daran gehindert, seinen
Herrn weiterhin zu besuchen.

 Der Mensch vermag über große Zeiträume zu fasten, aber er überlebt nur wenige Tage ohne Wasser. In der Wüste tritt der Tod durch Verdursten bereits nach zwei Tagen ein. In einem Kellerverlies kann die Qual vier oder fünf Tage dauern. Genau läßt sich die tödliche Schwelle nicht festlegen, da sie von äußeren Umständen wie Luftfeuchtigkeit und körperlicher Verfassung des Verdurstenden abhängt. Durch Fieber oder Durchfall wird die Überlebenschance wesentlich vermindert. Ein alter Mensch braucht mehr Flüssigkeit als ein junger. Heinrich Toppler war zum Zeitpunkt seiner Einkerkerung etwa 70 Jahre alt. Er benötigte bei bester körperlicher Gesundheit mindestens zwei Liter Wasser pro Tag. Auf keinen Fall hätte er einen Wasserentzug von 5 Tagen überlebt. Am 8. Juni muß Toppler von der Versorgungsliste gestrichen worden sein. Niemand durfte mehr zu ihm. Fünf Tage später hatte sein Leiden ein Ende. Er starb den Tod, von dem die Araber sagen, daß er die grausamsten aller Qualen bereite. Am Tag darauf wollte das königliche Hofgericht mit der öffentlichen Untersuchung des Falles beginnen.

Angesichts dieses »termingerechten Todes« ist die Frage angebracht, ob nicht Gift im Spiel gewesen sein könnte. Diese Annahme ist nicht sehr wahrscheinlich. In

Franken ging es nicht zu wie in den oberitalienischen Stadtrepubliken, wo die Beseitigung von unbequemen politischen Gegnern mit Gift und Dolch zum Bestandteil der Politik gehörte. Obwohl man sich in Franken nicht scheute, rücksichtslos die Todesstrafe anzuwenden, wenn es galt, eine Missetat zu sühnen, so kennen wir doch keinen Fall, in dem der Gegner vergiftet worden wäre. Gift galt als heimtückische und unmännliche Waffe. Selbst König Wenzel, der mit seinen Gegnern nicht gerade zimperlich umging – den Beichtvater seiner Frau ließ er 1393 in der Moldau ertränken – vertrat den Standpunkt, Gift sei die Waffe der Schlange und damit des Teufels. Ein Giftmörder fände keine Vergebung vor dem Jüngsten Gericht. Dagegen stellt das »Verkümmernlassen« keine ungewöhnliche Hinrichtungsart dar. 1396 ließ der Burggraf alle Reiter, die Toppler den schwäbischen Kaufleuten zum Geleitschutz mit auf den Weg gegeben hatte, überfallen, festnehmen und verkümmern, das heißt, er ließ sie verhungern. 1394 wurde das Weib des Burgwarts vom Wielberg »lebendig begraben«, nachdem man ihren Mann enthauptet hatte. Sie verschmachtete in einem Kellerverlies. Und an anderer Stelle berichten die Rothenburger Stadtgerichtsbücher von dem Söldner Hans Rietvogel, den der Rat »ohne Speis und Trank« im Kerker liegen ließ »bis er gestorben«. Das Verkümmernlassen wurde vor allem in solchen Fällen als Strafe angewandt, in denen man eine aufsehenerregende Hinrichtung vermeiden wollte. Wie hätte beispielsweise der Burggraf seinen Untertanen erklären können, daß an Topplers Reitern ein Exempel statuiert werden mußte, weil sie Kauffahrern Geleitschutz gegeben hatten, um sie vor seinem Zugriff zu bewahren.

Im Falle Topplers war es nicht anders. Es lagen keine Beweise vor, die ausgereicht hätten, den Alten zum Tode zu verurteilen. Und es war zu befürchten, daß der welterfahrene Diplomat bei einem öffentlichen Prozeß einen überzeugenderen Eindruck hinterlassen würde als seine Ankläger. Sollte es dem alten gedemütigten Löwen jedoch gelingen, seine Freiheit wiederzuerlangen, so war damit zu rechnen, daß er die Rebellen zur Rechenschaft ziehen würde, zumal sie nur eine Minderheit vertraten. Heinrich Topplers Sturz war ja nicht die Folge eines Volksaufstandes gewesen. Nicht nur in Rothenburg, auch in vielen anderen Reichsstädten besaß der große alte Mann Freunde und Bewunderer. Nein, die Rebellen konnten Toppler nicht freigeben. Bereits bei seiner Verhaftung war sein Tod beschlossene Sache gewesen. Anders läßt sich die Selbstverständlichkeit nicht erklären, mit der sie sein Vermögen aufteilten, ohne erst den Prozeß und das Urteil abzuwarten. Die Rothenburger konnten Toppler nicht laufen lassen, aber sie konnten ihn ohne Gerichtsurteil auch nicht hinrichten. Das Gerichtsverfahren aber barg das Risiko des Freispruches in sich. Und selbst wenn man einen Weg finden würde, dem gestürzten Toppler ein Verbrechen nachzuweisen, auf dem die Todesstrafe stand, dann würde König Ruprecht gewiß die Auslieferung Topplers vor sein Gericht verlangen. Denn nach mittelalterlichem Recht fiel das Vermögen des Verurteilten demjenigen zu, der berechtigt war, über ihn zu richten.

Es gab nur noch einen Ausweg, um Topplers Vermögen

nicht an den König zu verlieren. Der Eingekerkerte mußte ganz schnell eines »natürlichen Todes« sterben. Am St. Veitstag fand man ihn tot in seiner Zelle, abgemagert und ausgezehrt. Aber wer sieht schon gut genährt aus, wenn er acht Wochen in einem Kellerloch gelegen hat? Keiner hatte ihm ein Haar gekrümmt. Niemand fühlte sich für seinen Tod persönlich verantwortlich.

Aber wäre es nicht auch möglich, daß Toppler tatsächlich eines natürlichen Todes gestorben ist? Vielleicht war der alte Mann nur einfach den Strapazen der Gefangenschaft nicht länger gewachsen gewesen? Dagegen sprechen allerdings der termingerechte Eintritt seines Todes, das Besuchsverbot seines Knechtes und seine gleichzeitige Streichung von der Verpflegungsliste fünf Tage vor seinem Tod. Nein, Toppler starb keines natürlichen Todes. Die Haftentlassungsurkunde seines Sohnes liefert den Beweis. Darin heißt es:

»Ich, Jakob Toppler, Bürger von Rothenburg, bekenne mit diesem Brief, daß mein Vater Heinrich Toppler und ich dem Rat und der Stadt schwere Missetat zugefügt haben, daß wir mit Gefängnis bestraft werden mußten und daß mein Vater aus diesem Grund an seinem Leib, Leben und Gut gestraft worden ist.« Hieraus geht ganz eindeutig hervor, daß Toppler mit seinem Leben bezahlen mußte. Man ließ ihn *verkümmern.* Jakob Toppler wurde begnadigt, seiner Jugend und seines »Gebrechens« wegen und wegen »der fleißigen Bitten, die Freunde hier zu Rothenburg und etliche andere Ehrbare Leut« für ihn eingelegt haben. Sein »Schuldbekenntnis« rettete ihm das Leben. Auch der Goldschmied Toppler gestand seine »Missetaten« ein. Er wurde »über die Donau hinweg« verbannt und durfte Rothenburg nicht mehr betreten.

Schon drei Tage vor der Entlassung Jakob Topplers wurde die Beute zwischen dem König und der Stadt vertraglich aufgeteilt. Der König forderte fast ein Drittel des Topplerschen Vermögens. In einem Schreiben vom 4. Juli erklärte er den Hader für beendet. Sein Argwohn, den er wegen des Briefes zwischen Rothenburg und König Wenzel gehabt habe, sei vergessen. Er verzeihe der Stadt. Natürlich hatte das seinen Preis. Rothenburg hatte 9000 Gulden »guten rheinischen Geldes« an König Ruprecht zu zahlen. Der Betrag sei von den Kindern Topplers einzuziehen. Rothenburg verlangte das zweite Drittel des Vermögens als »Wiedergutmachung«. Topplers Kindern wurde gnädig die Erlaubnis erteilt, Rothenburg zu verlassen und den restlichen Besitz zu veräußern. Dabei wurden sie von der städtischen Steuer auch noch einmal kräftig geschröpft.

Heinrich Toppler war es wie den Juden seiner Zeit ergangen. In der Königshofener Chronik aus dem Jahre 1330 heißt es: Das Geld war der Grund, warum die Juden getötet wurden. Wären sie arm gewesen, so wären sie nicht verfolgt worden.

Die schicksalsmäßige Verbundenheit zwischen Toppler und den Juden lebt bis auf den heutigen Tag in der Rothenburger Topplersage fort. Darin heißt es, Toppler habe mit dem Burggrafen von Nürnberg um Rothenburg gewürfelt und verloren. Zur Strafe habe der Rat den Verräter bei lebendigem Leib eingemauert. Toppler sei aber nicht verschmachtet, sondern habe noch vor seinem Tod mit eige-

nem Blut an die Zellenwand geschrieben: Heinrich Toppler starb nicht Hungers noch Durstes. Ein Judenmädchen,
dessen Familie er vor dem Pogrom gerettet, habe ihm Gift
zugesteckt, um ihn von seiner Qual zu erlösen. Wenn auch
die Details nicht stimmen, so enthält diese Mär wie alle
alten Sagen doch einen wahren Kern: Zwischen Heinrich
Toppler und dem Burggrafen wurde ein Zweikampf ausgetragen. Der Burggraf entschied den Kampf für sich,
indem er den König und die Rothenburger als Werkzeug
zur Vernichtung Topplers benutzte. Darin hatte er Erfahrung.

Nach Topplers Tod wurde alle Feindschaft zwischen
Rothenburg und dem Burggrafen begraben. Freundschaftliche Briefe wurden ausgetauscht. »Die dauernde
Versöhnung«, wie es in einem Schreiben vom 2. Oktober
1408 heißt, »mutet wie ein Wunder an. Die Stadt hat den
Burggrafen befriedigt.« Wie abgrundtief muß der Haß des
ehrgeizigen Hohenzollern auf den kleinen Würfelspieler
gewesen sein, gegen den er nicht zu gewinnen vermochte,
wieviel er auch riskierte, wie hoch er auch warf. Dieser
Toppler hatte immer die besseren Würfel gehabt. Er hatte
ihm alles genommen, Geld, Erfolg und Ehre. Nichts charakterisiert einen Menschen besser als der Wahlspruch,
nach dem er lebt. Die Losung des Burggrafen lautete:
Quidquid agis, prudenter agas et respice finem! Was du
auch tust, handle schlau und denke immer an das Ende!
Den letzten und entscheidenden Wurf gewann der Burggraf. Nur drei Jahre nach Topplers Verkümmerung wurde
der Burggraf mit der Verwaltung der Mark Brandenburg
betraut. Damit wurde er zum Stammvater des Hauses

Brandenburg-Hohenzollern. Seine Enkel sollten dereinst als Kaiser und Könige das Reich regieren.

Rothenburg aber versank in provinzielle Bedeutungslosigkeit. Als man Fouché die Nachricht überbrachte, Napoleon habe den Herzog von Enghien erschießen lassen, sagte er: »Es war mehr als ein Verbrechen, es war ein Fehler.« Das gilt auch für Toppler und Rothenburg.

1430 übte der niedere Raubadel solchen Terror aus, daß der Rat beschloß, vor dem Hundsgraben eine Landhege, eine Art Stacheldrahtverhau aus Dornenhecken, zu errichten, um sich des plündernden Gesindels zu erwehren. Im selben Jahr wurde Ratsherr Walter Scherling mit einer Geldbuße bestraft, weil er seinen Amtskollegen vorgeworfen hatte, daß seit Topplers Tod keine Männer mehr im Rat sitzen würden, die recht richten könnten. Überhaupt ist es aufschlußreich, in den Urfehdebüchern der Stadt nachzulesen, daß immer wieder Bürger bestraft wurden, weil sie für die Ehrenrettung Topplers eintraten. So wurde der Bauer Heinz Wittwer von Lohr in den Kerker geworfen, weil er öffentlich die Meinung vertreten hatte: »Der Rat hat an Heinrich Toppler gehandelt wie Judas an unserem Herrn.« Trotz seiner »frevelhaften Worte« wurde er später »unbeschädigt an seinem Leibe« entlassen. Beispielhaft für den lokalpatriotischen Stolz der Rothenburger steht jedoch der folgende Fall aus dem Gerichtsbuch der Stadt: Ein aus Schweinfurt zugezogener Bürger behauptete zur Zeit von Topplers Inhaftierung, Heinrich Toppler habe ihm »etwieviel Gulden genommen«. Er wurde daraufhin vor Gericht gestellt und erhielt Stadtverbot auf zwei Meilen. Was immer man Toppler in Sachen

Machtmißbrauch anzuhängen gedachte, in Angelegenheiten der Ehre und des Geldes war er über alle Zweifel erhaben.

Wie sehr selbst seine Richter sich über die Unrechtmäßigkeit ihres Handelns bewußt waren, erkennt man an der Tatsache, daß der Rat alle Aufzeichnungen im Zusammenhang mit dem Fall Toppler vernichten ließ. Selbst eine so wichtige Sammlung von Dokumenten wie das Stadtbuch aus dem Jahre 1408, das noch in der Haftentlassungsurkunde Jakob Topplers erwähnt wird, fehlt in der sonst so sorgfältig gehüteten Ahnenreihe der Stadtbücher. Nichts spricht bisweilen eine so deutliche Sprache wie das Schweigen. Die entfernten Seiten verraten uns, was sie verheimlichen sollten: Heinrich Toppler wurde nicht hingerichtet. Er wurde ermordet.

ZEITTAFEL

1325 Rothenburg wird an den Grafen von Hohenlohe verpfändet.
1337 Zwischen Frankreich und England beginnt der Hundertjährige Krieg.
1340 Geburt Heinrich Topplers.
Hungerjahr in Rothenburg.
1346 Karl IV. wird zum König gekrönt.
Die Schlacht von Crécy.
1348 Gründung der 1. deutschen Universität in Prag.
1349 Judenverfolgung in Rothenburg und anderen deutschen Städten.
Rothenburg wird an den Bischof von Würzburg verpfändet.
1350 Etwa ein Drittel der mitteleuropäischen Bevölkerung ist der Pest zum Opfer gefallen.
Till Eulenspiegel stirbt in Mölln.
1352 Konrad Toppler, der Vater Heinrich Topplers, gehört dem Inneren Rat der Stadt Rothenburg an.
Die Stadt Rothenburg kauft sich für 6500 Gulden aus der Pfandschaft frei.
1354 Konrad Toppler gehört dem Inneren Rat der Stadt Rothenburg an.
1355 Karl IV. wird in Rom zum Kaiser gekrönt.
1356 Schweres Erdbeben in Rothenburg.
Gründung der Hanse in Lübeck.
Die Goldene Bulle.
1357 Konrad Toppler läßt eine Votivtafel seiner Familie in St. Johannis aufhängen.
1358 Konrad Toppler gehört dem Inneren Rat der Stadt Rothenburg an.
1372 Der Bischof von Würzburg, Albrecht von Hohenlohe, stirbt.
Gerhard von Schwarzburg wird gegen den Widerstand der Würzburger vom Papst zum Bischof von Würzburg ernannt.
1373 Älteste Urkunde über Heinrich Toppler.
Er wird zum erstenmal in den Inneren Rat gewählt und zum Bürgermeister ausgerufen.
Karls IV. Sohn Wenzel ist in Rothenburg.

1376 Conrad Wernitzer stirbt.
Wenzel wird zum König gewählt.
Zusammenschluß der schwäbischen Reichsstädte im Schwäbischen Städtebund.
Reichskrieg gegen die schwäbischen Städte: Schlacht bei Reutlingen.
1377 Reichstag zu Rothenburg.
Ende des päpstlichen Exils zu Avignon.
1378 Rothenburg tritt dem Schwäbischen Städtebund bei.
1380 Topplers Lieblingssohn Jakob wird geboren.
1381 Einberufung des Bundesheeres der Städte vor Augsburg.
1382 Waffenstillstand zwischen den Städte- und den Ritterbünden.
Schwäbischer Bund tagt in Rothenburg.
Toppler agiert als Gesandter des Bundes.
Topplers Ehefrau Barbara stirbt.
Erstes Rothenburger Gesetzbuch.
1383 In den Steuerlisten werden Heinrich Toppler und Hans Wern an der Spitze geführt.
Ankauf der Ländereien der Herren von Nortenberg, genannt Küchenmeister von Nortenberg.
1384 Heinrich Toppler wird zum Bürgermeister gewählt.
1385 König Wenzel gibt 39 Städten das Recht, eine Sondersteuer von 10 Prozent von den Juden einzuziehen.
1386 Heinrich Toppler wird wieder für zwei Jahre zum Bürgermeister gewählt.
Schlacht bei Sempach.
1387 Rothenburg erhält das Landgericht verpfändet.
König Wenzel garantiert seinen Reichsstädten die angestammten Privilegien.
1388 Schlacht bei Döffingen.
Das Topplerschlößchen wird erbaut.
1389 200 Reiter des fränkischen Adels richten ein Blutbad vor den Toren Rothenburgs an.
Der »Böse Schiedsspruch« von Bamberg: Aufhebung des Rothenburger Landgerichts.
Ende des Städtekriegs durch den Landfrieden von Eger.
Schlacht auf dem Amselfeld.
1392 Heinrich Toppler heiratet zum zweiten Mal.
1393 Judenverfolgung in Rothenburg.
Der gefolterte Generalvikar Johannes von Nepomuk wird auf Befehl König Wenzels in der Moldau ertränkt.
1394 König Wenzel wird gefangengenommen. Er verspricht, die Krone niederzulegen.

Die Stadterweiterungen in Rothenburg ob der Tauber zwischen 1274 und 1370

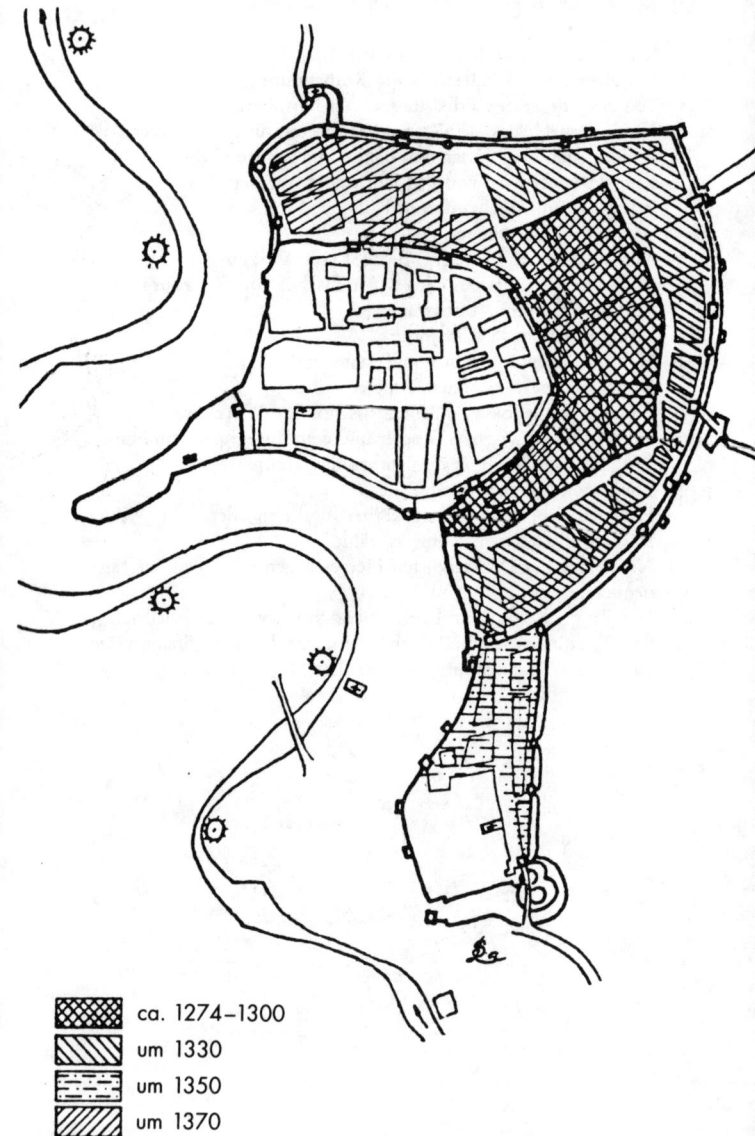

ca. 1274–1300
um 1330
um 1350
um 1370

Plan der Stadt Rothenburg ob der Tauber
um 1370

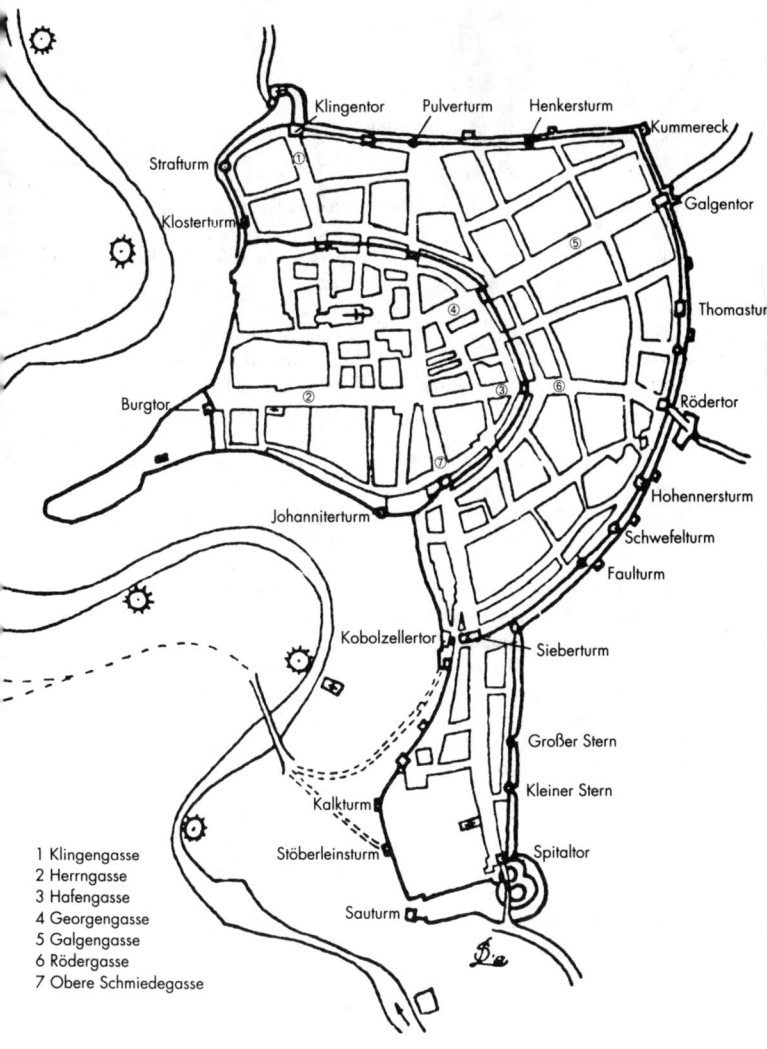

1 Klingengasse
2 Herrngasse
3 Hafengasse
4 Georgengasse
5 Galgengasse
6 Rödergasse
7 Obere Schmiedegasse

[beide Pläne nach: Schnurrer, Ludwig, ›Die Stadterweiterungen
in Rothenburg ob der Tauber‹, Stuttgart 1969]

NAMENREGISTER

E. W. Heine
im Diogenes Verlag

»E. W. Heine ist ein Autor des Schreckens (nicht des Horrors). Er schleicht sich auf Samtpfötchen, mit knappen, luziden Texten ins Gemüt seiner Leser und richtet dort erhebliche Verstörungen an. Heine gehört in die Schublade Ambrose Bierce, Mark Twain, Roald Dahl und Co. und keine Etage tiefer. Heine ist ein freundlicher, sehr eloquenter Mensch, dem seine Vampirzähne nicht aus dem Mundwinkel wachsen. Die sitzen bei ihm im Gehirn und das ist allemal wirksamer zur Verbreitung des Schreckens.«
Stuttgarter Zeitung

Kille Kille
Makabre Geschichten

Hackepeter
Neue Kille Kille Geschichten

Kuck Kuck
Neue Kille Kille Geschichten

Das Glasauge
Neue Kille Kille Geschichten

Wer ermordete Mozart?
Wer enthauptete Haydn?
Mordgeschichten für Musikfreunde
Mit Vignetten des Autors

Wie starb Wagner? Was geschah mit Glenn Miller?
Neue Geschichten für Musikfreunde

New York liegt im Neandertal
Die abenteuerliche Geschichte des Menschen von der Höhle bis zum Hochhaus. Mit 18 Vignetten des Autors

Nur wer träumt, ist frei
Eine Geschichte

Der neue Nomade
Ketzerische Prognosen

Luthers Floh
Geschichten aus der Weltgeschichte
Mit Vignetten des Autors

Toppler
Ein Mordfall im Mittelalter. Mit zahlreichen Vignetten des Autors

Nicholas Salaman
Der Garten der Lüste

Ein Roman aus der Zeit der Wiedertäufer
Aus dem Englischen von Irene Rumler

Kurz vor seinem Tod betraut der Maler Hieronymus Bosch seinen Schüler Julius mit der Vollendung eines Triptychons, das die Liebe in ihren himmlischen und höllischen Formen darstellt – es handelt sich um den großartigen, weltberühmten ›Garten der Lüste‹. Julius aber ist diesem Auftrag nicht gewachsen, solange er selbst noch keine Lebens- und Liebeserfahrungen gesammelt hat. Er zieht nach Rensburg, einem Städtchen, in dem die Wiedertäufer ihre Schreckensherrschaft errichtet haben. Sie predigen die Liebe, doch ihre Machtansprüche setzen sie mit Terror und Gewalt durch. Unter diesen Umständen lernt Julius Elisabeth kennen und macht mit ihr Himmel und Hölle auf Erden durch. Nur auf diese Weise lernt er jedoch Boschs großes Werk verstehen, um es schließlich zu vollenden.

»Salamans grandioser Roman läßt die Gewalt, die Schrecken und die Leidenschaft dieses stürmischen Kapitels der deutschen Geschichte in ihrer ganzen Wucht wiederauferstehen. Es gelingt ihm auf beeindruckende Weise, die geistige Atmosphäre jener Zeit zum Leben zu erwecken und in moderner, lebhafter Umgangssprache zu schildern.« *The Times, London*

»Dieser Roman ist, wie Boschs Bilder, in höchstem Maße erotisch. Besonders eindrucksvoll daran ist, daß sinnlicher Genuß als listiges Mittel entlarvt wird, mit dem die Mächtigen ihre Opfer knebeln.« *Times Literary Supplement, London*

Andrzej Szczypiorski
Eine Messe für die Stadt Arras
Roman. Aus dem Polnischen
von Karin Wolff

»Was für ein aberwitzig phantastischer Erzähler: Der polnische Schriftsteller Andrzej Szczypiorski, bereits mit seinem Roman *Die schöne Frau Seidenman* hervorgetreten, glänzt in seinem neuen Buch *Eine Messe für die Stadt Arras* durch genaue Schilderung, sprachliche Kurzweil und philosophisch-hintergründige Anschauungen über Gott und die Welt. Arras, die Geburtsstadt Robespierres, steht im Mittelpunkt des Romans. Historisch-authentischer Aufhänger für Szczypiorskis Geschichte ist die Zeit (um 1458), in der die brabantische Stadt Arras von Hungersnot und Pest heimgesucht wird. Drei Jahre später kommt es zur berüchtigten ›Vauderie d'Arras‹, in der ›Hexen‹, ›Juden‹ und ›Andere‹ auf dem Scheiterhaufen verbrannt werden. Solange, bis David, Bischof von Utrecht, die Stadt in einer fünfstündigen Messe segnet und ihre Vergangenheit für nichtig erklärt.« *Claudia Theurer/Abendzeitung München*

»Wir sollten vorsichtiger sein, wenn wir uns über ›die besten Bücher‹ und ›die wichtigsten Autoren‹ äußern, denn es ist allzeit wahrscheinlich, daß wir die gar nicht kennen. Zum Beispiel den Roman *Eine Messe für die Stadt Arras* von Andrzej Szczypiorski.« *Ulrich Greiner/Die Zeit, Hamburg*

»*Eine Messe für die Stadt Arras* ist Andrzej Szczypiorskis Hauptwerk.« *Marcel Reich-Ranicki/FAZ*